小林尚朗・山本博史・矢野修一・春日尚雄［編著］

アジア経済論

文眞堂

アジア経済発展の見取図 (1950年代〜2020年代)

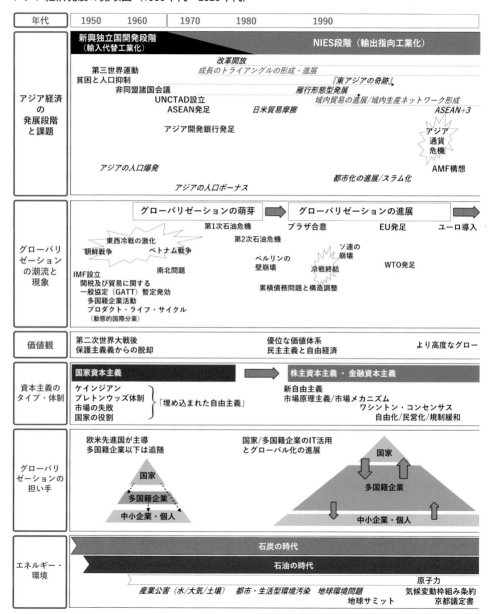

| 年代 | 1950 | 1960 | 1970 | 1980 | 1990 |

アジア経済の発展段階と課題

新興独立国開発段階（輸入代替工業化） | NIES段階（輸出指向工業化）

改革開放
第三世界運動
貧困と人口抑制
成長のトライアングルの形成・進展
『東アジアの奇跡』
非同盟諸国会議
雁行形態型発展
UNCTAD設立
域内貿易の進展／域内生産ネットワーク形成
ASEAN発足
日米貿易摩擦
ASEAN+3
アジア開発銀行発足
アジア通貨危機
アジアの人口爆発
都市化の進展／スラム化
AMF構想
アジアの人口ボーナス

グローバリゼーションの潮流と現象

グローバリゼーションの萌芽 ➡ グローバリゼーションの進展 ➡

第1次石油危機　プラザ合意　　EU発足　　ユーロ導入
東西冷戦の激化　　　　第2次石油危機
朝鮮戦争　　ベトナム戦争　　　　　　　ソ連の崩壊
　　　　　南北問題　　　　ベルリンの壁崩壊　冷戦終結　　WTO発足
IMF設立
関税及び貿易に関する
一般協定（GATT）暫定発効　　　累積債務問題と構造調整
多国籍企業活動
プロダクト・ライフ・サイクル
（動態的国際分業）

価値観

第二次世界大戦後
保護主義からの脱却
優位な価値体系
民主主義と自由経済
より高度なグロー

資本主義のタイプ・体制

国家資本主義 ➡ 株主資本主義・金融資本主義
ケインジアン
ブレトンウッズ体制
市場の失敗
国家の役割
「埋め込まれた自由主義」
新自由主義
市場原理主義／市場メカニズム
ワシントン・コンセンサス
自由化／民営化／規制緩和

グローバリゼーションの担い手

欧米先進国が主導
多国籍企業以下は追随
国家／多国籍企業のIT活用
とグローバル化の進展
国家
多国籍企業
中小企業・個人
国家
多国籍企業
中小企業・個人

エネルギー・環境

石炭の時代
石油の時代
原子力
産業公害（水／大気／土壌）　都市・生活型環境汚染　地球環境問題　気候変動枠組み条約
地球サミット　京都議定書

(注) 斜字は各段階にて継続された基調／動向
　　 点線矢印下線は各段階を超えて継続された基調／動向

2000	2005	2010	2015		2020	

潜在市場指向発展段階（地域市場主導型発展モデル）

中国：社会主義市場経済の発展/投資主導の高成長　「世界の工場」から「世界の市場」に
成長のトライアングルの進展・深化
ITネットワーク化/経済サービス化の同時進展と深化

域内貿易のさらなる進展/域内生産ネットワーク深化
域内FTA/EPA進展（ASEANを中心に経済統合進展）
東アジアサミット
チェンマイ・イニシアティブ
BRICs　　　　　中所得国の罠

一帯一路/AIIB/北京コンセンサス
ASEAN経済共同体の発足
TPP　　債務の罠

自由で開かれたインド太平洋

少子高齢化の進展

新たな段階へ移行か
（トピックス/直面する課題）
アジア・コンセンサス
RCEP
気候変動/地球温暖化
所得格差/貧困/テロ/人権
新冷戦/米中対立
財政負担増
軍拡/軍事費増大
デジタル課税
DX/人工知能/ロボット
感染症対策
国際政治経済のトリレンマ

グローバリゼーションの深化 ➡ **グローバリゼーションの変容**

グローバル・インバランスの拡大継続（世界の経常収支不均衡）
国連ミレニアム宣言　　　　　　　　*終わらない世界的な金融緩和*

英国EU離脱

同時多発テロ9.11　　*WTO交渉遅延*　　世界金融危機　　アラブの春/シリア内戦　欧州難民危機　　米中貿易戦争　　コロナ感染症・パンデミック

バリゼーションの進展/波及　　　相対化する民主主義・自由経済　　　見当たらない優位な価値体系

➡ **国家，株主・金融，SDGs，ステークホルダー資本主義の混在**

ケインジアン，新自由主義，非画一的な体制
権威主義的国家資本主義，欧米社会の分断
ステークホルダー資本主義*
SDGs**

*株主だけでなく，従業員，顧客，取引先，地域を企業のステークホルダーと捉える考え方
**国連による持続可能な開発目標（2030年に向けた17項目の目標）

IT・ネットワーク化の高度な進展（例:GAFA）
/その活用で中小企業/個人が影響力発揮

国家

多国籍企業

中小企業・個人

注:矢印は情報の流れの方向,矢印の大きさは情報量,色のスピード

エネルギー転換の時代
（脱炭素化）

国会議　　*循環型社会/生物多様性/海洋プラスチックごみ*

パリ協定　　再生可能エネルギー

はしがき

1990年代以降のグローバリゼーションと技術革新によって，先進国－発展途上国間の経済格差が縮小し，世界経済の重心が前者から後者へと移行を開始した。今世紀になると，新興国（Emerging Countries）と呼ばれることが多くなった発展途上国が，経済規模や貿易で世界の過半を占めるまでになった。それを牽引しているのが，中国を中心としたアジア経済である。

アジアの経済成長は，貿易や海外直接投資（FDI）をテコとして，地域内で連鎖的に達成されてきた。多国籍企業が主導するグローバルなサプライチェーン・ネットワークに組み込まれる成長は，かつては従属的発展として悲観視されることも少なくなかった。ところがNIESやASEANのアジア先発経済では，長期にわたる高成長が続いただけでなく，その恩恵も相対的に広く分配された。世界銀行は1993年に発表した『東アジアの奇跡』（*The East Asian Miracle*）のなかで，急速かつ共有された成長によって人々の経済厚生が著しく改善されたことを高く評価した。

20世紀最後の数年間に，アジアは深刻な通貨金融危機によって大打撃を被った。しかし今世紀になると，中国を中心に「世界の工場」かつ「広大な市場」を有する一大経済圏として再び躍進を開始した。2008年9月のリーマンショック以降は，「20世紀がアメリカの世紀であったように，21世紀はアジアの世紀になる」と，現実味をもって語られるようになった。リーマンショックとは，米大手証券会社リーマン・ブラザーズの経営破たんに始まる世界的な金融危機であるが，アメリカ発の行き過ぎた新自由主義の末路でもあった。もはやアメリカを中心とするG7だけでは世界的な問題に対処しきれないことが露呈し，国際経済秩序に大きな変化を引き起こす契機となった。2008年11月にはBRICsなどの新興国を含めたG20首脳会議が初めて開催され，国際金融市場のガバナンス強化のためには国際通貨基金（IMF）の改革の必要性が明らかとなった。2010年12月にIMFの総務会は，新興国の発言力を高めるために出

資比率を引き上げる大幅増資や，新興国からの理事の登用拡大などで合意した[1]。ところが，IMF で最大の出資比率を誇り事実上の拒否権を持つアメリカで議会が承認せず，改革案は遅々として発効されなかったのである。

　他方で，国家資本主義とも呼ばれる社会主義市場経済を掲げる中国は，2010年に GDP で日本を抜いてアメリカに次ぐ世界第 2 位となり，2020 年時点では日本の約 3 倍，アメリカの約 4 分の 3 の経済規模にまで拡大した。貿易額，経常収支黒字額，外貨準備高，さらに購買力平価で見れば GDP についても，すでに中国は世界一となっている。中国の習近平国家主席は，2013 年 10 月の東南アジア歴訪中にインドネシアにおいて，アジアインフラ投資銀行（AIIB）の創設を提案した。AIIB と IMF・世銀では機能や役割が異なるものの，AIIBはアメリカ中心の既存の国際経済秩序に一石を投じるものであった。日本は，AIIB と類似した役割を担うアジア開発銀行（ADB）で主導的な地位にあることに加え，アメリカの要請もあって，AIIB に慎重な姿勢を貫いた。ところが，2015 年 3 月 31 日の AIIB 創設メンバーの募集期限が近づくと，同月にはイギリスの参加表明を契機として，イタリア，フランス，ドイツの G7 諸国やオーストラリア，韓国，台湾などが名乗りを挙げたのである。アメリカが自重を求めていたイギリスを始め親米国・地域が続々と参加を決めたことは衝撃的であった。

　AIIB は 2016 年 1 月に開業するが，同年 6 月にはイギリスが国民投票で欧州連合（EU）からの離脱を選択し（2020 年 1 月に離脱），11 月にはアメリカ大統領選挙でドナルド・トランプが勝利した。2017 年 1 月に就任したトランプ大統領は，「アメリカ・ファースト」を標榜し，アメリカ自身が構築してきた自由・無差別・多国間主義に基づく国際経済秩序を無視して二国間ディールに傾斜した。アメリカは自ら，パックス・アメリカーナに動揺をもたらしたのである。

　2017 年 5 月，北京で第 1 回一帯一路（BRI）国際協力フォーラムが開催され，世界 29 カ国の首脳を含む 130 以上の国・地域および 80 以上の国際機関の代表が参加した。BRI は中国の習近平政権が掲げる巨大経済圏構想であるが，パラグ・カンナは『アジアの世紀』のなかで，この第 1 回フォーラムをアジアの世紀の始まりとして位置づけている。アジアの世紀の到来は，アメリカの相

対的な地位の低下とコインの裏表のようである。米中貿易戦争に伴うアメリカによる中国のデカップリングは，先行きの見通しを困難なものにしているが，アメリカ主導の新自由主義的グローバリゼーションの象徴であったワシントン・コンセンサスに対して，新時代の政策パラダイムの構築が必要となっていることは間違いない。その形成に対して，多くの課題を残しながらも長期にわたる経済成長を実現してきたアジアの経験から，わたしたちは学ぶべきものがあるのではないだろうか。本書の問題意識もそこにある。本書は，アジア経済について学ぶことはもちろん，アジア経済を軸に置きながら，今後のグローバル経済について考えるために執筆されたものである。

　本書は，「アジアの経済発展」，「アジアの産業とインフラストラクチュア」，および「アジアの課題と展望」の3部構成となっている。
　第Ⅰ部「アジアの経済発展」では，これまでのアジアの経済発展について，今後の展望も含めて考察している。
　第1章「アジア経済の発展と新たなフロンティア」では，世界経済の構造を変えるまでになったアジア諸国の経済発展を地域として鳥瞰し，その発展のメカニズムとダイナミズムを明らかにする。またアジア経済の現在的な到達点と新たな課題と可能性，さらにSDGsの観点から国際社会の中でのアジアの責務についても考える。
　第2章「アジアの経済統合の現況と課題」では，21世紀に入り急増したアジアの経済統合を取り上げ，WTOを補完する自由貿易の枠組みであるFTAなど経済統合について基礎事項を説明したうえで，広域かつ包括的FTAであるCPTPPとRCEPについて経緯，現状，そして中国と台湾のCPTPP加入申請を含む課題について検討する。
　第3章「中国の経済発展と今後の制約要因」では，急速な経済発展により世界2位の経済大国に成長した中国について，その原点である改革開放政策の概要と成果を検証したうえで，中所得国の罠や米中対立の激化など，今後の発展に向けた制約要因を整理し，中国政府の対応策を考察する。また，世界的なプレゼンスを高める中国に対して日本がいかに向き合っていくべきかについても検討する。

　第4章「対外経済政策としての一帯一路構想」では，まず中国の対外経済開放と政策展開の歴史的経緯を整理し，新たな対外経済政策の軸として一帯一路構想が提唱された経済的背景とその意義を明らかにする。そのうえで，新たな国際秩序を模索する中国にとって一帯一路構想はどのような意味を持つのか，そして沿線国・地域にもたらす影響はどのようなものなのかを分析し，その進展と課題について考察する。

　第5章「シンガポールにおける経済発展——国家主導型開発モデル」では，アジアの中でも経済・産業振興に成功し，高所得国となったシンガポールの発展要因について考察する。とりわけ，政府による強力な開発政策や積極的な外資誘致政策，さらには公企業や国家による人材開発戦略など，シンガポール独自の国家主導型モデルについて考察する。

　第6章「変容する現代インド経済——再生可能エネルギー，デジタル分野を中心に」では，世界経済で存在感を高めるインドについて，独立以降の経済政策の変遷を鳥瞰したうえで，再生可能エネルギーの普及による電力不足の改善，化石燃料の輸入依存低減への取り組みと政府主導のデジタル・インフラ整備に焦点をあて，変容する現代インド経済について考察する。

　第Ⅱ部「アジアの産業とインフラストラクチュア」では，グローバルな生産・流通ネットワークにおけるアジアの現状と課題を考察している。

　第7章「アジアのサプライチェーン再編とグローバル・リスク——エレクトロニクス・半導体産業を中心に」では，グローバル・リスクとサプライチェーン再編の動きに焦点を当てる。コロナ禍によって自動車部品ではアジアを中心としたサプライチェーンの混乱が起きたが，半導体・エレクトロニクス産業では米中対立の激化で安全保障問題が浮上している。特に半導体産業では，アメリカ発の技術に対して中国が独自の国産化を進めていること，また製造装置メーカー，有力なベンダーは日本，台湾，韓国に集中していることから，アジアのサプライチェーン再編が早いスピードで促されることを明らかにする。

　第8章「アジアの交通インフラ」では，アジア域内の交通インフラと国際貿易との関連性をとらえたうえで，輸送モードの視点から，海運および航空に強みを持ちながら陸上交通が脆弱なアジアの現状を明らかにする。また，現在のアジア諸国間における国際交通インフラ整備の動き，中国の一帯一路政策に基

づく国際交通ネットワーク，そしてアメリカとの交通分野における覇権争いについて考察する。

　第9章「アジアにおけるサービス経済化——課題と可能性」では，先進国の経験とは異なる形で進展しているアジアのサービス経済化を取り上げる。ICTの発達とデジタル化の急速な普及は，世界経済の構造変化とサービス産業自体の変革をもたらしてきたが，そのような歴史的変革のもとで展開しているアジアのサービス経済化について，その特徴と課題ならびに可能性を考察する。

　第10章「アジアの繊維・アパレル産業と多国籍企業のサプライチェーン——バングラデシュを事例に」では，繊維・アパレルサプライチェーンにおいて，特に中国から原材料や機械を輸入し，おもに欧米市場へ輸出する，製品生産地域としてのアジアに注目する。バングラデシュではラナ・プラザの事故後に労働環境改善の動きが高まり，現在ではグリーンファクトリー化も進んだが，パンデミックで労働環境の問題が改めて露呈した。持続可能なサプライチェーンの実現にはどのような対策が必要なのかを考察する。

　第Ⅲ部「アジアの課題と展望」では，アジアの中長期的な発展には避けて通ることができない，残された課題や展望を中心に考察している。

　第11章「日韓経済関係を巡る現状と課題——韓国の行方」では，日韓経済関係の歴史や現状を踏まえたうえで，韓国経済の今日的な課題を中心に考察する。韓国は世界市場を基盤に飛躍的な経済成長を遂げてきたが，今日の経済の重心はアジアにあり，経済力のある日韓の関係がアジア経済に与える影響は大きい。政治的には問題を抱える両国だが，相互に必要な関係にあることを明らかにする。

　第12章「経済発展と民主主義——デジタル化の光と影」では，従来は相補的ととらえられてきた経済発展と民主主義の乖離について，世界経済の構造変化と関連づけて論じ，状況打開の方向性を模索する。グローバル化とデジタル化によって，中国をはじめ，新興国は歴史的な成長を遂げたが，先進国でも発展途上国でも国内格差が拡大した。自国第一主義と権威主義を抑制し，経済発展と民主主義を「と」で結びつけるには，多国籍企業の自由を保障するだけのメガFTAではなく，格差是正に向けた多国間の取り組みが重要であること，その実現に向けて先進国の責任は重いことを考察する。

　第 13 章「経済発展と格差問題——タイを事例として」では，絶対的貧困は大きく改善したものの，いまだに世界で最も格差がひどい国のひとつであるタイを取り上げる。1980 年前後から新自由主義的な政策がとられ，経済のグローバリゼーションのもと，多くの国で所得格差が拡大した。タイの格差問題は歴史的格差構造と民主主義が機能しないことにその原因があり，ライスプレミアム制度や相続税などを例に，政府の政策が，エリート層の既得権益と結びついていることの問題を明らかにしている。

　第 14 章「中国の金融政策と人民元の国際化」では，中国の金融政策の枠組みと手法，最近の金融政策の動向，金利規制と貸出数量のコントロールの関係などについて概観する。また，人民元国際化について，その具体的な意味と進展状況を紹介し，デジタル人民元導入の動きについても取り上げる。そして，現状の金融政策の枠組みと，資本取引の大幅な自由化との関係を取り上げ，人民元国際化の見通しを考察している。

　第 15 章「アジアのエネルギー市場と気候変動」では，世界の経済の中心となったアジアにおけるエネルギー市場の概要，アジア並びに地球全体が直面する緊喫の課題である気候変動への取り組み，およびそのアジアへの影響の行方を，それぞれ概観する。その中で日本の役割と協力・支援の方向性も考察する。今後，気候変動への対応や脱炭素化が本格化するならば，地球市民という意識改革と経済成長を最優先する資本主義の見直しも必要となる。それらの課題についても考察する。

　第 16 章「イタリアと一帯一路——イタリアの希望と中国の野望」では，イタリアと一帯一路構想（BRI）について考察する。イタリアは EU の安定化政策に反発し，成長の機会となることを期待して BRI に参加したが，その目的は対中国輸出の拡大と，インフラ整備のための中国投資の誘致である。有力な港をもつイタリアは南欧エリア海上ルートの主要プレイヤーとなりうるが，中国は採算性や人権，環境などを重視し，相手国の規範を尊重した BRI を目指す必要があることを指摘する。

　本書は，明治大学で長年行われている「アジア・コンセンサス研究会」の成果の一部である。もともと 1999 年 3 月に発足した「新アジア研究会」から，

メンバーの入れ替わりを経ながらも，これまで 20 年以上にわたって継続して
きた。「アジア」を単なる地理的概念ととらえるのではなく，新しく創造する
共生の地域社会としてとらえることを研究会の理念とし，それに基づく「アジ
ア経済論」のテキストを執筆するというのが，当時としては目新しい「新」の
部分であった。幸いなことに，これまで何冊かの本を上梓することができ，現
在では同様な理念に基づく類書も見られるようになるなど，ある程度は先駆的
な役割を果たすことができたと自負するところである。

　本書は，アジア経済や国際経済，世界経済を学ぶ大学生や大学院生向けのテ
キストとなることを意識し，平易な記述で書かれている。また，アジア経済や
アジアから見た世界の動向に関心のある一般読者にも最適のものとなるよう心
がけた。本書がアジアという共生の地域社会を考える一助になることを願って
いる。

　末筆になるが，本書の執筆はもちろん，研究会の創設者であり大黒柱でもあ
る平川均先生と石川幸一先生に感謝申し上げたい。日頃からつねにわれわれを
指導・激励してくださり，古稀を越えても第一線の研究を続けられる両先生
は，われわれにとって大きな目標でもある。また，出版事情が厳しいなか，本
書の刊行を引き受けていただいた文眞堂の前野隆社長と，編集の労をとってい
ただいた前野弘太氏および編集部の皆様にも，心から御礼を申し上げたい。

2022 年 2 月　編者一同

［注］
1　IMF の総務会は，各加盟国の代表で構成される IMF の最高意思決定機関である。IMF ではおも
　に出資比率に応じて議決権が配分されるため，発言力を高めるためにはその引き上げが必要とな
　る。

目　　次

第Ⅰ部　アジアの経済発展

第Ⅱ部　アジアの産業とインフラストラクチュア

第Ⅲ部　アジアの課題と展望

略語一覧

ADB＝Asian Development Bank＝アジア開発銀行
AEC＝ASEAN Economic Community＝ASEAN 経済共同体
AFTA＝ASEAN Free Trade Area＝ASEAN 自由貿易地域
AIIB＝Asian Infrastructure Investment Bank＝アジアインフラ投資銀行
AMF＝Asian Monetary Fund＝アジア通貨基金
APEC＝Asia Pacific Economic Cooperation＝アジア太平洋経済協力
ASEAN＝Association of South-East Asian Nations＝東南アジア諸国連合
BHN＝Basic Human Needs＝人間の基礎的ニーズ
BPO＝Business Process Outsourcing＝ビジネス・プロセス・アウトソーシング
BRI＝The Belt and Road Initiative＝一帯一路構想
CEPEA＝Comprehensive Economic Partnership for East Asia＝東アジア包括的経済連携
COP＝Conference of the Parties＝気候変動枠組条約締約国会議
CPTPP＝Comprehensive and Progressive Agreement for Trans-Pacific Partnership＝環太
　　平洋パートナーシップに関する包括的及び先進的な協定
EAFTA＝East Asia Free Trade Area＝東アジア自由貿易地域
ECB＝European Central Bank＝欧州中央銀行
EMS＝Electronics Manufacturing Service＝電子機器受託生産サービス企業
EOI＝Export Oriented Industrialization＝輸出指向型工業化
EPZ＝Export Processing Zones＝輸出加工区
EU＝European Union＝ヨーロッパ連合
FDI＝Foreign Direct Investment＝海外直接投資
FTA＝Free Trade Agreement＝自由貿易協定
FTZ＝Free Trade Zones＝自由貿易区
GATT＝General Agreement on Tariffs and Trade＝関税及び貿易に関する一般協定
GATS＝General Agreement on Trade in Services＝サービスの貿易に関する一般協定
GLCs＝Government Linked Companies＝政府系企業
GSP＝Generalized System of Preferences＝一般特恵関税
GVC＝Global Value Chain＝グローバル・バリューチェーン or 国際付加価値連鎖
IMF＝International Monetary Fund＝国際通貨基金
IPCC＝Intergovernmental Panel on Climate Change＝気候変動に関する政府間パネル
ISI＝Import Substitution Industrialization＝輸入代替工業化
MFA＝Multi-Fiber Arrangement＝多国間繊維取極
NAFTA＝North American Free Trade Agreement＝北米自由貿易協定
NGO＝Non-Governmental Organization＝非政府組織

NICs＝Newly Industrializing Countries＝新興工業国

NIES（NIEs）＝Newly Industrializing Economies＝新興工業経済

OECD＝Organisation for Economic Co-operation and Development＝経済協力開発機構

OPEC＝Organization of the Petroleum Exporting Countries＝石油輸出国機構

PoBMEs＝Potentially Bigger Market Economies＝潜在的大市場経済

RCEP＝Regional Comprehensive Economic Partnership Agreement＝地域的な包括的経済連携協定

SDGs＝Sustainable Development Goals＝持続可能な開発目標

SDR＝Special Drawing Rights＝特別引出権

SPA＝Specialty Store Retailer of Private Label Apparel＝製造小売業

SWEs＝Sovereign Wealth Funds＝政府系ファンド

TFP＝Total Factor Productivity＝全要素生産性

TEU＝Twenty-foot Equivalent Unit＝20フィートコンテナ換算

TPP＝Trans-Pacific Partnership Agreement＝環太平洋パートナーシップ協定

UNCTAD＝United Nations Conference on Trade and Development＝国連貿易開発会議

USMCA＝United States- Mexico-Canada Agreement＝アメリカ・メキシコ・カナダ協定（新NAFTA協定）

WTO＝World Trade Organization＝世界貿易機関

第Ⅰ部

アジアの経済発展

第 1 章

アジア経済の発展と新たなフロンティア

はじめに

　アジア，とりわけ東アジアが，世界経済の構造を大きく変えている。信じ難いが，「アジア」は 20 世紀の中葉まで貧困と停滞の代名詞であった。ところが，NIES，ASEAN，中国，後発 ASEAN などの国・地域が次々と発展し，今ではインドを含んで世界で注目される地域となった。中国は，新型コロナ感染症（COVID-19）危機を抑え込み，その経済規模はアメリカの 7 割に達する。今後 10 年を待たずにアメリカを追い越すと見られ，米中間の覇権争い，先端技術競争が激しさを増している。

　経済学のアプローチも変わった。地域の発展のダイナミズムは，各国別の分析では捉えられず，世界経済，地域経済的アプローチがとられるようになった。地域への関心も，開発至上主義的，量的発展から，環境，人口，ジェンダー，所得分配などの質的課題に移っている。アジア経済の空間的な広がりも注目される。

　本章では第 2 章以下での詳しい考察の前に，アジア経済の発展の大きな流れと課題を概観する。第 1 節では，発展する東アジアとグローバリゼーションとの関係に光を当てる。第 2 節では，アジア通貨危機とそれを契機とする地域協力の展開を扱う。第 3 節と第 4 節で，中国の対外政策と今後の展望，米中貿易戦争と COVID-19 危機のアジア経済への影響を扱う。最後の第 5 節で，発展の質に向けたアジアの挑戦を国連の SDGs を通じて確認する。

第 1 節　東アジアの発展とグローバリゼーション

1. 東アジア諸国の経済発展政策と NIES

　第二次世界大戦後にその多くが独立したアジアの発展途上あるいは開発途上国・地域は，様々な統治体制を採った。韓国，台湾は権威主義体制が，中国やベトナムでは社会主義体制が成立した。インドは東西両陣営に対して非同盟中立政策を採った。農地改革は東北アジアを中心に行われたが，1950〜60 年代には保護主義による「輸入代替工業化」(ISI) 政策が主要な発展政策となった。「モノカルチャー」と呼ばれるような帝国主義列強に従属した経済を，自立的な経済に変えて発展するためである。マレーシア，タイ，フィリピン，インドネシア，シンガポール，インド，韓国，台湾などほとんどの国・地域がこの政策を採った。

　開発経済学は貧困からの脱却に向けて，ISI に関わった様々な理論が生まれた。だが，こうした発展政策は初期こそ貿易収支の改善効果がみられたものの，やがて貿易収支は赤字基調になり，雇用問題も解決せず，経済は停滞に陥った。

　そのため 1960 年代以降，資源が乏しく国内市場の狭隘な国々で外向きの輸出指向型工業化（EOI）政策を採る国・地域が現れた。韓国，台湾，香港，シンガポールなど，後に NIES（新興工業経済）と呼ばれるような国・地域である。だが，これらの国・地域にとって工業製品の輸出は，生易しいことではない。そのため資本，技術の導入を狙った先進国企業の誘致が決断された。EOIは単に貿易の自由化では済まない，地場企業を発展させるための政策上の工夫があった。自由貿易区（FTZ），輸出加工区（EPZ）などと呼ばれる特別区の設置は，地場企業の保護と先進国企業の工業製品の輸出を両立させようとして生まれた政策である。特別区では税制の他様々な優遇措置が採られた。NIESは先進国から多くの企業を招き入れ，工業製品の輸出を実現し，同時に地場企業をも発展させた。

　ところで，1970 年代前半は，世界経済が激しく動揺した時期である。1971

年には，ドル危機に陥ったアメリカが金とドルの交換を停止（ニクソンショック）し，1973年には石油輸出国機構（OPEC）による石油価格の大幅引上げ（石油危機）が起こり，主要国は経済停滞とインフレーションが同時進行するスタグフレーションに陥っていた（経済企画庁 1979）。輸出に依存する NIES の発展は早晩，失敗に終わると見られた。だが，そうはならなかった。

　経済協力開発機構（OECD）の 1979 年の報告書『新興工業国（NICs）の挑戦』はこうして成長する輸出国に光を当てた。同報告書は香港，台湾，韓国，シンガポール，メキシコ，ブラジル，ギリシャ，ポルトガルなどがこの時期，先進国へ衣類，皮革・履物，木材・パルプ，電気機械，繊維などの労働集約的製品の輸出を急増させている事実を発見して，新興工業国（NICs）[1]と名付けた（OECD 1979）。図 1 - 1 は，1970 年代に NIES の先進国への工業製品輸出

図 1 - 1　NIES 諸国の対 OECD 工業製品輸出の推移（1970-1979 年）

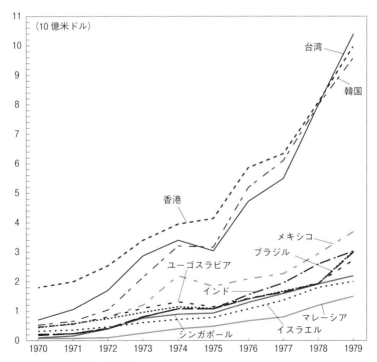

（出所）OECD（1981: 38）より引用。

額の推移を見たものである。とりわけ香港，台湾，韓国のアジアの NIES が工業製品輸出で世界的な実績を上げたことが分かる。

　アジア NIES の経済発展は，主に日本から資本財，中間財を輸入し，完成品をアメリカに輸出するもので，「成長のトライアングル」と呼ばれた。

2.「東アジアの奇跡」

　NIES の成長構造は 1985 年の「プラザ合意」[2]を契機に，その規模をさらに拡大させる。日本の円の対ドル為替レート（年間平均）は 1985 年の 238 円が 86 年には 168 円，88 年には 128 円と急激に上昇し，この間，円は 2 倍近く強くなった。輸出が難しくなる反面，対外購買力は格段に高まった。日本に続いて NIES も通貨高になる。それが，日本，次いで NIES の東南アジア諸国連合（ASEAN）諸国への，1990 年代には後発 ASEAN 諸国[3]，中国への投資ブームとなる。経済成長の連鎖がこの地域に生み出された。

　1980 年代は世界的に見ると，海外直接投資（FDI）が急増した時期である。FDI の年平均伸び率は 1983〜89 年で 29%，この期間の輸出の伸びの 3 倍，89 年までの FDI 累積額は 1 兆 5000 億ドルに達している。FDI は，特にアジア太平洋地域で驚異的に伸びた。1985〜89 年の日本と NIES からの FDI の年平均成長率は 62% に達した。投資先は NIES，ASEAN4，中国であり，発展途上地域への FDI に占めるこの地域シェアは香港と台湾を除いても，80 年代初めの 30% から 90 年の 65% にまで上昇した（ADB 1992: 63）。成長のトライアングルも一層活発化し，経済成長を牽引した。

　1993 年，世界銀行はこの事実を『東アジアの奇跡』と題する報告書で追跡した。図 1-2 は 1 人当たり国民総生産（GNP）の地域・グループ別成長率を示すものだが，図から東アジアの成長が世界で突出していたことが分かる（World Bank 1993）。報告書は，その著しい発展を政府の役割と結びつけた[4]。成長をめぐってはこの時期，自由貿易政策を重視する主流派経済学と政府の役割を重視する非主流派との認識の違いがあった。世銀は，後者の立場を一部認めたのである。なお，ノーベル経済学賞受賞者の P. クルーグマンは翌 94 年に論文「東アジアの奇跡の幻想」を発表し，東アジアの成長は資本と労働に依存

図1-2　世界の地域・グループ別1人当たり GNP 成長率（1965-90 年）

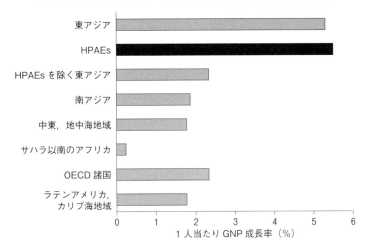

(注) HPAEs（High-performing Asian economies）は，日本，香港，韓国，シ
　　　ンガポール，台湾，インドネシア，マレーシア，タイである。
(出所) World Bank（1993: 2）より引用。

し，全要素生産性（TFP，一般に，技術）によるものでなく成長に限界があ
ると論じた。ところが，暫くしてアジア通貨危機が起ったのである。

第2節　アジア通貨危機と地域協力の展開

1．アジア通貨危機の勃発

　1997 年7月のタイの通貨バーツの急激な下落を契機に，東アジアで通貨金
融危機が勃発した。タイの通貨危機は直ぐにマレーシア，フィリピン，イン
ドネシア，香港，韓国などに「伝染」し（図1-3），1998 年の経済成長率はタ
イ▲ 10.4％，インドネシア▲ 13.2％，韓国▲ 6.7％，香港▲ 5.7％など，劇的な
景気後退に陥った（ADB 2000）。タイ，インドネシア，韓国は国際通貨基金
（IMF）のコンディショナリティ[5]を受け入れて緊急支援を受けた。
　危機の当初，クルーグマンの成長限界説が注目されたが，危機の原因では2

図1-3　主要東アジア諸国・地域の対ドル為替レートの推移（1997年1月～98年12月）

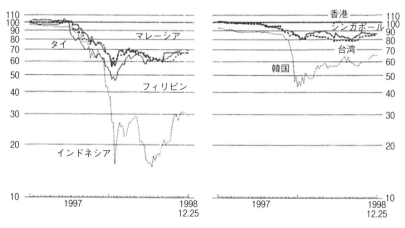

（注）1996年1月5日＝100　対数表示。
（出所）IMF（1999）より引用。

つの見方があった。主流派は国内要因に原因を求め構造改革を主張し，非主流派は国際的な短期資本の過剰な流動性に原因を求めて，短期の資本移動の国際的規制の重要性を訴えた。

　東アジアは通貨危機で大きな打撃を被った。だが，翌年の後半には回復の兆しを見せ始め，Ｖ字型回復，その後Ｖ字型危機と呼ばれるようになる。危機はアジアの強靱性を示したとさえ見なされた。他方，国際的な金融規制はアメリカの反対で進まず，東アジア諸国は国内の金融制度改革，経済改革と地域協力の強化に動いた。

2．東アジア地域における経済協力の展開

　アジアの地域協力は，1997年のアジア通貨危機を契機に一気に進んだ[6]。97年はASEAN誕生30周年に当たり，日中韓首脳が招待されたASEAN首脳会議は危機のさなかの会議となった。ASEAN＋3首脳会議は翌年も開かれ，定期的開催が確認された。翌99年の首脳会議は「東アジアにおける協力に関する共同声明」を発した。これは東アジアにおける史上初の地域協力の声明であ

る。通貨危機を経て，既存の国際制度の持つ限界が認識されたからである。

　日本は危機発生時に，アジア通貨基金（AMF）の設立を目指し，アメリカと IMF が反対すると，翌 98 年に中長期・短期合計 300 億ドルを緊急融資する新宮沢構想を打ち出した。タイをはじめ多くのアジアの国々が，構想を歓迎した。2000 年の ASEAN＋3 蔵相会議は，通貨危機再発防止のために，通貨スワップ協定「チェンマイ・イニシアティブ」に合意した。

　2001 年には同首脳会議が設置した東アジア・ヴィジョン・グループの報告書「東アジア共同体に向けて」が提出され，この報告書の提案が 2005 年の「東アジア首脳会議」の設置につながった。東アジア自由貿易地域（EAFTA）の形成も目標となった。この経済統合では，中国の ASEAN＋3（日中韓）と日本の ASEAN＋6（日中韓，オーストラリア，ニュージーランド，インド）の 2 つが提案され，結局，ASEAN が提案した東アジアの地域的な包括的経済連携協定（RCEP）となって，2011 年から交渉が始まった。2020 年 11 月，RCEP は ASEAN＋6 からインドを除く 15 カ国が署名し，21 年に各国の国内手続きが完了して，22 年 1 月に発効した。世界の人口と経済で約 3 割の巨大経済圏が動き出している。

第 3 節　アジアの地域統合と造語 BRICs の誕生

1. 経済統合の制度化

　東アジアは 1990 年代まで，協定などの制度的な枠組みを持たない事実上の統合（デファクトの統合）であった。それが今では FTA/EPA の張り巡らされる地域に変った。その契機は，前節で確認したアジア通貨危機である。90 年代末に日本は自由貿易の方針の修正に動いた。この時期，中国，韓国，シンガポール，ASEAN などが 2 国間の FTA/EPA を中心に積極的に動き始めた。ちなみに，「環太平洋パートナーシップ協定（TPP12）」は 2016 年初めに署名されたが，TPP 反対のトランプ大統領が誕生したアメリカは離脱した。そのためアメリカを除く 11 カ国が「環太平洋パートナーシップに関する包括的及

び先進的な協定（TPP11 協定，CPTPP）」として 18 年 3 月に大筋合意，同年末発効となった。東アジアの参加国は，シンガポール，ブルネイ，マレーシア，ベトナム，日本，オーストラリア，ニュージーランドである。その他ペルー，チリ，メキシコ，カナダが参加している。

　TPP11 協定には 2021 年 2 月にイギリスも加盟を申請し，さらに 9 月には対立を深めている中国と台湾が立て続けに加盟を申請した。中台の行動により，TPP11 にはっきりとした形で国際政治の問題が持ち込まれることになった。

2. 域内貿易と工程間国際分業の進展

　東アジアの経済は，この間に大きく構造を変化させている。1990 年代以降の ICT（情報通信技術）の発達は金融のグローバル化を進めただけではない。製造工程の細分化を可能とし，工程間国際分業を進展させた[7]。それが今世紀に入って一層，顕著となった。東アジアの域内輸出に占める部品のシェアは 1990 年の 18％が 2016 年には 35％に倍増している。2016 年のアメリカと欧州連合（EU）の部品シェアはそれぞれ 22％と 17％である（平川他編 2019: 20）。「成長のトライアングル」構造も，かつての日本の位置に NIES が加わり，NIES の位置に後発 ASEAN，中国が入り，高度化した。発展に伴い域内市場が誕生し，東アジアと先進国との景気の連動性も弱まった[8]。

　2008 年，アメリカのサブプライムローン危機に始まる世界金融危機が起った。ヨーロッパは深刻な打撃を被ったが，アジアはいち早く乗り切った。アジア通貨危機の教訓もあり，また域内貿易の強い結合関係がむしろ地域の回復力を高めた（木村他 2016）。東アジアは世界の成長圏として，世界経済で存在感を増している。

3. BRICs（PoBMEs）の誕生と中国

　2001 年，金融会社ゴールドマン・サックスの J. オニールは，次世代を担う成長国として，ブラジル，ロシア，インド，中国を選び，その頭文字をとって造語 BRICs を作った。BRICs は 2003 年頃から一気に世界に広まった。なお，

今では南アフリカを加えて BRICS と称されることが多い。

　何故，BRICs が世界で受け入れられたのか。これには世界的な新興国に対する認識の転換があった。振り返れば，1989 年にベルリンの壁が崩壊し，91 年にはソ連が解体した。東西のイデオロギー対立は民主主義と資本主義の勝利と捉えられた。移行経済は市場経済に組み込まれ，新興国を含んで新たな市場への期待が高まった。成長するアジアへの関心もいっそう高まった。

　東アジアの発展では，1990 年代後半に安価な労働供給力へ関心が向かい，人口構成の変化に注目する人口ボーナス論[9]も現れた。急膨張する中所得層の市場への期待も高まった。こうして，豊富な労働力を有する人口大国の市場潜在力が注目を集めることになった。国際協力銀行が 1990 年代に始めた製造業の海外事業展開調査によれば，日本企業は中期的な投資有望国として一貫して中国をあげ，今世紀にはインド，ベトナム，タイ，インドネシアなども有望国に加わった。投資を行う理由は「安価な労働」から「市場の今後の成長性」に移った。こうした先進国の多国籍企業，新たに加わった新興国企業が潜在的成長大国への関心を高めたのである。オニールのこの直感的時代認識が造語 BRICs を生んだのである。

　なお，筆者はこうした経済を潜在的大市場経済（PoBMEs）と呼ぶ。BRICs は特定の国を指すだけである。その後ゴールドマン・サックスは BRICs に続く国として Next 11 を選んでいる。しかし，それも成長の概念化に欠ける。造語の PoBMEs はその欠陥を補える。図 1 - 4 は，NIES から PoBMEs（BRICs）へのアジアの発展の段階的移行を示すマトリックスである（平川 2018）。

　アジア開発銀行（ADB）は 2011 年に報告書『アジア 2050』を発表した。それは，50 年までに中国とインドを軸にアジアの国内総生産（GDP）が世界の 52％に達し，アジアが産業革命以前の世界的位置を取り戻すと論じる（ADB 2011）。もちろん未来は分からない。新興経済の多くは中所得の地位を獲得しても，足踏みするかもしれない。「中所得国の罠」である。だが，中国の GDP は 2010 年に日本を超えて世界第 2 位に躍り出ている。科学技術でも，今や大国である。韓国の 1 人当り GDP も 18 年以降，日本を超えている。中国を含んで，アジアは「世界の工場」から市場へ，さらに地域を拡大させて巨大な経済圏へと発展を続ける可能性が高い。

図1-4　FDIからみた新興国の発展類型とその移行

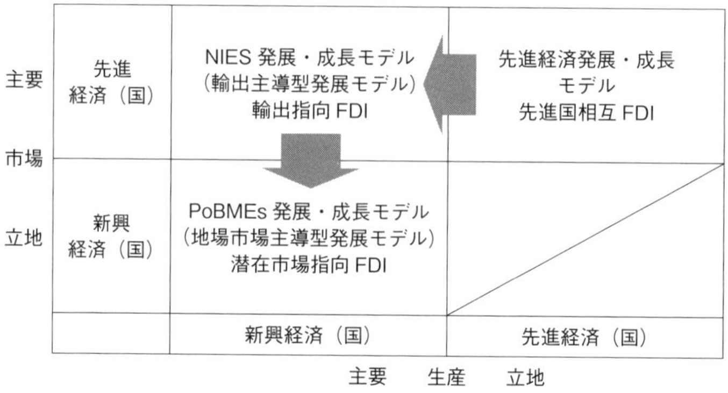

(注) NIESは韓国，台湾，香港，シンガポールを典型とする新興経済。PoBMEs
は中国などBRICsのほか，アジアではインドネシア，フィリピン，タイ，ベ
トナムなどの相対的に人口規模が大きく成長潜在力の大きい新興経済を指す。
(出所) 平川 (2018: 88) ほか。一部表現を変更している。

第4節　中国の発展と世界秩序の軋み

1.　一帯一路構想とその課題

　中国の習近平国家主席は就任の年の2013年秋，歴史上のシルクロードにな
ぞらえた「一帯一路」(BRI)の対外構想を打ち出す。中国は10年にはGDP
で世界第2位となっている。そこに打ち出されたのが，ヨーロッパを陸と海か
ら連結しようとするインフラ建設計画である。構想の背景には，中国自体の成
長の維持と発展，資源確保などに加え，対外発展政策の展開がある。それを中
国による国際公共財の提供と見るか，覇権政策と見るか。その判断は国際社会
との関係で決まる。一帯一路参加国，世界に貢献するものなのか否かである。
　一帯一路構想が出されて以降，発展途上地域を中心に参加国は明らかに増え
ている。他方，巨額の融資とインフラ建設に伴い，透明性の欠如，環境破壊，
住民排除，国益優先，過剰融資など，様々な問題が指摘されるようになった。
パキスタン，ギリシャ，スリランカなどでは中国企業が港湾の租借，施設運営
権を握る事例がみられ，中国の融資の在り方が問われている。「債務の罠」で

ある（第4章参照）。

　行き過ぎた批判は避けねばならないが，プロジェクトの遂行に慎重さが必要なことも確かである。ただ巨視的に見れば，一帯一路によって沿線の発展途上地域への国際社会の関心は高まる。中国と，米日を始め先進国との間の経済的政治的競合関係が，この地域に発展の基盤を作り出すかもしれない。新たなフロンティアとしてのアフロユーラシア経済への入り口が開きつつあるかもしれない（平川他編 2019）。

2. 米中貿易摩擦と新型コロナ感染症危機

　2017年誕生のトランプ米大統領は，翌18年に対中貿易赤字の削減に乗り出す。アメリカの膨大な赤字の半分は対中貿易から生まれていたからだ。交渉は19年12月に「第1段階の合意」に至り，翌20年1月署名，2月発効となった。

　この間，トランプ大統領は国際的なルールを無視し，国内法を根拠に輸入品への一方的制裁措置を採った。中国からの輸入品へは2018年7月〜9月に第1弾から第3弾の合計2500億ドル分に追加関税措置がとられた。翌18年9月にさらに1100億ドル分に第4弾の追加関税が課せられた（平川 2021a）。

　トランプ大統領の交渉は，彼が好んで「ディール」と呼ぶ特異なものである。交渉では，最初から制裁が設定され，それを拒めば制裁が上乗せされる。中国が対等を主張したことで，制裁と報復の連鎖が続いた。ただし，トランプ大統領はトップ交渉を好み，その場でしばしば原則に外れる合意を成立させた。トランプ政権内の対中強硬派と議会は，彼の合意に歯止めをかけようとしてきた[10]。貿易戦争は，米中間で不信感を高めた。

　米中貿易戦争は，当初の貿易赤字の削減から始まり，その後中国の産業政策（「中国製造2025」），技術移転の強要，先端技術の盗取などに交渉の重心が移った。中国による先端技術の盗取，安全保障上のリスクへの認識が高まり，次世代通信の5G技術では世界的競争力を有する中国の華為技術（ファーウェイ）やZTEなどへの規制が強まった。それでも成立した「第1段階の合意」は，次期米大統領選に向けたトランプ大統領の打算がもたらしたものといえる。こ

の合意で米中対立は，ひとまずの鎮静化が期待された。だが，COVID-19 が，
対立をさらに深めた（平川 2021b）。

　2019 年末，中国の武漢で集団発生した COVID-19 は 2020 年に入ると，イ
タリアなど欧米に瞬く間に広がった。中国は当初，COVID-19 を隠そうとし
たが，その後は徹底した都市封鎖で感染の抑え込みに成功し，4 月には武漢の
封鎖を解除した。2 月以降，中国はイタリアなど被感染国へ医療支援に乗り出
し，体制の優位性さえ主張し始める。実際，2020 年の経済成長率は，主要国
の中で中国のみがプラスとなった。2021 年は中国共産党建党 100 周年に当た
る。習近平政権は，新型コロナ感染症を抑えた実績をもって自信を強め，世界
一流の「強国」建設に向っている。ところが，欧米をはじめ民主主義国の多く
では，中国政府の当初の対応に隠蔽体質をみて不信感を強めるが，感染症に翻
弄されている。21 年 1 月末，世界の感染者数は 1 億人を突破し，8 月初めには
2 億人を超えた。アメリカがその 5 分の 1 を占める。アメリカの死者は 9 月に
は 60 万人に達している。

　トランプ大統領はウイルスを「中国ウイルス」と呼び，中国の外交官からは
アメリカのウイルス持込み説さえ流された。中国の強い不満と反撃がそこにあ
る。同年 7 月には香港国家安全維持法を強行した。新疆ウイグル，香港の人権
抑圧問題は，米中外交の最重要課題となった。欧米をはじめ主要先進国の対中
感情は歴史的なレベルで悪化している。

　トランプ政権が採った中国先端技術企業と先進国企業を引き離す対中デカッ
プリング政策と感染症は，中国を軸に太平洋に張られた企業効率一辺倒の生産
ネットワークの再編を強制する。中国はアメリカと張り合って自国の技術開発
に邁進し，一帯一路をもって健康，先端技術，環境の 3 分野で対外展開を強め
ているようにみえる（平川 2021b）。他方，西側先進国の多くは中国への高ま
る不信感と脅威感からアメリカとの連携強化に向っているようにみえる。先端
技術分野では米中間で企業の選択が進み，新たな形の対立的な地域的経済圏が
生まれる可能性がある。

第5節　アジアの新たなフロンティアとしての SDGs

　貧困と停滞の代名詞であったアジアは奇跡的な成長の連鎖を遂げ，いまや中国の勃興もあり「世界の工場」かつ「広大な市場」を有する一大経済圏となった。その生産ネットワークはアジア太平洋からアフロユーラシアへと広がりつつあり，いわばグローバル化時代の優等生あるいは勝ち組となっている。

　その一方で，アジアには依然として，貧困と格差，人権軽視やジェンダーの不平等，過酷な労働環境やインフォーマル部門，そして森林破壊や大気汚染など，深刻な問題も残されている。これらはアジアに限られない世界共通の課題でもあるが，持続可能な発展のためには，世界有数の経済圏として主体的な取り組みが求められている。

　以下では，2015 年 9 月の第 70 回国連総会（国連持続可能な開発サミット）で採択された「我々の世界を変革する：持続可能な開発のための 2030 アジェンダ」（以下，「2030 アジェンダ」）と，その中核となる持続可能な開発目標（SDGs）を取り上げ，世界とアジアが直面する今日的な課題について考察する。

1. 国際社会の共通課題としての SDGs

　SDGs は，国連の全加盟国が合意した 2030 年までに達成すべき目標であり，17 のゴールと 169 のターゲットからなる。達成基準として 231 の指標も設定されている[11]。SDGs の前身には，2000 年に採択されたミレニアム開発目標（MDGs）がある。MDGs は，貧困・飢餓の終焉や教育など，人間の基礎的ニーズ（BHN）を中心として，2015 年を期限に 8 つのゴールを掲げていた。途上国が主体性（オーナーシップ）をもって目標に取り組み，先進諸国がそれを支援した。それに対して SDGs は普遍性を特徴とし，先進諸国も自ら目標に取り組む当事国となった。目標も，持続可能な開発の 3 側面である「経済成長」，「社会的包摂」，「環境保全」において幅広く設定された[12]。

　17 のゴールは相互に関連し合っているが，「5 つの P」に分類できる（表

1-1)。① People（人間）では，あらゆる形態と次元の貧困・飢餓を終わらせ，すべての人間が尊厳と平等，そして健全な環境のもとで，その潜在能力を発揮できることを目指す。② Prosperity（繁栄）では，すべての人間が豊かで満たされた生活を享受するとともに，経済的，社会的，技術的な進歩が自然と調和したものであることを目指す。③ Planet（地球）では，地球が現在と将来の

表1-1　SDGs の 17 ゴール

People（人間）
1	あらゆる場所で，あらゆる形態の貧困を終わらせる
2	飢餓を終わらせ，食料の安定確保と栄養状態の改善を実現し，持続可能な農業を促進する
3	あらゆる年齢のすべての人々の健康的な生活を確実にし，福祉を推進する
4	すべての人々に，だれもが受けられる公平で質の高い教育を提供し，生涯学習の機会を促進する
5	ジェンダー平等を達成し，すべての女性・少女のエンパワーメントを行う
6	すべての人々が水と衛生施設を利用できるようにし，持続可能な水・衛生管理を確実にする

Prosperity（繁栄）
7	すべての人々が，手頃な価格で信頼性の高い持続可能で現代的なエネルギーを利用できるようにする
8	すべての人々にとって，持続的でだれも排除しない持続可能な経済成長，完全かつ生産的な雇用，働きがいのある人間らしい仕事（ディーセント・ワーク）を促進する
9	レジリエントなインフラを構築し，だれもが参画できる持続可能な産業化を促進し，イノベーションを推進する
10	国内および各国間の不平等を減らす
11	都市や人間の居住地をだれも排除せず安全かつレジリエントで持続可能にする
12	持続可能な消費・生産形態を確実にする

Planet（地球）
13	気候変動とその影響に立ち向かうため，緊急対策を実施する
14	持続可能な開発のために，海洋や海洋資源を保全し持続可能な形で利用する
15	陸の生態系を保護・回復するとともに持続可能な利用を推進し，持続可能な森林管理を行い，砂漠化を食い止め，土地劣化を阻止・回復し，生物多様性の損失を止める

Peace（平和）
16	持続可能な開発のための平和でだれをも受け入れる社会を促進し，すべての人々が司法を利用できるようにし，あらゆるレベルにおいて効果的で説明責任がありだれも排除しないしくみを構築する

Partnership（パートナーシップ）
17	実施手段を強化し，「持続可能な開発のためのグローバル・パートナーシップ」を活性化する

（出所）「SDGs とターゲット新訳」製作委員会『SDGs とターゲット新訳 Ver 1.2』慶應義塾大学 SFC 研究所 xSDGs ラボ，2021 年 3 月（https://xsdg.jp/pdf/SDGs169TARGETS_ver1.2.pdf）．より作成。

世代のニーズを支えられるように，持続可能な消費と生産，天然資源の持続可能な管理，気候変動への緊急対応などを通じ，地球の保全を目指す。④ Peace（平和）では，持続可能な開発の基盤となる，恐怖や暴力のない，平和で公正かつ包摂的な社会を目指す。そして，⑤ Partnership（パートナーシップ）では，連帯の精神にもとづき，特に最も貧しく弱い立場の人々のニーズを注視しながら，すべての国々，ステークホルダー，人々の参加により，「2030 アジェンダ」に必要な手段の結集が目指されるのである（国際連合 2015）。

　「2030 アジェンダ」は，持続可能な開発のために世界を変革すると謳うが，それは現状が持続可能ではないことを示している[13]。特に限界が指摘されるのが，「地球環境」および「貧困と格差」の問題である（南・稲場 2020: 23-31）。いまや人類の経済活動が地球環境に与える負の影響は回復不能のレベルに達しつつあり[14]，貧困と格差の問題も人間社会の持続可能性を脅かすまでに深刻化しているのである[15]。

　1980 年代以降の米英における保守革命は福祉国家を批判し，選択の自由と自己責任にもとづく新自由主義が台頭した。新自由主義は市場メカニズムの働きを重視し，格差を自由競争の結果として容認する傾向があった。それでもトリクルダウンによって成長の恩恵が低所得層にも及ぶと考えられたが，格差は拡大を続け，貧富の世代間連鎖が定着した。冷戦が終結した 1990 年代以降には，新自由主義が開発や経済改革の教義となり，グローバル化を推進する根拠にもなった。貿易や資本移動の自由化が進むなか，企業活動や資本を惹き付けるための規制緩和や法人・所得税の減税が実施される一方で，労働者にとっては国境が残ったうえ，労働市場の柔軟化，社会福祉の削減，付加価値税・消費税の引き上げなど実質的負担が増した。貧困や格差は途上国だけの問題ではなくなり，先進国内部でもワーキングプアや貧困世帯が目立ち始めた。グローバル・サウスと呼ばれる新自由主義的なグローバル化のなかで搾取されたり取り残されたりする人々が，国・地域を問わず増大した。反グローバル化，反自由主義，そして排外的ナショナリズムを引き起こしているひとつの要因である。

　「地球環境」や「貧困と格差」の問題に代表されるように，現状の世界はもはや持続不可能な状況にあり，これを変革しなければならない。そのため，すべての国々，ステークホルダー，人々による協力・協働のもと，誰ひとり取り

残すことなく，世界を持続可能で強靱（レジリエント[16]）な道筋へと移行させる。それが SDGs の最終目標である。

2. SDGs とアジアの課題

　『持続可能な開発報告 2021』を参考に，2020 年時点のアジアの SDGs 達成度ランキングを確認する。ランキングは統計のある 165 カ国が対象で，表1-2 はアジアの 24 カ国を抜粋している[17]。最上位は日本の 18 位で，「先進国クラブ」と呼ばれた OECD の加盟国であるニュージーランド（NZ），韓国，オーストラリアが続いている。次いでタイ，中国，マレーシアの上位中所得国が位置し，下位中所得国のベトナムとブータンも健闘しているが，高所得国のシンガポールやブルネイは中位にとどまっている[18]。

　表1-2 には波及効果スコアも載せてある。これは自国の活動が他国に与えている正負の影響（波及効果）を指数化したもので，0 に近いほど負の影響が大きい。具体的には，①貿易から生じる環境的・社会的波及効果，②国境を越えた大気や水などの物理的流れから生じる波及効果，③国際的な経済・金融の流れ（援助，汚職，不公平な税競争，銀行機密等々）が生む波及効果，そ

表1-2　アジア諸国の SDGs 達成度ランキングと国際波及指数

国名	達成度ランク	波及効果スコア	国名	達成度ランク	波及効果スコア	国名	達成度ランク	波及効果スコア
日本	18	68.8	ブータン	75	93.9	カンボジア	102	98.8
NZ	23	70.8	シンガポール	76	20.6	フィリピン	103	97.9
韓国	28	71.6	モルディブ	79	88.3	モンゴル	106	94.9
オーストラリア	35	63.9	ブルネイ	84	70.9	バングラデシュ	109	99.3
タイ	43	88.7	スリランカ	87	96.4	ラオス	110	99.2
ベトナム	51	96.4	ネパール	96	99.2	インド	120	98.9
中国	57	94.6	インドネシア	97	96.9	パキスタン	129	99.7
マレーシア	65	77.8	ミャンマー	101	100.0			

　（注）達成度ランクは 165 カ国中の順位。波及効果スコアとは，自国の活動が他国に与える正負の影響を指数化したもので，最低評価が 0，最高評価が 100 である。
　（出所）Sachs et al.（2021）から筆者作成。

して④平和維持・安全保障（兵器・武器や国際的な組織犯罪の輸出はマイナスに，紛争防止や平和維持のための投資はプラスに評価される）の波及効果がある。全体的に，SDGs達成度ランク上位の高所得国は負の波及効果を生み出し，他国のSDGs達成の努力を妨げている傾向がある。言い換えれば，高所得国における高い達成度は，SDGsに負の効果を及ぼす要因を外部化することで実現できている側面があるのである。対照的に達成度ランク下位国は，他国への負の影響は限定されている（Sachs et al. 2021: 26）。OECD加盟国平均の波及効果スコアは70.1であるのに対して，アジア（OECD加盟4カ国を除く）の平均スコアは97.6となっている。なお，SDGs達成度が世界第1位のフィンランドの波及効果スコアは69.8，第2位のスウェーデンは67.1，第3位のデンマークは60.5で，17位のイギリスが54.1，32位のアメリカが62.1である。

　いくつかの国の達成度の内訳を4段階評価で見ると，日本は17ゴールのうち4（質の高い教育），9（産業と技術革新の基盤），16（平和と公正）は達成済みだが，5（ジェンダー平等），13（気候変動），14（海の豊かさ），15（陸の豊かさ），および17（パートナーシップ）は最低評価の「主要課題が未達成」となっている。韓国は日本と類似し，4は達成済みだが，5，10（人や国の不平等），13，14，15，17が最低評価である。両国は地球環境への取り組みと対外援助が不十分な点で共通している。タイの最低評価項目は2（飢餓），3（健康と福祉），10，14，15で，マレーシアはそれに5が加わる。ベトナムは2，3，9，14，15，16が最低評価なので，この3カ国も似通っていると言える。中国は最低評価が10，14，15の3項目のみで，全体的にバランスが取れている。インドでは11項目，パキスタンでは14項目が最低評価であるなど，課題は数多く残っている。

　OECD加盟4カ国を除くアジアは，2015年と比べて，他のどの地域よりもSDGsの達成度が進展した。特にバングラデシュは，依然として下位ではあるが進展度は165カ国中の第1位で，12（つくる責任，つかう責任）と13を達成したほか，1（貧困）や4も著しく改善されている（Sachs et al. 2021: 13）。とはいえ，アジアは全体として，2，3，5，10，14，15が停滞しており，1と4はこれまで優れた成果を上げているものの，COVID-19が貧困率を上昇させることが危惧されている（Ibid.: 29）。

　東アジアが今後も世界の成長センターであり続けるためには，成長の中身を持続可能なものに変革していかなければならない。サプライチェーン上での結びつきが強いアジアの域内では，これらの課題に協力・協働して挑むことが求められる。労働環境の改善，気候変動への対応や環境保全，代替エネルギーの開発，廃棄物や循環資源の管理，適切な税制・規制など，本当の豊かさのためのウィン・ウィン関係を構築する必要がある。いずれも，経済・社会生活の持続可能性と質が改善される前向きなことである。

　欧米などではサプライチェーンに対する人権重視の規制が導入されつつあるが，イギリスの現代奴隷法のように企業の注意義務（デューディリジェンス）や情報開示を柱とするものが多い。企業は市民社会（消費者）による監視のなかで下請け企業などに一定の基準を求め，それを満たせない企業はサプライチェーンから外される。企業や投資家による人権侵害などへの関与を防ぐには適切な措置である（小林 2018: 107-9）。

　ただし，「2030アジェンダ」では，「誰ひとり取り残さない」こと，「最も遅れているところに第一に手を伸ばす」ことを謳っている。現状で労働環境などの問題を抱える途上国の企業，とりわけ対応コストを賄えない零細企業に対しては，切り捨てるのではなく支援する枠組みもアジアでは必要である。地球環境や生活環境についても，たとえば日本や他の国々・企業などの協力があれば，大幅な改善が見込める地域も少なくない。覇道とも映る中国の一帯一路も，対等な関係にもとづく多国間協力体制を構築し，個々の案件の透明性を高めることができれば，開発や建設のための国際公共財となる可能性も秘めている。持続可能な開発のために残された課題に取り組むところに，新たなアジアのフロンティアが見いだせるかもしれない。COVID-19パンデミックが大きな人的，経済的損害をもたらす中で，アジアが発展を続けるためにもいっそう重要な課題でもある。

［注］
1　NICsの呼称は，1988年の先進国首脳会議（トロント・サミット）でNIES（NIEs）が使われると，後者が一般化していった。この変更は，中国との関係で香港と台湾の国際政治上の地位が考慮された結果である（平川 1992）。
2　プラザ合意は，双子の赤字（貿易赤字と財政赤字）にあるアメリカのドル高を先進国が協調して

切り下げるという合意であるが，それを契機に円の対ドル為替レートが急騰した。

3　後発 ASEAN 諸国は，カンボジア，ラオス，ミャンマー，ベトナムで CLMV 諸国とも呼ばれる。

4　「東アジア」の地域概念を ASEAN 地域にまで広げた点も注目される。『東アジアの奇跡』は所有関係や企業・政府関係，市場依存などの点で異なるとして，中国を除いている。だが，従来，別扱いされた東南アジアが東アジアに包括され「東アジア」に加えられた。両地域をまたいだ地域的な発展が広域の「東アジア」の地域概念を生んだといえるだろう。

5　IMF からの融資受入れ国は，その条件として一定の政策措置を IMF に約束しなければならない。これが政策コンディショナリティである。

6　1990 年代の初めには，マレーシアのマハティール首相（当時）が東アジア経済グループ（East Asia Economic Group：EAEG）を提唱している。これは，80 年代後半に高まるヨーロッパと北米での経済統合の動きへのマハティールの対応である。しかし，89 年発足の APEC（アジア太平洋経済協力）の形骸化，ブロック化のリスクなどを理由にアメリカなどから反対され頓挫した。ちなみに，NAFTA（北米自由貿易協定）は 1992 年アメリカ，カナダ，メキシコ間で署名，94 年設立された。EU は 1985 年の域内統合市場白書を経て 1993 年に発足した。

7　ボールドウィンはこの分業を「第 2 のアンバンドリング」と呼んでいる（Baldwin 2016）。

8　2008 年の世界金融危機の前には先進国とアジア間の景気の連動性が問題にされ，IMF, OECD や ADB などで議論された。

9　一般に，生産年齢人口（15～64 歳）が従属人口（14 歳以下＋65 歳以上）を上回る，あるいは人口成長率を生産年齢人口の伸び率が上回る時期を指す。経済成長を人口構成と関連づける考え方といえる。

10　2019 年 6 月の G20 大阪サミットの折のトランプ・習首脳会談では，習が農産物の大量輸入の約束を受けて，トランプはファーウェイの米企業との取引禁止の解除を約束した。しかし，その取引解除はごくわずかな規模となって，実質的に形だけに終わった。

11　SDGs 指標は「2030 アジェンダ」には含まれていない。これは，外務省のウェブサイトで確認できる（https://www.mofa.go.jp/mofaj/gaiko/oda/sdgs/statistics/index.html）。SDGs 指標は 2017 年 7 月の国連総会で 244 指標（重複分を除けば 232）が承認されたが，2020 年 3 月に見直されて 247 指標（同 231）になった。

12　そのため，MDGs と異なり，先進国の国内問題も SDGs の対象となった。SDGs と MDGs の比較について詳しくは（紀谷・山形 2019: 第 3 章）を参照のこと。

13　持続可能な開発とは，「将来の世代の欲求を満たしつつ，現在の世代の欲求も満足させるような開発」と定義されている。国際連合開発センターのウェブサイトより（https://www.unic.or.jp/activities/economic_social_development/sustainable_development/）。

14　自然界は様々な恵みを与えてくれるが，負荷がかかりすぎれば回復力がなくなり，転換点を超えると「地球は突然，友人から敵に変わる」（ロックストローム他 2018: 60-63）。世界各地の異常気象はこの一例である。今日では，気候変動，生物多様性の損失，地球規模の土地利用の変化，および窒素とリンによる汚染が，プラネタリー・バウンダリー（地球の限界）を超えて危険水域に入っている（同上：79）。なお，地球が敵に変わる不可逆の恐ろしさは，星新一の「おーい でてこーい」（星新一『ボッコちゃん』新潮文庫，1971 年，などに収録）が参考になる。

15　衣食住など BHN さえ不足する貧困層は世界で 7 億人を超える（2018 年の推計値）。国連のウェブサイト（https://www.un.org/sustainabledevelopment/poverty/）で確認できる。

16　レジリエントの名詞形であるレジリエンスは，回復力，復元力，弾力などという意味であるが，予期せぬことや変化する出来事に対して十分に適応できる，いち早く対応できる能力を指している。レジリエントは，サステイナブル（持続可能な）と並び SDGs における重要な概念である。

17　東・南アジアに区分されている国々と，OECD に加盟する日本，韓国，オーストラリア，およ

びニュージーランド（NZ）の合計 24 カ国。なお，報告書の内容は（Sachs et al. 2021）のほか，ウェブサイト（https://dashboards.sdgindex.org/）からも各項目を閲覧できる。

18　1 人当たりの国民総所得（GNI）にもとづく国家区分は世界銀行によるものである。2021 年 4 月時点で，2019 年の 1 人当たり年間 GNI が 1035 ドル以下を低所得国，1036〜4045 ドルを下位中所得国，4046〜1 万 2535 ドルを上位中所得国，1 万 2536 ドル以上を高所得国としている。

［参考文献］

木村福成・大久保敏弘・安藤光代・松浦寿章・早川和伸（2016）『東アジア生産ネットワークと経済統合』慶應義塾大学出版会。

紀谷昌彦・山形辰史（2019）『私たちが国際協力する理由』日本評論社。

経済企画庁（1979）『昭和 54 年 年次世界経済報告』。

国際連合（2015）『我々の世界を変革する：持続可能な開発のための 2030 アジェンダ』外務省仮訳。https://www.mofa.go.jp/mofaj/gaiko/oda/sdgs/pdf/000101402.pdf

小林尚朗（2018）「現代のアンフェアトレードの非継続性について」長坂寿久編著『フェアトレードビジネスモデルの新たな展開―SDGs 時代に向けて』明石書店。

平川均（1992）『NIES ―世界システムと開発―』同文館。

平川均（2018）「東アジアの経済統合の新たな展望」『アジア研究』第 64 巻第 4 号，アジア政経学会。

平川均（2021a）「トランプ政権の『米国第一』と国際関係」『季刊 現代の理論』第 25 号。http://gendainoriron.jp/vol.25/feature/hirakawa.php

平川均（2021b）「トランプ米大統領と COVID-19 は世界経済をどう変えるか―米中関係に注目して―」『国際経済』第 72 巻。

平川均・町田一兵・真家陽一・石川幸一編著（2019）『一帯一路の政治経済学』文眞堂。

南博・稲場雅紀（2020）『SDGs ―危機の時代の羅針盤』岩波新書。

ロックストローム，J.・クルム，M.（2018）『小さな地球の大きな世界―プラネタリー・バウンダリーと持続可能な開発』武内和彦・石井菜穂子監修，丸善出版。

ADB (1992) *Asian Development Outlook 1992*, Oxford University Press.

ADB (2000) *Asian Development Outlook 2000*, Manila: Asian Development Bank.

ADB (2011) *Asia 2050: Realizing the Asian Century*, Manila: Asian Development Bank.

Baldwin, R. (2016) *The Great Convergence*, The Belknap Press of Harvard Univ. Press.（遠藤真美訳『世界経済大いなる収斂』日本経済新聞社，2018 年）

GATT (1985) *International Trade 1984/85*, Geneva: General Agreement on Tariffs and Trade.

IMF (1999) *The IMF Responses to the Asian Crisis: A Factsheet*, January 17.

OECD (1979) *The Impact of the Newly Industrialising Countries on Production and Trade in Manufactures*, Paris: Organisation for Economic Cooperation and Development.（大和田惠朗訳『新興工業国の挑戦』東洋経済新報社，1980 年）

OECD (1981) *North South Technology Transfer: The Adjustment Ahead*, Paris: OECD.

Sachs, J., Kroll, C., Lafortune, G., Fuller, G. and Woelm, F. (2021) *Sustainable Development Report 2021: The Decade of Action for the Sustainable Development Goals Includes the SDGs Index and Dashboards*, Cambridge: Cambridge University Press.

World Bank (1993) *East Asian Miracle: Economic Growth and Public Policy*, Oxford University Press.（白鳥正喜監訳『東アジアの奇跡』東洋経済新報社，1994 年）

（平川均・小林尚朗）

第2章

アジアの経済統合の現況と課題

はじめに

　2020年の新型コロナ感染症の拡大によりマスクなどの医療物資が不足し，海外旅行も海外留学もできなくなった。サプライチェーンが混乱し人の移動が遮断され，私たちの生活が物や人の国境を越えた自由な移動を支える枠組みにより成り立っていることを実感させられた。自由な貿易の制度的枠組みはWTO（世界貿易機関）であるが，自由貿易協定（FTA）など経済統合もWTOを補完する重要な制度である。日本は，ASEAN各国をはじめアジアや中南米，欧州の国と経済連携協定（EPA）を結ぶとともにCPTPP（環太平洋パートナーシップに関する包括的及び先進的な協定：Comprehensive and Progressive Agreement for Trans-Pacific Partnership）およびRCEP（地域的な包括的経済連携協定：Regional Comprehensive Economic Partnership）という多数国の参加する広域FTAも締結している。本章は，21世紀に入り急増したアジアの経済統合を取り上げ，経済統合を解説したうえでASEANおよびアジアの広域FTAであるCPTPPとRCEPについて現状，課題などを検討している。

第1節　経済統合とは何か

1.　経済統合の分類

　経済統合とは複数国が貿易，サービス，投資，資本，人の自由な移動を実現するために関税や投資規制などの障壁を撤廃することである。統合に参加した国の間では物品の移動や資本の移動などが自由化され統合された市場が実現する。経済統合の対象範囲やレベルは統合により大きく違っている。ASEAN自由貿易地域（AFTA）は，物の貿易の自由化のみを対象としているが，欧州連合（EU）は物，サービス，資本，人の自由な移動が実現し，ユーロという共通通貨を採用し，欧州中央銀行，欧州司法裁判所まで設立されている。

　経済統合の分類はベラ・バラッサによる次の5つの分類が有名である（Balassa 1962: 2）。すなわち，① 自由貿易地域（free trade area），② 関税同盟（customs union），③ 共同市場（common market），④ 経済同盟（economic union），⑤ 完全な経済統合（complete economic integration）である（表2-1）。自由貿易地域は参加国間で関税（と数量制限）を撤廃する。関税同盟は商品の移動の差別の撤廃に加え，非加盟国への関税を共通化する。共同市場は貿易の制限だけでなく資本，労働など生産要素の移動への制限が廃止される。経済同盟では経済政策の違いによる差別をなくすために経済政策の調和が

表2-1　バラッサの経済統合発展段階説

	域内関税撤廃	域外共通関税	生産要素の移動	ある程度の経済政策の調和	金融，財政，社会，景気政策の統一，超国家機関の設立
自由貿易地域	○	×	×	×	×
関税同盟	○	○	×	×	×
共同市場	○	○	○	×	×
経済同盟	○	○	○	○	×
完全な経済統合	○	○	○	○	○

（出所）Balassa（1962）p2.により筆者作成。

行われる。完全な経済統合は金融，財政，社会，景気政策の統一を前提とし，加盟国を拘束する決定を行う超国家機関の設立を必要とする。

　バラッサの5段階説は古典的といえる分類であり経済統合の基本的な理解には今でも有用であるが，現代の経済統合は多様化している。世界の経済統合は2021年末時点で357あるが，そのほとんどが自由貿易地域であり，関税同盟は欧州連合（EU），南米南部共同市場（メルコスール）など15に過ぎず，共同市場と経済同盟はEUのみである（ジェトロ 2021）。現代のFTAは物の貿易だけでなくサービス貿易，投資，資本，人の移動の自由化まで対象範囲を拡大している。ただし，完全な自由化ではなく，例外が多い制限付きの自由化であり共同市場ではない。たとえば，人の移動の自由化は貿易や投資従事者の出張や駐在を対象とするものが大半であり，単純労働者の受け入れや移民は対象ではない。広範な分野を対象とするFTAを経済連携協定（EPA）と呼んでいる。EPAが対象とする分野は，物品貿易，サービス貿易，投資，貿易円滑化，電子商取引，知的財産，政府調達，経済協力など極めて広い。

2. 経済統合の効果と要件

　世界の多くの国が経済統合に参加しているのは，貿易や投資を拡大し経済成長を後押しする効果への期待があるからである。FTAの経済効果には，静態的効果と動態的効果があり，静態的効果では貿易創出効果（貿易障壁の撤廃によりFTA締結国間で貿易が創出される）と貿易転換効果（FTAにより効率的なFTA非締結国からの輸入が非効率的な締結国からの輸入に転換する）が知られている[1]。動態的効果には市場拡大効果，競争促進効果，投資促進効果などがある。たとえば，ASEAN自由貿易地域（AFTA）の目的のひとつは，人口6.5億人の統合市場を創出し外国投資の誘致を促進することである。

　経済統合は加盟国間で関税を削減・撤廃するため，WTOの基本原則である最恵国待遇に反している[2]。しかし，経済統合は域内の貿易の自由化を促進することから，WTOは最恵国待遇の例外としてGATT24条の次の要件により容認している。すなわち，① 関税など制限的通商規則を実質上すべての貿易について撤廃する，② 協定締結前よりも協定に参加していない国との貿

易を制限的にしない，③一定期間以内に完成しなければならない。とりわけ重要なのは①であるが，GATT24条には「実質上すべて」の定義は規定されていない。貿易対象品目（タリフライン）の90％以上という見解が一般的だったが，TPP（環太平洋パートナーシップ協定：Trans-Pacific Partnership Agreement）のように100％近い自由化率のFTAも多い。

TPPに対し日本では農業関係者などが強く反対し抗議行動を行ったが，アメリカでは自動車産業関係者が反対をした。RCEP（地域的な包括的経済連携協定）では，インドが交渉を離脱したがその背景には農民や労働組合の反対があった。このように経済統合に対しては国内で反対が起きることが多い。輸入の増大により国際競争力に劣る産業では被害を受けることが予想されるためである。そうした産業については，①自由化の例外とする，②時間をかけて段階的に自由化する，③関税割当（輸入が一定額を超えると関税を賦課）などの対応が取られている。根本的には競争力の強化が必要であり，日本の農業では1兆円規模を目標とする農林水産品と食品の輸出の促進や二次産業，三次産業との連携融合により付加価値を創出する六次産業化などの改革が進められている。

第2節　アジアの経済統合をリードするASEAN

1. 21世紀に入り経済統合が急増

世界の経済統合は2021年1月末で357（発効済）を数える（ジェトロ 2021）。世界の経済統合は1990年以降増加したが，アジアでは21世紀に入り経済統合が増加した。20世紀末時点でアジアの経済統合はASEAN自由貿易地域（AFTA）など8件[3]のみだったが，2021年1月末ではアジア域内のFTAは58件に増加している。主要国別にみると，2000年に日本，中国，韓国はFTAを1件も締結していなかったが，2021年1月末時点で日本は19，中国は18，韓国は20のFTAを締結している。

東アジアで経済統合が急増した理由は東アジア各国が貿易転換効果による不

利益を回避するために FTA 締結に取り組んだためである。2001 年に日本とシンガポールが FTA 交渉を開始すると中国が ASEAN の FTA 交渉開始に合意し，中国が ASEAN と FTA を結ぶことにより ASEAN 市場への輸出で不利になることを懸念する日本，韓国，オーストラリア，インドが ASEAN との交渉を開始した。その結果，2010 年には 5 つの ASEAN + 1FTA（相手国は日本，中国，韓国，インド，オーストラリアとニュージーランド：NZ）が締結された。こうした現象は FTA のドミノ現象あるいは FTA 競争と呼ばれている。

　東アジアの経済統合の先駆者は ASEAN である。ASEAN は AFTA に続いて ASEAN 経済共同体（AEC）を実現し，2010 年までに東アジア主要国と FTA を締結した。その後，東アジアの広域（region-wide）FTA が課題となり ASEAN + 3（日中韓）と ASEAN + 6（日中韓印豪 NZ）の 2 つの構想が検討された。2010 年以降，アジア広域 FTA として TPP と RCEP の交渉が始まった。TPP は 12 カ国により 2016 年に調印されたが，アメリカのトランプ政権が離脱したため，アメリカを除く 11 カ国により 2018 年 3 月に CPTPP（TPP11）[4] が調印され，RCEP は 8 年越しの交渉の結果，2020 年 11 月にインドを除く 15 カ国で調印された。

2. 自由貿易地域を実現した ASEAN

　ASEAN（東南アジア諸国連合）は 1967 年 8 月に東南アジアの 5 カ国（インドネシア，マレーシア，フィリピン，シンガポール，タイ）により設立された地域協力機構である。1984 年にブルネイ，1995 年にベトナム，1997 年にミャンマー，ラオス，1999 年にカンボジアが加盟し 10 カ国体制となっている。ASEAN が設立された当時の東南アジアはベトナム戦争のただ中であり，東南アジア地域の安全保障と政治協力が最大の課題となっていたため，ASEAN が経済協力に取り組んだのは 1976 年の ASEAN 協和宣言以降である（石川 2016: 248）。貿易自由化は 1977 年に発効した ASEAN 特恵貿易制度（PTA）により取り組んだが，実効性はなく失敗に終わった。失敗の理由は ASEAN 各国の輸入代替工業化を ASEAN が支援する集団的輸入代替重化学工業化戦略による自由化であり，各国の利害が対立したためである（清水 2015: 144-

145)。

　ASEAN が経済統合に本格的に取り組んだのは 1993 年 1 月に開始された AFTA 形成からである。AFTA は ASEAN 域内関税を段階的に削減・撤廃する構想であり，最初は 5％への削減を目標とし，カンボジア，ラオス，ミャンマー，ベトナム（CLMV）の新規加盟 4 カ国の関税削減は経済発展レベルを考慮し時間をかけて行うなど柔軟に自由化を進めた。当初は 15 年で関税を削減する計画だったが，その後 10 年間に短縮され，さらに 0-5％への削減から ASEAN6 は 2010 年，CLMV は 2015 年に関税撤廃を行うことに合意した。

　AFTA は計画通り進展し，ブルネイ，インドネシア，マレーシア，フィリピン，シンガポール，タイの ASEAN6 は 2010 年に域内関税を撤廃し，2015 年には CLMV が域内関税を撤廃した（一部品目は 2018 年）。関税撤廃率は ASEAN6 が 99.3％，CLMV が 97.7％，ASEAN 全体では 98.6％と極めて高いレベルの自由化を実現している。

3.　ASEAN 経済共同体を創設

　ASEAN は 2003 年に AFTA に続く経済統合として ASEAN 経済共同体（ASEAN Economic Community: AEC）を形成することを決定した。AEC は AFTA が目指した物品貿易の自由化に加え，サービス，投資，資本，熟練労働者の自由な移動を目指している。物品，サービス，資本，人の自由移動を実現する経済統合は「共同市場」であるが，AEC は様々な制限が残されており「共同市場」ではなく「FTA プラス」である（石川・清水・助川 2016）。ただし，AEC は① 単一の市場と生産基地，② 競争力のある経済地域，③ 公平な経済発展，④ グローバル経済への統合の 4 つの戦略目標を掲げ，具体的にはインフラ建設，知的財産，消費者保護，域内格差の是正など極めて多くの分野を対象としている。AEC はこのように市場統合だけでなく広範な目標を有する開発戦略としての経済統合である。

　AEC は 2015 年 12 月末の実現が ASEAN 首脳会議で宣言された。AEC の最大の成果は関税撤廃による ASEAN 自由貿易地域の実現である。ただし，目標が実現していない分野も多い。たとえば，サービス貿易や投資は自由化され

ていない分野が残っている。貿易手続きの電子化と域内の接続を行う ASEAN シングルウィンドウの実現は 2020 年となった。輸送インフラの建設は遅れている。そのため，2015 年末の AEC 創設は「通過点」と評価されている（石川・清水・助川 2016）。

　ASEAN は 2016 年から AEC2025 の行動計画を進めている。AEC2025 の戦略目標は，① 統合され高度に結束した経済，② 競争力のある革新的でダイナミックな ASEAN，③ 高度化した連結性と分野別協力，④ 強靭で包摂的，人間本位・人間中心の ASEAN，⑤ グローバル ASEAN の 5 つである。関税同盟や非熟練労働者の移動，政府調達の自由化は目標ではなく，経済統合の範囲やレベルは AEC2015 と同様である。AEC2025 は経済統合に加えて，競争力，包摂，ガバナンス，連結性，ICT などの分野が重視されている。たとえば，競争力では生産性向上，イノベーション，科学技術などが重点分野となっており，中所得国の罠への対応など新たな課題に取り組んでいる。

4.　ASEAN 経済統合と日系企業

　ASEAN の経済統合を最も活用してきたのは進出日系企業である。1960〜70 年代の輸入代替工業化の時期に ASEAN に進出した日本企業は関税障壁により自動車，家電などの ASEAN 域内貿易が困難なため国内販売を目的に重複投資と重複生産を行わざるを得なかった。しかし，AFTA により関税が段階的に削減され，自動車，電機など代表的な輸入代替産業でも ASEAN 域内貿易が可能となり，最適地での生産による域内分業と補完に取り組むようになった。AFTA を利用した ASEAN 域内の生産体制の再編が 1990 年代後半から進められた[5]。

　AEC の形成が進むと，メコン地域（タイ，ベトナム，ラオス，カンボジア，ミャンマー）では輸送インフラと越境輸送協定が徐々に整備され，生産コストの大きな違いを利用した複数国にわたる生産ネットワークの形成が進みつつある。タイの工場から労働集約的な生産工程をカンボジア，ラオスに移す「タイプラスワン」の動きが活発化しており，タイからカンボジアを経由してベトナムから輸出するなどの事例も出てきている（深沢・助川 2014: 195）。ASEAN

の生産ネットワークの拡大は CLMV の経済発展を後押しするだろう。

5.　高く評価できる ASEAN 経済統合

　ASEAN の経済統合は「実効性がない」,「企業により利用されない」などの理由で低く評価する専門家がいる。しかし, ① 100％に近い高い自由化率の自由貿易地域を実現したこと, ② 企業による比較的高い利用率という 2 つの理由で成功と評価できる[6]。成功の要因は, 高い自由化目標を掲げながら, 域内経済格差や産業の発展レベルを考慮し時間をかけた段階的で柔軟な自由化方式を採用したことである。

　ASEAN 経済統合は, ① 開発途上国の経済統合の成功事例であること, ② グローバル・サプライチェーンへの参加を目標としており, 外国投資の積極的受け入れに成功し, 域外国・地域との FTA を進める開かれた経済統合（open regionalism）であること, ③ サービス貿易, 投資, 資本, 人の移動の自由化（制約付きだが）を進めるなど統合の深化を実現しつつあること, ④ 東アジアの経済統合で中心的な役割を果たしていること（ASEAN 中心性と呼ばれる）, などから世界でも重要な経済統合である。

第 3 節　アジアの広域経済統合と CPTPP

1.　課題となった広域かつ包括的 FTA

　北米には北米自由貿易協定（NAFTA, 現在は USMCA に改定）, 欧州には欧州連合（EU）という地域全体をカバーする経済統合があるが, 東アジアではこうした広域経済統合はできていなかった。地域の多くの国が参加する経済統合のほうが経済効果が大きく, 自由化品目やルールの異なる FTA が乱立することは企業の FTA 利用手続きを煩雑にしコストを増やしてしまう。たとえば日本から部品を輸入しマレーシアで加工し完成品をオーストラリアに輸出するなど 3 カ国以上に跨る貿易取引の場合, マレーシアでの付加価値が少ないと

表 2-2　CPTPP, RCEP の規模比較（2019 年，カッコ内はシェア）

	CPTPP	RCEP
名目 GDP	11 兆 2560 億ドル（12.8%）	26 兆 2780 億ドル（30.0%）
人口	5 億 720 万人（6.6%）	22 億 10 万人（29.5%）
貿易	5 兆 7560 億ドル（15.3%）	10 兆 8096 億ドル（28.8%）
日本の輸出	895 億ドル（13.3%）	3039 億ドル（45.2%）
日本の輸入	1255 億ドル（17.4%）	3547 億ドル（50.5%）
参加国	11（アメリカが離脱）	15（インドが離脱）
特徴	TPP の特徴を維持，22 項目を凍結，全体で 30 章	TPP より低い自由化率，先進的ルールは含まない，全体で 20 章

（注）名目 GDP，人口，貿易のカッコ内は世界シェア，日本の輸出と輸入のカッコ内は輸出および輸入総額に占める CPTPP および RCEP のシェア。
（出所）筆者作成。

オーストラリアへの輸出で FTA が使えない可能性がある。こうした問題は多くの国が参加する広域 FTA ができれば解決できる。企業活動のグローバル化に伴い，サービス産業の投資が増加し，国境を越える人の移動も増加し，越境電子商取引が活発になっている。そのため，日本が締結している経済連携協定（EPA）のようにサービス，投資，知的財産，電子商取引，政府調達など多様な分野を対象とする包括的 FTA が増えてきた。アジアの広域かつ包括的な FTA は，アジア太平洋諸国が参加する CPTPP と ASEAN を中核に東アジアの 15 カ国が参加する RCEP である（表 2-2）。

2.　アメリカが離脱した TPP

　TPP は 2006 年に発効した P4（ブルネイ，チリ，ニュージーランド，シンガポールが参加）を拡大・発展させた FTA である。TPP 交渉は，2010 年 3 月にアメリカ，オーストラリア，ペルー，ベトナムが加わった 8 カ国で開始され，その後，マレーシア，メキシコ，カナダ，日本が参加し 12 カ国で行われた。参加国の対立で交渉は難航したが，2015 年 10 月に大筋合意に達し，2016 年 2 月にニュージーランドで署名を行った。しかし，2017 年 1 月 20 日に就任したトランプ大統領は直ちに TPP を離脱した。そのため，アメリカを除いた

11 カ国は 5 月から交渉を開始し 11 月に合意に達し，2018 年 3 月に署名，同年 12 月 30 日に CPTPP は発効した。CPTPP が日本のリーダーシップにより短期間で妥結した背景には保護主義の拡大への強い危機意識の共有があった。

　CPTPP は全 7 条の短い協定だが，第 1 条に全 30 章で 1000 頁を超える TPP 協定が組み込まれており，第 2 条の凍結項目を除き TPP の規定は維持されている。第 2 条には凍結（適用が停止）される 22 項目が示されている。凍結は加盟国が合意すれば解除される。TPP 交渉では，知的財産，投資家と国の紛争解決（ISDS），労働などのルール分野でのアメリカの主張に途上国を中心とする他の交渉参加国が反対し交渉難航の原因となっていた。最終的には，TPP によりアメリカ市場へのアクセス改善を期待する途上国が譲歩を行った。しかし，アメリカが離脱するとアメリカ市場へのアクセスは改善せず譲歩のみが残るため，アメリカの強い要求に譲歩した項目を凍結することになった。

　CPTPP は知的財産を中心とする 22 項目が凍結されたもののそれ以外の規定は存続しており，21 世紀型貿易協定といわれる TPP の特徴は維持されている。CPTPP の特徴は，① 日本（95％）を除き大半の国が 100％あるいは 99％を自由化した極めて高い自由化レベルを実現したこと，② 電子商取引，知的財産，国有企業，労働，環境などの新たなルールを含むレベルの高いルールを規定していること[7]，③ 中国を牽制するルールが含まれていること，の 3 点である。

　TPP は，オバマ前大統領が「中国のような国にルールを書かせない」と繰り返し発言したように中国けん制を意識したルールを含んでいた。トランプ政権が問題にした技術の強制移転は禁止されており，国有企業への非商業的援助も禁止されている。電子商取引では，① 電子的手段による国境を越える自由な情報の移転，② コンピュータ関連設備の設置要求の禁止，③ ソースコード移転要求の禁止，が規定されている。

　CPTPP の長期的な課題は FTAAP への発展だが，当面の課題は参加国の拡大である。2021 年 2 月にはイギリスが加入を申請し，2021 年 9 月に中国と台湾が CPTPP 加入を申請した。バイデン政権はコロナ対策と国内経済再生を優先している。通商政策でも米中第 2 段階協定や米英 FTA が優先されており，アメリカの TPP への復帰は当面期待できず，再交渉が必要だろう。

第4節　コロナ禍の中で締結したRCEP

1.　ASEANが提案し交渉を主導

　RCEPは，2020年11月15日にASEANと日中韓豪NZの15カ国で調印が行われ，2022年1月に発効した。2013年に交渉が始まったときはインドを含め16カ国が参加していたが，2019年の交渉後にインドが離脱した。インドは抜けたがRCEPは人口，GDP，貿易額で世界の約30％（2019年）を占める世界最大の経済統合である（表2‐2）。

　RCEPのルーツは1997年のアジア通貨経済危機後の東アジアの地域協力にさかのぼれる。アジア通貨経済危機が起きた1997年に初めてASEAN＋3（日中韓）首脳会議が開催され，その後定例化された。首脳会議で金大中韓国大統領の提唱で東アジアの地域協力を議論する東アジアビジョングループ（EAVG）と東アジアスタディグループ（EASG）が設置され，東アジア自由貿易地域構想が提案された。その後，中国が2003年にASEAN＋3（日中韓）によるEAFTA（東アジアFTA）と日本が2006年にASEAN＋6（日中韓印豪NZ）によるCEPEA（東アジア包括的経済連携）を提唱した。2つの構想は研究が行われたが，日中の主導権争いもあり交渉は始まらなかった。この状況を打破したのは2010年のTPPの交渉開始である。TPPによりアメリカ主導で東アジアFTAが創られることを懸念した中国はEAFTAに固執することを止め，2011年8月に東アジアFTA構築を加速させるための共同提案を日本と行った。

　日中の共同提案を受けて東アジアFTA形成で主導権を握りたいASEANは「RCEPのためのASEAN枠組み」を提案した。2012年8月にASEANのFTAパートナーズ経済大臣会合が開催され，ASEANの提案をベースとする「RCEP交渉の基本指針および目的」が合意された。目的として，「現代的・包括的・質が高く・互恵的な経済連携協定」の実現が掲げられ，ASEAN中心性を認識し衡平な経済発展，経済協力強化を支援することが合意された。交渉の原則として，①WTO整合性，②既存のASEAN＋1FTAよりも相当程度改

善したより広く深い約束，③ ASEAN の後発加盟国への特別待遇と柔軟性など 8 つが決められ，交渉は 2013 年 5 月に始まった。

　RCEP の合意が遅れた理由は高いレベルの自由化へのインドの抵抗である。2019 年 11 月にはインド以外の 15 カ国は全 20 章の協定文に合意していたが，交渉終盤でインドが関税基準年次の変更，原産地規則の厳格化など他国が容認できない要求を行い，合意ができなかった。インドの抵抗の背景には貿易赤字の拡大があった。2018 年の貿易赤字 1897 億ドルの 3 割を対中国貿易赤字が占めていた。インドは 2019 年 11 月を最後に交渉から離脱した。

2. RCEP の大きな意義

　東アジアは ICT 製品では世界の 9 割を生産し，自動車では 5 割を生産するなど世界の工場というべき製造業の世界的な生産基地であり，多国籍企業を中心とした生産ネットワークが形成されている。消費面では，所得レベルが上昇し，都市化が進み中間層が増加するなど世界の最も有望な新興消費市場として成長すると予測されている。世界で最も発展が期待できる有望な地域である東アジアの初めての広域経済統合が RCEP である。これが RCEP の最大の意義である。日中，日韓，中印，印豪という主要国間では FTA はなかったが，RCEP により日中 FTA と日韓 FTA ができたことも重要である。日中，日韓の経済関係は極めて緊密だが，外交関係や国民感情の悪化から二国間 FTA の交渉は無理であり，RCEP という多国間の枠組みで初めて可能となった。

　RCEP は企業のビジネス（特にサプライチェーン構築）を支援するという意義がある。ジェトロの調査によると RCEP 参加国に進出している日系企業の輸入に占める RCEP のシェアは多くの国でほぼ 9 割となっている（ジェトロ 2020）。二国間 FTA の増加により FTA 利用手続きが煩雑になり，FTA 利用コストが増加するという問題が RCEP により解決する。3 カ国以上での貿易で原産地規則により FTA が使えないという問題も RCEP の累積原産地規則により解決できる。

　RCEP の目的は，後発開発途上締約国の発展段階および経済上のニーズを考慮しつつ，「現代的な，包括的な，質の高い，及び互恵的な経済上の連携」を

構築することである。「現代的」とは電子商取引などの新たな貿易形態を考慮し，既存の ASEAN＋1FTA と WTO の対象分野を越える新たな分野に取り組むことを意味している。「包括的」とは文字通り包括的な広範な分野を対象とすることである。「質の高い」とは既存の ASEAN＋1FTA を上回る規定を意味し，「互恵的」とは CLMV に対する柔軟なかつ異なる取り扱いを意味している。質が高く，新しい分野を含む包括的な FTA を後発途上国と締結することは容易ではない。RCEP 参加国の 1 人当たり GDP は格差が大きく，シンガポールの 5 万 9590 ドル（2019 年）に対してカンボジアは 1530 ドル，ミャンマーは 1390 ドルである。この 2 カ国とラオス（1 人当たり GDP2530 ドル）が後発開発途上国である。RCEP はこの困難を後発途上国への配慮を行って克服しようとする FTA である。

3. CPTPP より低い自由化レベル

　RCEP は，サービス，投資，知的財産，電子商取引などを含む全 20 章の包括的な協定である。ただし，CPTPP に規定がある国有企業，環境，労働は含まれていない。RCEP の自由化は CPTPP よりも低く，ルールは緩くなっているが，既存のアジアの FTA よりは改善されている。RCEP の物品の貿易の自由化率（関税撤廃率）は 91％（品目数ベース）となっており，CPTPP の自由化率（日本が 95％，その他 10 カ国は 99％）と比べて低い。サービス貿易では，日本など 7 カ国で透明性が高いネガティブ・リスト方式が採用され，ポジティブ・リスト方式を採用した国（中国，カンボジア，ラオス，ミャンマー，フィリピン，タイ，ベトナム，NZ）は発効後 3 年以内（CLM は 12 年以内）にネガティブ・リスト方式に転換する手続きを開始し，6 年以内（CLMV は 15 年以内）に移行を完了するとしている。投資では，設立時の内国民待遇や技術移転要求の禁止などが認められた[8]。中国が FTA でこれらの規定を容認したのは初めてである。

　電子商取引では，①データ・ローカライゼーション（コンピュータ関連設備を自国の領域内に設置する）を要求してはならない，②データ・フリー・フロー（情報の電子的手段による越境移転）を妨げてはならない，が規定され

たが，CPTPP で規定されている「ソースコードの開示要求の禁止」は規定されなかった。ソースコードの開示要求の禁止は，対話を行い発効後の見直しにおいて対話結果について考慮すると規定されている。中豪 FTA や中韓 FTA に電子商取引章があるが，中国が FTA で上記① と② の規定を認めたのは初めてである。

　RCEP の課題は 3 つある。まず，① インドの復帰である。インドは中国を抜いて世界最大の人口大国になり，GDP でも日本を抜くことが予測される大市場である。中国とのパワーバランスの点でも世界最大の民主主義国インドの復帰が強く望まれる。次に② 自由化率やルールの改善が必要である。RCEP は，自由化の猶予，例外措置など「特別かつ異なる待遇」といわれる後発開発途上国への配慮を行っている。こうした例外措置などの見直しを行い，自由化レベルを高め，ルールの質を時間をかけて高めるべきである。③ ASEAN 中心性による運営も課題である。GDP では RCEP 加盟国の 55.4％（2019 年），人口では 61.2％，輸出では 45.4％，輸入では 55.4％を占める中国の影響力が過大になることを防ぐためにも ASEAN 中心性による運営が重要となる。

おわりに

　高水準の自由化とルールにもとづく自由貿易地域が東アジアで拡大することはトランプ政権下で拡大した保護主義がアジアに波及する防波堤となる。コロナ禍により 2020 年の東アジアの経済は多くの国でマイナス成長となるなど景気後退に見舞われ，医療物資の輸出制限などが行われたが，東アジアの多角的な枠組みの中で地域協力と経済連携を進めていくべきである。その意味でコロナ禍の最中の 2020 年 11 月の RCEP 調印と 2022 年 1 月の発効は大きな意義がある。

　AFTA が始まってから約 30 年が経過し，欧米と異なるアジア型の経済統合が形成されてきた。経済発展レベルや各国の事情などに配慮し，高い目標を掲げながらも時間をかけて段階的に自由化や円滑化を実施し，開発途上国への協力を行い，産業界の意見や提言を取り入れながら改善をしていくこと，国家主

権を堅持しながらの統合と協力などがその特徴である[9]。こうしたアジア型の経済統合は欧米や日本の一部の研究者から「レベルが低い」,「実効性がない」などと批判をされてきた。アジア型経済統合のプロトタイプはASEANの統合と協力である。

　ロドリックは民主主義,国民国家,ハイパー・グローバリゼーションは同時には成り立たず,2つを選択しなければならないという「世界経済の政治的トリレンマ説」を唱えている(ロドリック 2014; 2019)[10]。国家主権を堅持しながら各国の実情に合わせて段階的に進めるアジアの経済統合はロドリックのいう「賢明なグローバル化」の実例となるのではないだろうか。

[注]

1　静態的効果には,ほかに交易条件効果(加盟国間の貿易量の拡大が非加盟国に対する影響力の拡大を通じて加盟国の交易条件を改善させる)がある。

2　GATT第1条で全ての国に最も恵まれた待遇を与え特定国を差別しないことを規定している。

3　特恵貿易協定(タイ・ラオス協定など途上国間の貿易協定で自由化率が低いなどGATT24条の要件を満たさない)5件を含む。

4　CPTPPはアメリカを除く11カ国が署名したためTPP11とも呼ばれる。

5　トヨタ自動車の事例については,清水(2013),電機電子産業の事例については,深沢・助川(2014)を参照。

6　AFTAの利用率は極めて低いという指摘があるが,原産地証明(フォームD)の発給額を使った分析によるとタイのAFTA利用率(2017年,輸出)はインドネシア向けが71%,ASEAN全体では40%と低くはない(助川 2019)。

7　労働では結社の自由と団体交渉権の承認,強制労働と児童労働の廃止,雇用・職業に関する差別の撤廃などが規定されており,環境ではオゾン層の保護,船舶による汚染からの海洋環境の保護,生物多様性の保全,低排出型経済への移行,違法漁業の規制などが規定されている。

8　設立時の内国民待遇は投資自由化レベルの判断基準といわれる。中国はFTAおよび投資協定で設立時の内国民待遇を一切認めていなかった。技術移転要求の禁止は米中貿易戦争の争点でありアメリカが中国に強く求めていた。

9　CPTPPは高いレベルの自由化を規定しているが,日本の農産物,アメリカのトラック,マレーシアとベトナムの国有企業,政府調達など例外や自由化の猶予期間などを多数設けている。

10　ロドリックはグローバル化に反対しているのではなく「賢明なグローバル化」を主張していることに留意が必要である。

[参考文献]

石川幸一・清水一史・助川成也編著(2016)『ASEAN経済共同体の創設と日本』文眞堂。

石川幸一・馬田啓一・清水一史編(2019)『アジアの経済統合と保護主義』文眞堂。

石川幸一(2016)「FTAから経済共同体へ」トラン・ヴァン・トゥ編著『ASEAN経済新時代と日本』文眞堂。

清水一史(2013)「世界経済とASEAN経済統合」石川・清水・助川編著(2016)所収。

清水一史（2015）「世界経済の構造変化と ASEAN 経済統合」石川幸一・朽木昭文・清水一史編著
　　『現代 ASEAN 経済論』文眞堂。
清水一史（2019）「ASEAN と東アジア通商秩序」石川・馬田・清水編著（2019）所収。
ジェトロ（2020）「アジア・オセアニア進出日系企業実態調査 2020 年版」。
ジェトロ（2021）「世界の FTA データベース」。
助川成也（2019）「ASEAN 経済共同体（AEC）2025 での物品貿易自由化に向けた取り組み」，
　　『ASEAN 経済共同体 2025 の基本構成と実施状況』ITI 調査研究シリーズ No.28. 国際貿易投資
　　研究所。
深沢淳一・助川成也（2014）『ASEAN 大市場と日本』文眞堂。
ロドリック，ダニ（2014）『グローバリゼーション・パラドックス―世界経済の未来を決める 3 つの
　　道』（柴山桂太，大川良文訳）白水社。
ロドリック，ダニ（2019）『貿易戦争の政治経済学―資本主義を再構築する』（岩本正明訳）白水社。
Ballasa, Bela (1962) *The Theory of Economic Integration.* London: George and Unwin, (Roultledge
　　Revivals).

（石川幸一）

第3章

中国の経済発展と今後の制約要因

はじめに

　中国共産党は1978年12月に開催された「第11期中央委員会第3回全体会議（三中全会）」において，農業・工業・国防・科学技術の「4つの現代化」を目標に，市場経済の導入と対外開放政策を打ち出した。文化大革命による混乱を収拾し，計画経済の下で壊滅状態にあった経済の再建を目指す，当時の最高実力者・鄧小平が「総設計士」として唱えた「改革開放政策」のスタートである。

　同政策の下，中国は過去40年余りにわたり，赤字が恒常化した国有企業や不良債権を抱える金融機関など，計画経済がもたらした「負の遺産」に対して，痛みを伴う「改革」を進めてきた。他方，対外的には「開放」により外国から技術，資金，経営管理を取り入れ，輸出を拡大すると同時に，雇用や税収も増やしてきた。

　結果として，改革開放政策は中国を高成長路線へと踏み出させ，2010年には国内総生産（GDP）で日本を抜いて世界第2位の経済大国に躍進させるなどの成果をもたらした。経済発展が持続すれば，中国は中長期的にはアメリカを追い抜き，世界第1位の経済大国となる可能性も高まっている。しかし，そのためには，克服が求められる制約要因も決して少なくない。

　本稿はこうした状況を踏まえ，まず中国経済に大きな発展をもたらした改革開放政策の概要と成果を検証する。次に，同政策の導入から40年余りが経過した中国経済の現局面と発展に向けた制約要因を整理し，中国政府の対応策を考察する。ここでは，2021年から始まる「第14次5カ年計画」（以下，14・5

計画）のポイントについても分析する。

　その上で，経済発展に伴い世界的なプレゼンスを高める中国に対して日本が
いかに向き合っていくべきかについても検討していくこととしたい。

第 1 節　中国の経済発展における改革開放政策の意義

　中国経済に大きな発展をもたらした改革開放政策とはどのような政策だった
のであろうか。今後の中国経済を展望するには，まず同政策の概要と成果を検
証する必要がある。以下，「改革」と「開放」に分けて確認していこう。

1. 改革開放政策の概要

　改革開放の「改革」は，農村改革から始まった。改革開放以前の農業生産
は，中央政府が毎年の生産量などを決め，人民公社が所有する土地を共同作業
で耕作し，農民は労働日数に応じて生産収益を分配される仕組みだった。

　改革では，これに代わり，農家が「集団」から農地を借り受けて主体的に農
業生産を行い，一定量の生産物を集団に納める「農家経営請負制度」が導入さ
れ，農民は，国家への上納と集団へ留保された後の残りを所有物として自由に
販売できるようになった。

　これにより，生産インセンティブが大きく高まり，低水準にとどまっていた
労働生産性は大きく向上した。特に，都市周辺では大きな所得をあげる農家も
出現し，年収 1 万元（約 17 万円，1 人民元＝約 17 円）以上を稼ぎ出す「万元
戸」が金持ちの代名詞として流行語になった。

　赤字が恒常化した国有企業や不良債権を抱える金融機関など，計画経済がも
たらした負の遺産に対する改革も行われた。その柱は，国家所有を維持しつつ
も，経営は企業経営者に請け負わせるとともに，企業の利益は国家と企業で分
配するというものだった。国有企業改革については，1978 年から「放権譲利」
（権限の付与と利益の留保）にもとづく経営自主権の拡大，1987 年から経営請
負制度による経営活性化，1992 年から株式制を通じた近代的企業制度の導入

等の改革が推進された。

　また，金融改革については，1995年に中国人民銀行法（中央銀行法），商業銀行法が施行され，国有商業銀行は商業銀行として自立することが求められるようになった。

　こうした改革をさらに深化させたのが，1998年3月の全国人民代表大会（全人代，国会に相当）で選出され，「国有企業改革，金融改革，行政改革」の3大改革を打ち出した朱鎔基総理（当時）だ。朱総理は，国有企業改革では赤字国有企業の破産・売却や民営化，金融改革では公的資金の注入と国有商業銀行の傘下に設立された金融資産管理公司を通じた不良債権処理などの踏み込んだ改革を推進した。

　他方，「開放」は外国からの資本・技術の導入から始まった。その先駆けとなったのは1979年に設置を決定した経済特区である。香港に隣接する深圳市（広東省）など華南地域の4都市で外資誘致が始まった。その後，1984年に沿海開放都市として大連市（遼寧省），青島市（山東省）など14都市を指定するなど，外資が進出可能な地域を徐々に拡大した。1992年1〜2月，最高実力者の鄧小平は広州市，深圳市など華南地域を視察し，改革開放政策の再加速を訴えた。この「南巡講話」が，1990年代以降の外資導入本格化と高度成長の嚆矢となった。

　とりわけ中国の改革開放政策の大きな転機となったのが，2001年12月の世界貿易機関（WTO）加盟である。これは加盟に伴って国際公約となる市場開放や規制緩和を「外圧」として利用することで，国内経済の改革開放や市場経済化をさらに促進させるなどの効果をもたらした。

2.　改革開放政策の成果

　1989年の天安門事件，1997年のアジア金融危機，2008年のリーマンショックなど，経済成長の減速を余儀なくされる時期はあったものの，総じて見れば，改革開放政策は中国を高成長路線へと踏み出させ，世界の経済大国へと発展させる成果をもたらしたことは確かといえる。

　その成果を統計データで確認してみよう。中国のGDPは1978年の3679億

元（約6兆円）から2010年には41兆2119億元（約701兆円）と112倍に増加し，GDPの世界順位は10位から，日本を抜いてアメリカに次ぐ2位へと躍進した。そして，2020年には101兆5986億元（約1626兆円）と初めて100兆円を超えた。

改革開放政策の導入以前は，基本的に衣食に不自由する状態にあった都市・農村住民の生活は，経済成長によって大きく改善された。住民1人当たりの年間可処分所得は，1978年は都市部が343元（約5800円），農村部が134元（約2300円）だったが，2020年にはそれぞれ，4万3834元（約74万5000円），1万7131元（約29万1000円）へと向上。中国政府は2020年に農村貧困人口が全て貧困から脱却したと評価している[1]。

経済の急速な発展は，国家財政も増大させた。財政収入は1978年の1132億元（約1兆9000億円）から，2020年には18兆2895億元（約311兆億円）と160倍以上に拡大し，この間，経済発展の促進や民生問題の解決，自然災害へ

図3-1　中国の名目GDPと実質GDP成長率の推移と予測

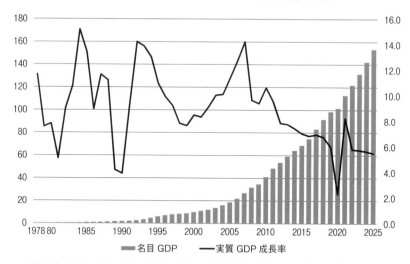

（注1）左目盛りは名目GDP（単位：兆元），右目盛りは実質GDP成長率（単位：%）。
（注2）1978〜2018年は中国統計年鑑，2019〜2020年は国家統計局公表資料，2021年以降はIMFの予測。
（出所）国家統計局編「中国統計年鑑」2020年版，国家統計局およびIMF "World Economic Outlook Database, October 2020" から作成。

の対応など，各分野において資金面で有力な保障を与えた。

　貿易総額も急増した。1978年にわずか206億ドル，世界第29位だった中国の貿易総額は，2020年には4兆6463億ドルと約226倍に拡大。中国は2011年以降，アメリカを抜いて世界第1位の貿易大国となっている。

　こうした中国の経済発展に外資が貢献したことに疑いの余地はない。商務部の「中国外資統計公報 2020」によれば，改革開放政策を開始した最初の3年間（1979〜1982年）で中国に設立された外資系企業数は累計で920社に過ぎなかったが，2019年末現在，100万1635社と100万社を超え，投資総額は17億7000万ドルから2兆2905億ドルへ1300倍近くに拡大している。

　改革開放の40年は，中国が計画経済下で壊滅状態にあった経済を立て直し，日本や欧米に追いつくために走り続けた期間だった。そのために中国は，国内的には痛みを伴う改革を進めるとともに，対外的にはどん欲なまでに外資導入を進めてきた。世界第1位の貿易総額，世界第2位のGDP，これらは中国がこの40年で得た大きな成果である。中長期的には，中国がアメリカを抜き世界第1位の経済大国となる可能性も高まっている[2]。

第2節　中長期的な経済発展に向けた中国の課題

　中国が導入した改革開放政策は，経済発展に大きな成果をもたらしたことを概観してきた。しかし，中国を取り巻く国内外の情勢は40年前とは様変わりしており，取り組むべき課題は山積している。ここでは，中長期的な経済発展に向けた中国の制約要因を整理し，中国政府の対応策を考察する。

1．中国経済の現局面

　中国は現在，重要なターニングポイントを迎えている。中国経済は2桁成長が続く高度成長の段階を終え，2011年以降は伸び率が1桁台に低下する安定成長の段階に移行しており，2019年の実質GDP成長率は6.0%にとどまった。

　2020年に入り，1月下旬からは新型コロナウイルス（以下，新型コロナ）の

感染が拡大。その影響を受け，第1四半期（1～3月）の実質GDP成長率が前年同期比6.8％減となり，四半期ベースでは統計を遡れる1992年以降では初のマイナス成長となるなど，大幅な落ち込みを見せた。

　他方，想像を絶する厳しい防疫体制により，新規感染者数が2月中旬をピークに減少傾向を続けたことで，主要経済指標も第2四半期以降は回復傾向が鮮明になった。通年の成長率は前年比2.3％増と，主要国の中では唯一プラス成長を達成した。

　主要国際機関の予測によれば，2021年は8％前後のⅤ字回復を遂げると見る向きが多い。しかし，これは比較基準となる2020年の数値が低いためであり，2022年については5％台に低下，2023年以降はさらなる減速も予測されている。

2．発展に向けた制約要因

　世界に先駆けて新型コロナの感染拡大を収束させつつある中国だが，中長期的にも経済成長を維持していくためには，「中所得国の罠」という制約要因を克服することが求められている[3]。

　国際通貨基金（IMF）によると，2019年の中国の1人当たりGDPは1万287ドルと初めて1万ドルを超え，すでに中所得国の水準に入っている。その伸び率は2003～2013年，毎年10％を超える水準で推移してきたが，近年は減速傾向にある。まさに中国は今，「中所得国の罠を回避し先進国へと脱皮するのか」，あるいは「中所得国の罠にはまり開発途上国にとどまるのか」という分岐点に差し掛かっている。

3．産業高度化と米中摩擦

　中国が中所得国の罠に陥らないためには，「産業高度化」と「生産性向上」という構造改革を推進することが必要不可欠だ。産業高度化に向けて，中国政府が2015年5月に公表した政策が「中国製造2025」である。2025年までの10年間で，10の重点分野を政府の肝いりで育成し[4]，製造業の全体的なレベル

を大幅に引き上げ，「製造強国」の仲間入りを果たすことを目標として掲げた。

　この政策の推進において，大きな圧力となったのがアメリカであった。トランプ大統領（当時）は 2018 年 3 月，1974 年通商法 301 条（以下，通商法 301 条）にもとづき，中国に対する制裁措置を発動することを命じる大統領覚書に署名した[5]。発動の根拠となった米通商代表部（USTR）の調査報告書によれば，中国政府は中国製造 2025 の目標達成のため，① 技術移転を目的としたアメリカ企業に対する中国事業の規制・干渉，② 米中企業の市場原理にもとづく技術契約締結の妨害，③ 中国企業によるアメリカ企業の組織的な買収指示，④ アメリカのコンピュータ・ネットワークへの違法侵入への関与などを行っていると指摘した。

　アメリカは 2018 年 7 月，通商法 301 条にもとづく制裁措置の第 1 弾として，中国からの輸入品に 25％の追加関税を賦課した。これに対して，中国も同日，報復措置としてアメリカからの輸入品に追加関税を賦課した。米中両国は 8 月に第 2 弾，9 月に第 3 弾，2019 年 9 月に第 4 弾の追加関税を賦課し合い，まさに「貿易戦争」ともいえる様相を呈した。

　こうした状況を経て，アメリカと中国は 2020 年 1 月 15 日，交渉の結果，第 1 段階の合意とされる「米中経済・貿易協定」に署名した。内容は「知的財産権の保護と執行を強化」「技術移転に関しては外国企業への圧力を禁止」「貿易拡大については 2 年間で中国はアメリカからモノ・サービスの輸入を 2 千億ドル以上増加」など，中国にとっては厳しい協定となったものの，両国政府は 2018 年 7 月以降，互いに引き上げてきた追加関税の一部を引き下げた。

　とはいえ，よく指摘されていることだが，米中対立の本質は貿易不均衡の是正ではなく，技術なども包括した安全保障をめぐる大国間の覇権争いだ。第 1 段階の合意はあくまで「一時休戦」にすぎない。IMF によれば，1980 年にアメリカの 10.6％にすぎなかった中国の GDP は，2014 年に 60.0％と 6 割を超えた。2025 年には 89.3％と約 9 割に達すると予測され，「新興国・中国」は経済力で存在感を高める。

　これに対して，「覇権国・アメリカ」は中国の出鼻をくじこうと，なりふり構わずあがくという構図が見て取れる。安全保障上の懸念を理由に，同盟国も絡めて中国の通信機器大手，華為技術（ファーウェイ）などからの調達を排除

図3-2　日米中の名目GDPの推移と予測

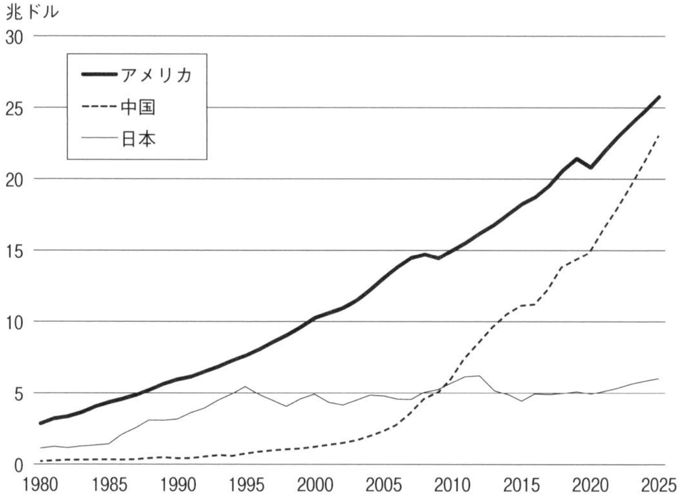

（出所）IMF "World Economic Outlook Database, October 2020" から作成。

したり，先端技術の供給を遮断しようとするアメリカの動きはこの構図を象徴する事例だといえよう。こうした状況を鑑みれば，第1段階の合意とは裏腹に，米中対立は長期化する可能性が高いと言わざるを得ない。

4．生産性向上と企業改革

　中国が生産性を向上させるうえでは，過剰な人員・設備・債務を抱える非効率な国有企業が重厚長大産業を独占している構造の改革が課題となる。しかし，中国共産党の企業運営の基本方針はあくまで「国有企業をより強く，より優秀で，より大きくする」ことにあり，様々な既得権益層を抱える国有企業の抵抗を抑えて改革を推進することは容易ではない。

　こうした中，国有企業に代わって急速に台頭し，第4次産業革命を担うデジタル経済の分野を中心に躍進しているのが民営企業だ。世界のIT（情報技術）企業の時価総額ランキングで上位に入り，頭文字を取って「BAT」とも称される百度（バイドゥ），アリババ集団，騰訊控股（テンセント）がその代表格

だ。それぞれインターネット検索，電子商取引（EC），交流サイト（SNS）という異なるサービスを主力事業として展開している。中国にはBATに次ぐ成長が期待される民営のスタートアップ企業も多数控えており，こうした新興企業が産業高度化の役割を担うことも期待されている。

　しかし，中国政府は現在，独占禁止法の改正などにより，市場で影響力を高める大手IT企業に対する規制を強化しつつある。この背景にあるのが，市場寡占に伴う不公平な競争などの弊害であるが，中国では民営企業に対する規制が強まることで，イノベーションが阻害されるのではないか，といった懸念も出ている。

5.　構造改革と第14次5カ年計画

　中国経済が中長期的に持続可能な成長を維持するためには，景気に配慮しつつも，構造改革を進めていくことが必要不可欠であり，双方のバランスを取りながら，「二兎を追う」ことも求められている。

　国務院発展研究センターと世界銀行が2019年9月に公表した共同研究報告書「イノベーション中国：中国経済成長の新原動力を育成」によれば，2021〜30年の平均成長率は，改革を全面的もしくは適度に実施した場合は5.1％だが，限定的な場合では4.0％と試算されている。改革が限定的な場合，2031〜40年の成長率が1.7％に落ち込む可能性も指摘されている。

　こうした観点から注目されるのが2021年から始まる14・5計画だ。今後5年間の中国の経済社会政策の基本方針となるもので，内容は多岐にわたるが，2021年3月に開催された全人代における「政府活動報告」において，李克強総理がポイントとして挙げたものを整理したのが表3–1である。

　14・5計画では，産業高度化の観点から質の高い効率的な経済発展に向けて，イノベーション駆動型発展などの政策を通じて，産業基盤の高度化やデジタル経済の優位性構築などを推進していく方針が掲げられている。また，生産性向上の観点では，発展の原動力と活力の持続的増強を図るべく，国有経済の構造調整の加速や民営経済の発展環境の改善などが謳われている。

　焦点のひとつは，強大な国内市場の形成による新たな発展の枠組みを構築す

表 3-1　第 14 次 5 カ年計画 (2021〜2025 年) のポイント

項目	概要
① 発展の質・効率の向上による経済の持続的・健全な発展の保持	・経済の動きを合理的な範囲内に保ち，より質が高く，効率的かつ持続可能で，安全な発展を実現。
② イノベーション駆動型発展の堅持による現代産業体系の発展加速	・基礎研究 10 カ年行動計画を策定・実施。 ・産業基盤の高度化，産業チェーンの現代化を推進。 ・デジタル経済の新たな優位性を築き，「デジタル中国」を構築。
③ 強大な国内市場の形成による新たな発展の枠組みの構築	・国内大循環に立脚した強大な国内市場の整備と貿易強国の建設を推進。 ・世界の要素・資源を引き付け，国内・国際双循環を促進。
④ 農村振興の全面的推進による新型都市化戦略の充実	・農業・農村の優先的発展を堅持し，貧困脱却地区全体の発展レベルを向上。 ・人間を核心とする新型都市化戦略を推進。
⑤ 経済の地域的配置の改善による地域間調和発展の促進	・質の高い発展に向けた経済の地域的配置と国土空間の基盤体系を構築。 ・海洋経済発展の余地を積極的に開拓。
⑥ 改革開放の全面的深化による発展の原動力と活力の持続的増強	・国有経済の配置最適化と構造調整を加速させ，民営経済の発展環境を改善。 ・競争政策の枠組みを整備。 ・一帯一路共同建設の質の高い発展を促進。
⑦ グリーン発展の推進による人と自然の調和的共生の促進	・気候変動対策の目標達成に取り組む。 ・質の高い経済発展とハイレベルな生態環境保護を調和させながら推進。
⑧ 民生福祉の持続的増進による共同富裕の着実な推進	・共同富裕促進行動要綱を策定，雇用優先戦略を実施し，所得向上に力を入れる。 ・「健康中国」建設を全面的に推進し，強力な公衆衛生体系を構築。 ・人口高齢化対応のための国家戦略を実施。
⑨ 発展と安全の統一的考慮による高水準の「平安中国」の建設	・総体的国家安全保障観を堅持し，国家安全保障体系・能力の整備を強化。 ・経済安全保障を強化し，食糧，エネルギー・資源，金融の安全保障戦略を実施。

(出所) 全人代「政府活動報告」(2021 年 3 月) から作成。

べく打ち出された「国内大循環に立脚した国内・国際双循環の促進」という政策だ。米中対立が激化する中，デカップリング (分離) リスクに備える意味でも，輸出主導から内需主導への転換を加速し，対米依存からの脱却を目指すという方向性がうかがわれる。

　14・5計画はあくまで基本方針を示したものであり，今後は同計画を基に関係各部門が主導して制定する個別具体的な計画の動きを注視していくことが必要だ。

おわりに　中国の経済発展と日本

　中国の経済発展には，日本企業の対中直接投資が産業構造の高度化や雇用拡大に寄与したことも指摘できる。商務部によれば，日本の対中直接投資は2019年末までの累計で1157億ドルと，香港，英領バージン諸島に次ぐ3位である。だが，香港，英領バージン諸島からの投資が様々な多国籍企業によることを考慮すれば，日本は実質的に対中投資国で1位といってよい。改革開放政策は日中関係を経済面からも大きく深化させたといえる。

　中国では経済発展に伴い世界的なプレゼンスが拡大する中，大国意識も高まっており，強権的な外交政策を背景に，国際社会との軋轢も目立っている。また，中国は14・5計画において，対米依存からの脱却を目指す方向性も打ち出しており，米中対立の激化に伴うデカップリングリスクも懸念されている。かかる状況の中で，日本は今後，中国といかに向き合っていくべきであろうか。

　安全保障の観点から見れば，日本はアメリカに依存せざるを得ないことは論を俟たない。しかし，経済的な観点から見れば，少子高齢化に伴う人口減少を背景に，国内市場の拡大が期待できない日本にとって，米中はともに重要なパートナーである。2019年の貿易では，中国が1位（シェア21.3%），アメリカが2位（15.4%），直接投資収益ではアメリカが1位（20.2%），中国が2位（16.1%）となっており，二者択一はあり得ないといえる。

　日本にとって中国は，距離的に近く，3倍以上の経済規模を持ち，しかも当面は比較的高い経済成長が見込まれる。その中国の活力を，いかに戦略的かつしたたかに取り込んでいくか，という視点は今後ますます重要になってくると思われる。こうした中で，日本としては基本的にはニュートラル（中立的）なスタンスを保持すべきであろう。アメリカの味方も中国の味方もせず，国際

ルール（WTOルール）に則った対応を訴えていくことが肝要といえよう。

　とはいえ，経済の理屈だけでは動かないのが政治・外交・安全保障の世界である。米中のデカップリングが進展すれば，日本としては難しい立ち位置を求められるだけに，今後の動向を慎重に注視していくことが必要だろう。

[注]
1　「貧困」の基準ラインは，2011年11月の中央貧困扶助開発会議で，2010年の1人当たり年間純収入である2300元に設定された。
2　たとえば，日本経済研究センターが2020年12月に公表した報告書「コロナ禍のアジア，浮上するのはどこか」によれば，中国はアメリカを経済規模で2028～29年に追い抜くと予測されている。
3　開発途上国が低賃金という優位性を生かして高成長を続け，中所得国の水準まで発展した後，人件費の水準が高まる一方で，産業高度化が伴わず，国際競争力を失って経済成長の停滞が続く状態を指す。
4　①次世代情報技術産業のほか，②ハイエンド工作機械・ロボット，③航空・宇宙設備，④海洋工程設備・ハイテク船舶，⑤先進的軌道交通設備，⑥省エネルギー・新エネルギー自動車，⑦電力設備，⑧農業用機器，⑨新素材，⑩バイオ医薬・高性能医療機械の10分野を指す。
5　アメリカの包括通商法の条項のひとつで，不公正と判断された貿易相手国に対して制裁措置を発動できることなどを定めている。

[参考文献]
真家陽一（2018）「中国・改革開放の40年（下）成長へ産業高度化不可避」日本経済新聞「経済教室」2018年12月14日。
国務院発展研究センター・世界銀行（2019）『イノベーション中国：中国経済成長の新原動力を育成』2019年9月。
真家陽一（2019）「米中関係と「中国製造2025」の展望―日本企業の新たな切り口に」服部健治・湯浅健司・日本経済研究センター編著『米中激突　中国ビジネスの行方』文眞堂，2019年10月
日本経済研究センター（2020）『コロナ禍のアジア，浮上するのはどこか』2020年12月。

（真家陽一）

第4章

対外経済政策としての一帯一路構想

はじめに

　21世紀以降，世界経済の成長の重心は先進国から新興国へ，欧米からアジアへと移りつつある。このシフトの先頭に立っているのが中国である。2010年の中国の名目 GDP は6兆338億ドルに達し，日本を凌駕して世界第2位の経済大国となった。そして2020年にはアメリカの7割に相当する規模（14兆7228億ドル）に拡大している（IMF 2021）。

　こうした経済的な台頭を背景にして，近年における世界経済のけん引役として中国の存在感が一段と増している。その中で，新たな対外経済政策の軸として習近平政権肝煎りの巨大経済圏構想「一帯一路」（BRI）が世界中から関心を集めている。

　この一帯一路構想の展開を如何に捉えるべきか。本章はこうした問いかけに，体系的な答えを見出そうとするものである。以下では，中国の対外開放の歴史的経緯を踏まえたうえで，グローバル化に参画する側から新たな国際経済秩序を構築する側へと転換しつつある中国において，一帯一路構想が打ち出された背景，その現状と課題について論じていく。

第1節　中国の対外経済開放と政策展開

1.　対外開放体制の形成と貿易大国の実現

　対外経済政策とは，国家によってとられる対外関係に関する経済政策である。中国は1978年末に改革開放路線に転じてから，その対外経済政策の特徴として，積極的な海外直接投資（FDI）導入（いわゆる「引進来」）にもとづく輸出主導型工業化戦略が挙げられる。

　かつて毛沢東時代（1949〜1976年）の中国は，国家が統一計画によって管理する社会主義計画経済体制を採用していたが，文化大革命（1966〜1976年）による経済的混乱および東西冷戦期の国際的な孤立状態の影響で，農業・工業生産の停滞，経済効率の低下といった危機的状況に直面していた。そこで，改革開放を掲げて樹立された鄧小平体制が社会主義計画経済体制からの脱却をめざし，経済の立て直しを図ったのである。

　経済発展の重要性を第1に考えていた鄧小平体制は，市場経済体制への転換に先立ち，対外開放の実験場として1980年に深圳，珠海，汕頭と厦門に，1988年に海南島に経済特区を設置した。1984年には外国投資および技術の導入に対して自主権をもつ沿海開放都市として，上海，天津，大連などの沿海14都市が指定され，そこに設置された経済技術開発区には，多くの外国企業が誘致された。そして1990年代以降，上海浦東新区の設置を機に，長江・黄河の沿岸地域と国境周辺地域も外国資本に開放され，その結果，中国の対外開放は全国に及ぶ全方位開放戦略へと進展した。

　その後，1992年に開かれた第14回中国共産党全国大会を境として社会主義市場経済体制に移行し，中国への直接投資は労働集約型産業を中心に一層拡大した。さらに，2001年末に世界貿易機関（WTO）への加盟を果たしたことにより，外国資本に対する為替規制，輸出義務，部品の現地調達率規制などが順次撤廃・緩和されていくことになった。こうして外国資本を最大限に活用した結果，2020年には中国の対内直接投資額が1630億ドルに達し，中国はアメリカ（1340億ドル）を抜いて世界最大の投資受入国に浮上した（UNCTAD 2021）。

　積極的な FDI の受け入れに伴い，中国は経済のグローバル化の受益者とし
て，貿易構造の高度化とともに，世界貿易における存在感を飛躍的に増大させ
ている。世界の輸出全体に占めるシェアは，2000 年の 3.9％から 2020 年の
14.7％に拡大し，2009 年以降世界首位の座を維持している。一方，世界の輸入
全体に占めるシェアも 2000 年の 3.4％から 2020 年には過去最高の 11.5％へ上
昇し，アメリカの 13.5％に次ぐ世界第 2 位の輸入大国となっている（IMF
2021）。これは中国が「世界の工場」として各国に輸出をする一方で，「世界の
市場」としても存在感が高まっていることを示している。

2.　中国企業の走出去戦略と海外進出の推進

　中国は対外経済政策を深化させる中で，引進来に伴う貿易大国化にとどまら
ず，2000 年代以降は，FDI による中国企業の対外進出（いわゆる「走出去」）
を本格化させた。図 4 - 1 に示したように，対外投資の増加傾向が顕著に見ら

図 4 - 1　中国の輸出入額と対内・対外直接投資額の推移

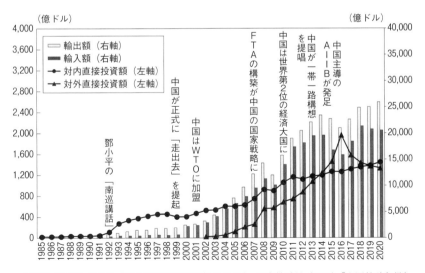

（出所）商務部（2021）『中国対外投資発展報告 2020』，国家統計局（2020）『中国統計年鑑』
　　　2020 年版および商務部，海関総署の統計資料より作成。

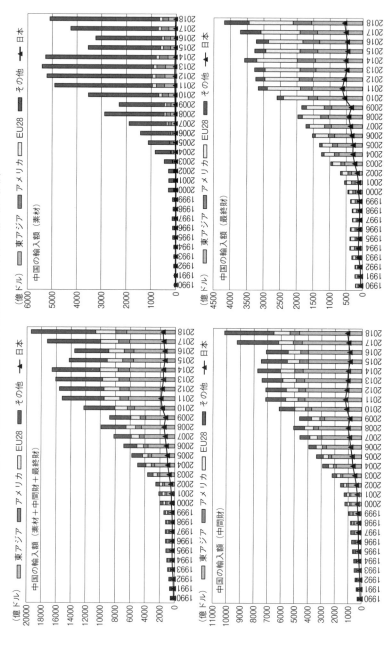

図4-2　世界経済をけん引する中国市場の拡大（中国の輸入額の推移）

（出所）RIETI-TID 2018より筆者作成。

れるようになった。

　走出去が進んできた結果，2020 年における中国の対外直接投資額（フロー）
は 1329 億ドルに達した。2019 年末のストック額（2 兆 1989 億ドル）もアメリ
カ，オランダに次いで世界第 3 位に上り詰め，投資国としての存在感が急速に
高まっている（商務部・国家統計局・国家外貨管理局 2020）。こうして引進来
と走出去が同時に推進されていく中，2014 年に対外直接投資はフローベース
で対内直接投資を上回り，巨額の外貨準備を保有する中国が初めて資本の純輸
出国に転じたのである。

　さらに，中国は世界の市場として輸入規模の拡大も目覚ましい。図 4 - 2 は
1990 年から 2018 年までの輸入額を，素材から中間財，消費財まで生産段階で
区分し，その推移を示したものである。2000 年以降，組立・生産，輸出拠点
として東アジアからの中間財の輸入を伸ばしてきたが，最終財の輸入量も
2000 年の 437 億ドルから 2018 年の 4181 億ドルへと 9.6 倍に拡大しており，東
アジア域内外にとって最終財の需要地としても存在感を増している。

　この驚異的な対外投資および世界有数の国内市場の拡大は，30 年以上にわ
たって続いた中国の高度経済成長の状況から「新常態（New Normal）」下の
安定成長に移行する過程で生じた変化を反映したものであり，2013 年に一帯
一路構想が打ち出された重要な背景として捉えることもできる。

第 2 節　対外経済政策の変化と一帯一路構想の提起

1.　対外経済政策の推進と FTA ネットワークの形成

　急速な経済成長を背景に，中国は既存の国際秩序への参画および対外経済関
係の拡大を進めてきたが，2008 年の世界金融危機以降，国際秩序の変動期に
突入したとの認識に立脚し，新しい制度的枠組みの構築へ積極的に関与するよ
うになった（青山 2019）。

　中国の対外経済関係の変化を見ると，自由貿易協定（FTA）締結に積極的
に取り組んでいるという特徴が顕著に現れている。そして，一帯一路沿線国[1]

（一帯一路構想の参加国）との間での FTA ネットワークの構築は，対外経済
関係の強化策としての一帯一路構想の主要目標と位置づけられている。中国
の FTA 締結状況をまとめたのが表 4-1 である。2021 年 3 月時点で，中国は
すでに香港とマカオとの間では「経済貿易緊密化協定」（CEPA），台湾とは
「両岸経済協力枠組み取決め」（ECFA），ASEAN，パキスタン，チリ，シンガ
ポール，ニュージーランド，ペルー，コスタリカ，アイスランド（ヨーロッ
パで初），スイス，韓国，オーストラリア，ジョージア，モルディブ，モーリ
シャス（アフリカで初），カンボジアなどの国・地域と FTA を締結している。
また，日中韓，ASEAN，オーストラリア，ニュージーランドの 15 カ国が参
加するメガ FTA の地域的な包括的経済連携（RCEP）も締結された。また，
「湾岸協力会議」（GCC），日中韓 FTA，スリランカ，イスラエル，ノルウェー，
モルドバ，パナマ，パレスチナとの FTA の締結交渉が進行中であり，コロン
ビア，フィジー，ネパール，パプアニューギニア，カナダ（北米で初），バン
グラデシュ，モンゴルとは FTA 共同研究を進めている。
　中国は FTA ネットワークを構築することにより，アジア・太平洋地域なら
びにユーラシア地域の経済協力枠組みを構築していく上で主導権を握り，世界

表 4-1　中国の FTA 締結状況

締結済	中国・ASEAN FTA（ACFTA），中国大陸・香港 CEPA，中国大陸・マカオ CEPA，中国大陸・台湾 ECFA，中国・パキスタン FTA，中国・チリ FTA，中国・シンガポール FTA，中国・ニュージーランド FTA，中国・ペルー FTA，中国・コスタリカ FTA，中国・アイスランド FTA，中国・スイス FTA，中国・韓国 FTA，中国・オーストラリア FTA，中国・ジョージア FTA，中国・モルディブ FTA，中国・モーリシャス FTA，中国・カンボジア FTA，地域的な包括的経済連携（RCEP）
交渉中	中国・GCC FTA，日中韓 FTA，中国・スリランカ FTA，中国・イスラエル FTA，中国・ノルウェー FTA，中国・モルドバ FTA，中国・パナマ FTA，中国・パレスチナ FTA
共同研究中	中国・コロンビア FTA，中国・フィジー FTA，中国・ネパール FTA，中国・パプアニューギニア FTA，中国・カナダ FTA，中国・バングラデシュ FTA，中国・モンゴル FTA

（注 1）2021 年 3 月時点。
（注 2）締結済・交渉中・共同研究中の FTA のグレードアップ交渉を除く。
（注 3）湾岸協力会議（GCC）とは，サウジアラビア，クウェート，アラブ首長国連邦，カタール，
　　　　オマーン，バーレーンの 6 カ国により構成される政治・経済的同盟である。
（出所）China FTA Network（http://fta.mofcom.gov.cn 2021 年 3 月 31 日アクセス）より筆者作成。

経済でのプレゼンスと影響力を高めようとしている。中国の対外経済関係の強化は，FTA ネットワークの構築という枠組み作りにとどまらず，グローバル化に関わる新たな国際経済秩序の構築を目的としている。それは「世界の市場」「世界の投資国」という中国の巨大な経済力に即したもので，一帯一路構想はその推進のための沿線国との国際協力プラットフォームとなるのである。

2. 一帯一路構想の提起と 6 つの経済回廊

　2013 年 9〜10 月に提唱された一帯一路構想は習近平政権下で打ち出された対外経済政策である。一帯一路とは，中国から中央アジアを経てヨーロッパに至る「シルクロード経済ベルト」，南シナ海やインド洋を通る「21 世紀海上シルクロード」によって中国とヨーロッパを結ぶという広域経済圏の構想である（図 4 − 3）。

　一帯一路構想の目的を理解するうえで，国家発展改革委員会・外交部・商務部によって 2015 年 3 月に公表された「シルクロード経済ベルトと 21 世紀海上シルクロードの共同建設推進のビジョンと行動」（以下，「ビジョンと行動」）が重要である。その中では，上海協力機構（SCO）や，アジア太平洋経済協力（APEC），アジア欧州会合（ASEM），アジア協力対話（ACD），アジア相互協力信頼醸成措置会議（CICA），中国湾岸協力会議（GCC）戦略対話，大メコン圏（GMS），中央アジア地域経済協力（CAREC）などの既存の枠組みを活用しつつ，一帯一路構想の沿線国との連携・共同発展を強化する方針が示された。また，沿線国と隣接する貴州省や，雲南省，広西チワン族自治区，新疆ウイグル自治区などに対して，新たな対外経済開放の窓口としての役割の重要性も提起されている。

　「ビジョンと行動」の中には，一帯一路沿線国との連携を強化する方針が示された。具体的には，沿線国として，アジア，ヨーロッパ，アフリカ東岸にわたる 6 つの経済回廊が設定された（図 4 − 3）。それは，① 中国・モンゴル・ロシア経済回廊（CMREC），② 新ユーラシア・ランドブリッジ（NELBEC），③ 中国・中央アジア・西アジア経済回廊（CCAWAEC），④ 中国・インドシナ半島経済回廊（CIPEC），⑤ 中国・パキスタン経済回廊（CPEC），⑥ バン

図 4 - 3　一帯一路と経済回廊のイメージ図

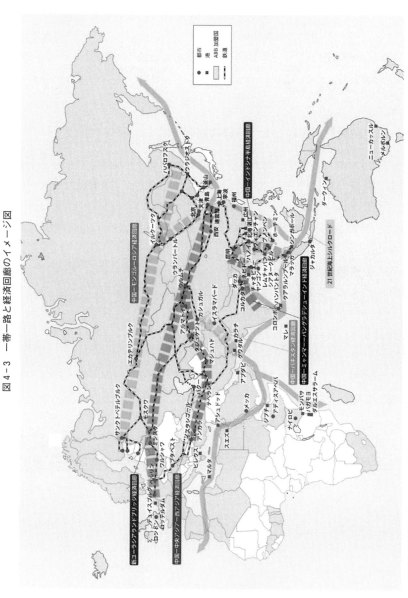

（出所）平川均・町田一兵・真家陽一・石川幸一編（2019）『一帯一路の政治経済学――中国は新たなフロンティアを創出するか』文眞堂。

グラデシュ・中国・インド・ミャンマー経済回廊（BCIMEC）を指している。

　中国各地を出発点とする6つの経済回廊は，物流における輸送ルートとして見ることもできる。都市や国同士の経済をつなげるのは，道路，鉄道などの輸送インフラであり，中国政府の発想は「インフラを整備することで，経済を活性化させる」というものである。こうして一帯一路構想は沿線国・地域の経済成長への寄与に加え，中国経済にも多くのメリットが及ぶ。さらにその進展に伴って新規物流インフラ整備と既存国際交通網の拡張を梃子にした質の高いインフラ整備体制，国際物流ネットワークが構築されることにより，沿線国との経済協力関係の一層の促進が期待されている。

　そして資金面の受け皿として，中国は2014年に単独で400億ドルを出資してシルクロード基金（Silk Road Fund）を創設した。また，一帯一路構想を金融面で推進する中心的な役割を担うのが，2016年に中国主導で創設されたアジアインフラ投資銀行（AIIB）[2]という国際開発金融機関である。潤沢な資金力（1000億ドル）を背景に中国が一帯一路の沿線国を中心としたアジア新興国地域でのインフラ開発を主導していこうと，鉄道や道路，港湾，通信設備などへの投資の加速化，並びに高速道路，高速鉄道，石油・ガスパイプライン，海上航路などの相互接続の足がかりとしてAIIBを活用したいという中国の思惑が見てとれる。

第3節　一帯一路構想の進展と新たな国際秩序の模索

1. 一帯一路構想の協力枠組みおよび沿線国との経済関係

　2017年5月には，第1回一帯一路国際協力サミットフォーラム（以下，フォーラム）が北京で開催され，130カ国および80以上の国際機関の代表が参加した。このフォーラムにおいて，中国は，① 政策協調，② 施設の連結性，③ 貿易円滑化，④ 資金の融通，⑤ 民心の通い合い，といった5つの協力分野を提唱した。また，国際協力枠組みとしての一帯一路構想の機能を向上させるため，沿線国への投資や貿易の拡大目標が発表され，11カ国との協力了解覚

書（MOU）および30カ国との経済協力協定も締結されたのである。

　さらに，2019年4月には，第2回フォーラムが開催され，37カ国の首脳や政府要人，150カ国と92の国際機関の代表を含む各界から6千人以上が出席した。本フォーラム終了後に公表された成果リストには，① 中国が打ち出した取り組み，中国が主導した協力イニシアチブ，② 中国と沿線国との間に締結された二国間・多国間のMOU・協定，③ フォーラムの枠組みの下で設立された多国間協力プラットフォーム，④ 中国と沿線国との投資などのプロジェクト・リスト，⑤ 金融機関等の融資案件，⑥ 中国と沿線国の地方政府間の協力プロジェクトといった，6つの分野からなる計283の協力プロジェクトが記載されている[3]。

　一帯一路沿線国は今や東南アジア，南アジア，中央アジア，西アジア，東欧，アフリカなどに広がる。一帯一路構想に沿って提供される市場，投資，インフラ整備が周辺国や沿線諸国から歓迎される国際公共財になりえるかについては，中国の一方的な対外経済戦略の意図だけではなく，その受入側にとって魅力あるものかどうかについても注視する必要がある。

　たとえば，フォーラムにASEAN10カ国がすべて参加し，総じて一帯一路構想を好意的に受け入れたのである。その一方で，積極的に歓迎するカンボジア，慎重な姿勢を示すベトナムなど，各国の対応は一様ではない（石川 2018）。

　では，中国と沿線国との経済関係にはどのような変化が生じたのであろうか。中国から沿線国へのFDI（非金融分野）を見ると，2013年は115.9億ドルで中国の対外直接投資全体の12.5％を占めていたが，2020年には投資額が177.9億ドルに達し，全体に占める割合（16.2％）はまだ小さいものの，投資額とシェアはともに拡大している（図4-4）。

　他方，中国輸出入銀行からの借款返済の目途が立たなくなり，港の運用の主導権を長期にわたって失うとともに，債務危機に陥ったスリランカのハンバントタ港の事例で見られたように，「債務の罠」などの中国への警戒心が一部の沿線国に広がっている（佐野 2019）。

図4-4　一帯一路沿線国への中国の対外直接投資（非金融分野）

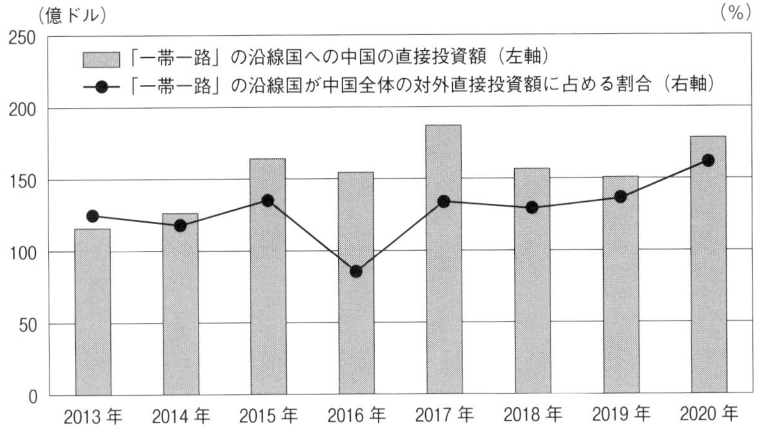

（出所）中国商務部のデータより筆者作成。

2. 米中対立の激化と一帯一路構想の新局面

　2018年以降，米中摩擦が激しくなり，関税引き上げの応酬[4]にととまらず，先端技術覇権競争，サイバー攻撃などの安全保障分野でも米中の対立構図は多面的な様相を呈している。その背景となるのは，いうまでもなく中国の台頭と，それに伴う国際社会におけるアメリカの影響力の相対的な低下である。中国への安全保障上の強い懸念が広がる中，中国を戦略的競争相手と位置づけて国際的に孤立させるアメリカの強硬路線が目立っている。トランプ政権の対中政策の基本方針だったデカップリング（断絶）が2021年1月に誕生したバイデン政権下でも継続されており，欧州連合（EU）や日本をはじめとする同盟国との連携・国際協調のもとで対中包囲網を推進する動きが強まっている。

　米中の狭間にあるアメリカの同盟国は，安全保障や人権の分野でアメリカに同調し中国を脅威と位置づけるとともに，「世界の工場」の中国に依存し過ぎていたグローバルなサプライチェーン（供給網）の見直しを喫緊の課題としている。図4-5に示されたように，アメリカの同盟国の多くは通商相手国として中国を重要な生産拠点や巨大な市場に位置づけるがゆえに，アメリカ以上に中国との経済的な結びつきが深く，過度な中国依存への懸念が根強い。した

図 4-5　中国の輸出入の推移（アメリカ向け，アメリカの同盟国向け，その他）

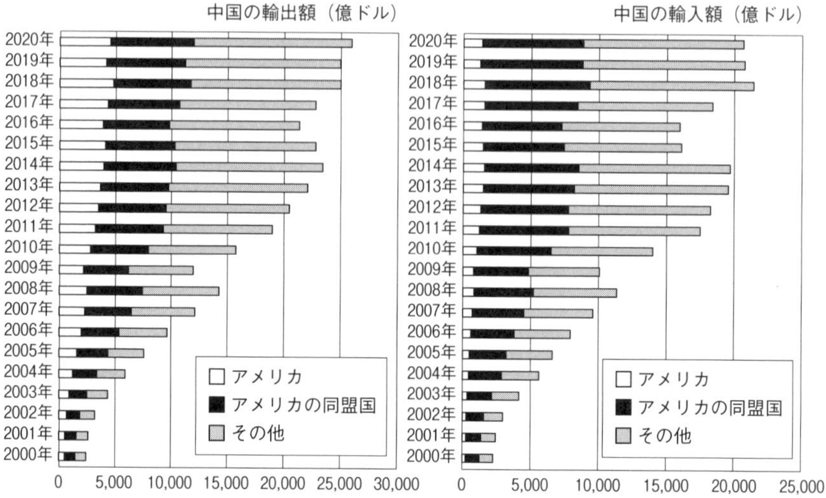

中国の輸出額（億ドル）　　　　　　　　　中国の輸入額（億ドル）

（注1）ここでいうアメリカの同盟国とは，EU，イギリス，日本，韓国，オーストラリア，
　　　　ニュージーランド，カナダを指す。
（注2）輸出額は FOB（本船渡し価格），輸入額は CIF（保険料，運賃込み価格）。
（出所）IMF データベース（https://data.imf.org/）より筆者作成。

がって，対中強硬姿勢が先進国全体に広がる中で，中国にとって一帯一路沿線
国は相対的に重要性を増している。

　こうした中で，2019年末に新型コロナウイルス（COVID-19）感染症が中
国の武漢市で初めて確認され，その後中国国内のみならず，多くの国や地域へ
爆発的に広がっていった。震源地の中国は，世界経済が未曾有のパンデミック
に見舞われる中で感染拡大を徹底的に封じ込め，先駆けて景気回復に向かい，
2020年には世界主要国で唯一マイナス成長を回避した。

　他方，COVID-19の感染拡大により国境を超える移動が著しく制限され，
一帯一路沿線国における鉄道，道路，空港などの運輸交通インフラ整備のプロ
ジェクトの多くが中止・延期せざるを得ない状況となっている。これを踏ま
え，世界的に新型コロナワクチンが不足し先進国で接種が先行する中での沿線
国へのワクチン協力[5]，デジタルシルクロードの構築に向けた中国の取り組み
が進められている。

　2015 年に「ビジョンと行動」の中で情報シルクロードが初めて提起され，2017 年の第 1 回フォーラムにおいてデジタルシルクロードに改称された。その関連事業は，COVID-19 によって高まった「非対面」「無人化」ニーズに応えるべく，① 通信ネットワークの敷設，データセンターの設置，衛星測位システムなどのデジタルインフラ整備，② 電子商取引（Electronic Commerce）や電子決済などのデジタルサービス，③ デジタルインフラ整備およびデジタルサービスの両方をカバーするスマートシティ事業，の 3 つに分類できる（岩崎 2020）。デジタルシルクロードの関連事業を通じた次世代技術における国際標準化を主導しようと，中国は二国間や多国間の枠組みで標準規格に関する協力を進めている。

　中国が求める新たな国際経済秩序の形成という面では，一帯一路構想はイニシアチブまたはプラットフォームの機能を果たしつつ，今後も強力に展開されていくとみてよいだろう。中国の対外経済政策を考えるうえでは，一帯一路構想への批判や懸念について留意しつつも，中長期的に沿線国は今後どのような影響を受け，そして中国がどのように変容しているかを究明していくことが大切である。

[注]
1　一帯一路沿線国の数とその内訳は，中国の統計資料や発表機関によって異なる。『2019 年中国対外直接投資統計公報』の場合，63 カ国への投資統計が記載されている（商務部・国家統計局・国家外貨管理局 2020: 68-69）。
2　AIIB の創設メンバーは，設立時（2016 年 1 月 16 日）の 57 カ国・地域から，2021 年 2 月では，承認ベースで 103 カ国・地域まで拡大した（https://www.aiib.org/en/about-aiib/governance/members-of-bank/index.html，2021 年 3 月 15 日アクセス）。
3　第 2 回一帯一路国際協力サミットフォーラムの成果詳細については，2019 年 4 月 28 日に公表されたリスト（http://www.brfmc2019.cn/445.shtml，2021 年 3 月 15 日アクセス）を参照されたい。なお，「中国一帯一路網」によれば，2021 年 1 月 31 日現在，中国は 140 カ国と 31 の国際機関と 205 種類の一帯一路関連の協力協定を締結している（https://www.yidaiyilu.gov.cn/xwzx/roll/77298.htm，2021 年 3 月 15 日アクセス）。
4　2018 年 7 月〜2019 年 5 月，アメリカは通商法 301 条にもとづく第 1〜3 弾（対中輸入額 2500 億ドル相当の 6842 品目）の追加関税率を段階的に 25％までに引き上げ，そして 2019 年 8 月には第 1〜3 弾の追加関税率を 30％に，さらに第 4 弾（対中輸入額 3000 億ドル相当の 3805 品目）の追加関税率を 15％への引上げを承認した。一方，中国はアメリカの第 1〜3 弾への対抗措置として，アメリカからの輸入品 1100 億ドル相当の輸入品に対して 25％，さらに第 4 弾の一部に対し 5〜10％の追加関税措置を発動した。その後，米中両国は幾度もの交渉を重ねた結果，2020 年 1 月に経済・貿易協定に署名し，追加関税の一部削減が合意されたものの，米中貿易摩擦の解消に向けた道筋は

まだ先が見通せない状況にある。なお，2020 年 9 月，アメリカの追加関税措置が WTO 紛争処理小委員会（パネル）で国際貿易ルール違反と判定されている。

5　2021 年 7 月 9 日時点，中国は国際機関および世界 100 カ国以上に対し，世界総生産量の 6 分の 1 に相当する 5 億回分の中国製新型コロナウイルスワクチンと原液を提供した。ワクチンの供給先のうち，84 カ国は中国と一帯一路構想で協力するとの合意文書に署名している（http://m.xinhuanet.com/2021-07/09/c_1127640536.htm，2021 年 7 月 25 日アクセス）。

[参考文献]

青山瑠妙（2019）「中国の対外政策の特徴と変化―習近平体制の対外政策を中心に」『アジア太平洋討究』No.36，早稲田大学アジア太平洋研究センター。

石川幸一（2018）「一帯一路の地政学――一帯一路を歓迎する国と批判する国」『輸送と経済』Vol.78 No.12，交通経済研究所。

岩崎薫里（2020）「新型コロナで取り組みが加速する中国のデジタルシルクロード」『Research Focus』No.2020-023。

佐野淳也（2019）「一帯一路，沿線諸国による見直しの動きをどうとらえるのか」『JRI レビュー』Vol.4 No.65，日本総合研究所。

平川均・町田一兵・真家陽一・石川幸一編著（2019）『一帯一路の政治経済学―中国は新たなフロンティアを創出するか』文眞堂。

福田邦夫（2020）『貿易の世界史―大航海時代から「一帯一路」まで』筑摩書房。

李向陽（2019）「"一帯一路"的研究現状評估」『経済学動態』2019 年第 12 期，中国社会科学院経済研究所。

商務部・国家統計局・国家外貨管理局（2020）『2019 年中国対外直接投資統計公報』中国商務出版社。

商務部（2021）『中国対外投資合作発展報告 2020』。

王文・劉玉書・梁雨谷（2019）「数字"一帯一路"：進展，挑戦与実践方案」『社会科学戦線』2019 年第 6 期，吉林省社会科学院。

IMF (2021) *World Economic Outlook Database*, April 2021

UNCTAD (2021) *Global Investment Trends Monitor*, No.38

（朱　永浩）

第5章

シンガポールにおける経済発展
―国家主導型開発モデル―

はじめに

　シンガポール[1]は 1965 年マレーシアから分離独立後，建国の父リー・クワ
ンユー（Lee Kuan Yew）を設立メンバーとした人民行動党（People Action
Party: PAP）の一党支配政権による国家づくりが進めらた。PAP 主導による
経済・産業戦略にもとづいたシンガポール経済は，短期間で驚異的発展を遂げ
た。それは，東南アジアの小国が資本や技術，人材など発展に必要な資源を国
外から吸収する発展戦略によるものであった。こうしたシンガポールの短期間
での高度経済成長は，PAP による不断の取り組みと綿密な計画の上に実現さ
れたグローバル志向の国家主導型開発が可能にしたものである。

　一般的に，新興国は経済離陸後に外資を梃子に輸出指向型工業国への転換に
成功して，中所得国へと発展するケースが多い。しかしながら，その後のより
高度な産業構造を実現できず，高所得国に到達できずにいる国も少なからずあ
る（「中所得国の罠」[2]）。シンガポールでは，国家主導の下で戦略的な経済開発
施策を採り，外資誘致と公企業（State Owned-Enterprises: SOEs）[3]設立とい
う二軸の経済体制によって発展を実現した。あわせて教育制度改革と人材開発
戦略がその発展を実現する基盤を提供してきたのである。高度人材が運営する
公企業の仕組みは，「シンガポール株式会社（Singapore Inc.）」と呼ばれ，経
済発展に重要な役割を担っている。

　このようにシンガポールでは，60 年代以降，段階的に産業構造の高度化に
成功し，その開発プロセスは他の ASEAN 諸国を先導してきた。本章では，
アジア諸国の中でも経済・産業振興に成功し，高所得国となったシンガポール

の経済発展の要因に関して，国家の役割の視点から考察していく。

第1節　シンガポールの経済発展の経緯

1. シンガポール経済の位置づけ

　シンガポールは，1819 年イギリス東インド会社書記官ラッフルズ卿（Sir Thomas Raffles）により発見された。1824 年にイギリス直轄植民地となって以降，レッセフェール体制の無関税中継貿易港として発展をしてきた。その後 1959 年イギリスから自治権を獲得し，1963 年にはマレーシアを結成するが，政治的対立から 1965 年には分離独立を余儀なくされた。独立後は，シンガポール政府の強力なリーダーシップのもと，10 数年間で発展の基盤を作り，その後順調な経済発展を遂げてきた。それは植民地下の貿易拠点から製造業を育成して工業国家に転向していく道筋でもあった。

　独立後の GDP は，1965 年の 9 億 74 万米ドルから 2019 年 3744 億米ドルに拡大している（図 5 - 1 参照）。この期間の GDP 成長率は平均 7.3%，特に独立後から 1990 年までの経済発展期は平均 9.2% と高く推移した。その後緩やかに下がる傾向にあり 1990 年から 2019 年の 30 年間の平均は 5.7% となっている。また 1 人当たりの名目 GDP は 1965 年 516 米ドルから 2019 年には 6 万 7000 米ドルに伸長している（図 5 - 2 参照）[4]。図 5 - 2 は ASEAN 諸国の 1 人当たり GDP 推移の比較であるが，2019 年時点でシンガポールはマレーシアのおよそ 6 倍となっている。世界においては 2020 年時点で 8 位に達している。

　シンガポール政府はグローバル展開を常に念頭に置き，高い国際競争力を視野に入れたインフラや法制整備を進めてきた。IMD（国際経営開発研究所）は『世界競争力年報（IMD World Competitiveness Yearbook）』を出版し，毎年，ランキングを公表している[5]。2020 年版世界主要 63 カ国・地域のランキングではシンガポールが首位となった。また世界経済フォーラム（WEF）は「世界競争力報告書（*The Global Competitiveness Report*）」を出版し，国際競争力ランキングを公表している[6]。2019 年版では世界 141 カ国・地域のなかで

図 5 - 1　シンガポール名目 GDP 推移 1965-2020 年

（単位：10 億米ドル）

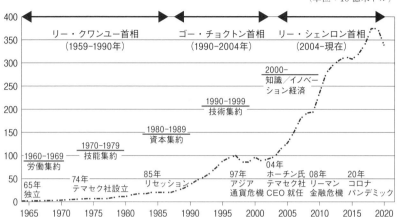

（出所）筆者作成。GDP グラフは World Bank data［https://www.worldbank.org/en/］。
（注）産業構造の推移（1960-2000）は Roland Attila Csizmazia (2017), Comparison of Economic and Education Development in Singapore and South Korea, *International Journal of Academic Research in Business and Social Sciences*, Vol. 7, No.,p.493 を参照。

図 5 - 2　ASEAN 諸国 1 人当たり名目 GDP 推移, 1965-2020 年

（単位：1000 米ドル）

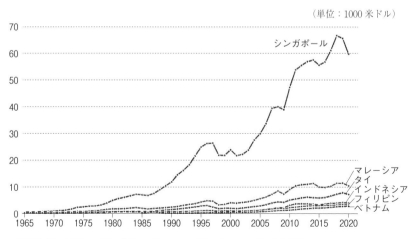

（出所）World Bank data［https://www.worldbank.org/en/］より作成。

シンガポールは，前年に続き首位であった。世界銀行グループも 190 カ国・地域対象のビジネス環境について国際的ランキングを発表している[7]。2020 年の *Doing Business 2020: Comparing Business Regulation in 190 Economies* でシンガポールは 2 位となっている。さらにトランスペアレンシー・インターナショナル（TI）が発表する公的部門（public sector）の腐敗度に関する腐敗認識指数（Corruption Perceptions Index: CPI）は，2020 年は世界 3 位と高い評価を得ている[8]。

　ここから分かることは，計画的な産業インフラ整備や法制度，マクロ経済の安定性や政府の透明性などのシンガポール政府の取り組みの水準が高いことである。政府によるこうした環境整備は高付加価値な外資の誘致を促進し，工業化を達成する重要な要素になったと思われる。

2.　人民行動党（PAP）による強力な経済開発政策

(1)　リー・クワンユーによる PAP の一党政権の意義

　PAP による長期間にわたる一党支配の成立とその意義を確認しておきたい。マレーシアからの分離独立はシンガポール経済における分水嶺となり，その後，強固な一党支配の政治体制が確立することになった。当時，リー・クワンユーは隣国との共同市場を目論んでいたが，民族的対立で分離を余儀なくされた。狭隘な市場に人材以外の資源を有しない小国シンガポールは，国家として生き延びるため経済の基盤を整えることが急務となった。そのためにも強力な国家主導型体制は必要不可欠であった。独立直後に PAP は経済・産業政策を打ち出し，まず交通，電力，港湾といった社会インフラの整備を図った。また徹底的な英語教育（のちに英語・中国語バイリンガル教育）を義務教育レベルから実施することで英語中心の社会を作り上げた。これは華人，マレー系やインド系など複合的民族で構成される社会の対立を避け，また融和させていくことにも有効であった。このように，PAP は，シンガポールの政治的安定，経済政策や環境整備を最重要課題とするために，党支配の政治を正当化した[9]。その後，政府の一貫したグローバル戦略の中で，産業構造の高度化の実現に成功し，短期間にアジア地域拠点化や国際金融ビジネスセンターとしての地位を

確立した。　こうした急速な発展は，強力な国家主導型の政治が可能にしたといえよう。

(2) 政府主導の経済・産業政策と外資の積極的誘致

i. 植民地期～独立後の輸入代替期（1960 年代前半）

　独立以前のシンガポールは，英軍基地関連支出と貿易収益に依存した経済であり，急速な人口増加に伴う失業率増大の問題を抱えていた。そのため 1959 年自治州の首相となったリー・クワンユーは輸入代替による工業化を模索した。1961 年には，国家開発計画の策定とともに，経済開発庁（Economic Development Board: EDB）などの政府機関が設立され，工業用地の開発，航空や海運など外資誘致のためのインフラの整備に着手した。また貿易港都市の地の利を利用した石油精製や造船業などの新興産業の育成も開始した。これらは政府系企業（Government Linked Companies: GLCs）という公企業形態が利用され，外資との技術提携や合弁企業を設立する場合もみられた。しかしながら 1965 年の分離・独立によりマレーシアとの共同市場構想が崩れ，以降は積極的な外資誘致を進めることとなった。

ii. 外資主導輸出志向期～産業構造の高度化（1965～80 年代）

　1960 年代半ば以降，次第に欧米諸国や日本からの直接投資が増加し，とりわけ電子・電気産業分野の労働集約的産業で集積が進んだ。しかし製造業の発展とともに生じた労働者不足は，労働集約産業の限界となっていた。また 1970 年代に二度のオイルショックが起き，シンガポール経済の減退にも繋がった。政府は周辺諸国との競合から脱するために，よりグローバルで開かれた輸出指向による高度な産業構造への転換を企図するようになった。賃金是正政策（wage correct policy）により高賃金政策を推し進めるとともに，技能・資本集約型企業に誘致インセンティブを与えて進出を奨励した。その一方で教育改革・人材開発を図り，理数系教育の充実や技能者・エンジニアの育成で外資受け入れの基盤づくりを図った。

　1980 年半ば以降は周辺国が次第に輸出指向型工業化を採用するようになると，これまでの優位性が失われるようになった。政府は，他のアジア諸国に先駆け，新たな金融サービスや情報通信などのより高付加価値産業の直接投資受

け入れを促進した。またアジアの地域・国際統括本部（Regional/International Headquarters: RHQ/IHQ）や研究開発拠点を目指し，人材の誘致・開発を行い東南アジア地域のハイテク産業製造拠点，金融・ビジネスセンターとして次第に発展するようになった。

ⅲ. 経済再生期〜新経済成長期（1990 年代〜2000 年代）

　1997 年アジア通貨危機において，シンガポールドルの下落幅は小さかったが，長引く危機でマイナス成長に陥った。そのため政府は経済再生と新たな産業戦略を策定し，バイオ工学や医療などの技術集約型産業に力をいれた。たとえば製薬産業ではヨーロッパ企業の誘致に成功してクラスター化が進み，アジア地域の製造・研究開発拠点となった。また資産運用やプライベートバンクの企業誘致は国際金融センターとしてのさらなる発展を促した。しかし 2008 年世界金融危機での打撃は経済戦略の見直しを再度迫られるようになった。政府の経済戦略委員会は，知識・イノベーション集約型経済の発展といった高付加価値産業の振興策を提言した。これにより ICT 産業の本格的育成，弱点であったスタートアップ・中小企業振興策に取り掛かる再生案が打ち出された。

　以上，経済・産業政策の概略を簡単に辿ったが，こうしたシンガポールの経済発展には，PAP による現状を見据えた先見的な経済開発戦略が常に存在している。それは国の政策とその執行が政治，官僚，GLCs 一体となって為されるシンガポール独自のシステムが背景にあった（黒原 2017: 80），ことがうかがえる。

第 2 節　経済政策における公企業（SOEs）の役割と国家の意義

1. 政府系企業 GLCs 設立と国家持株会社（テマセク社）の形成

　シンガポール経済は，輸出指向工業化政策による外資誘致によって発展の基盤を形成してきた。それとともに，経済の強力な推進役として重要な役割を果たしてきたのが公企業（SOEs）[10] であった。シンガポールでは，公企業は政府系企業（GLCs）と呼ばれ[11]，現在においても外資とともに製造業の一翼を担っ

ている。これは，植民地下での宗主国イギリスによる開発やインフラ整備が，シンガポールを貿易港として発展させることに限られ（Osman-Gani 2004），製造業を担う地場民間資本（多くは華人資本）は育たなかったためである。また工業化を開始する要件としての土地，資源も持ち合わせず，独立に当たって，リー・クワンユーはシンガポール株式会社の構想である，GLCs の設立を経済戦略のひとつに掲げた。シンガポールの公企業設立は，単に公共目的のみでなく，高収益を生み出すことで政府の財政に寄与し，長期的に経済の安定に繋げていくことが目的でもあった（Azhara 2015: 9）。

　政府はまず外資の技術や資本を受容するために，港湾，航空，電力，通信や海運などインフラ整備を担う基幹産業で GLCs を設立した。基本的には民間部門では資本を賄えず，リスクを取れない重工業などの分野に投資し，また意図的に民間が担える分野には進出しなかった。その後，公企業は傘下企業も含め増加したことから，政府の持ち分が多い基幹産業に従事する主要な GLCs 35 社が，1974 年に設立されたテマセク国家持株会社（Temasek Holdings Pte. Co.: テマセク社）の傘下に財務省から移されて一括管理・モニタリングされるようになった[12]。それとともに，同社は，国家の経済戦略に沿って，企業への投資，上場や M&A も積極的に担うようになった。その投資分野は，設立当初の重工業部門から，近年は金融や IT など知識集約型の産業政策を反映させた分野に移行している（図5-3参照）。80年代後半以降は，増加した GLCs の民営化（市場での株式売却）が実施されてきた。これは政府の産業政策の一環であり，基幹産業の持分の維持と不必要な産業分野からの撤退など戦略的な事業リストラクチャリングとして施行されている（中村 2004）。

　GLCs という公企業体は，非効率な公企業体制を避けるというリー・クワンユーの構想によって，世界的に見てユニークな特徴を持っている。株式会社組織で設立され，会社法に依拠した完全な収益主義の商業ベース経営となっている。そのために経営の透明性やガバナンス体制の構築が重要視され，他国の公益目的の公企業とは一線を画している。また設立時は国家戦略として重工業やインフラを担う重要な産業分野で設立されたが，いずれも当初から国際競争力を持つ企業体が目標とされた（Ramirez & Tan 2003: 3）。現在も Singtel（シンガポール・テレコム），Singapore Airline，DBS（シンガポール開発銀行），

図5-3　テマセク社投資先主要企業（3810億シンガポールドル, 2021.3.31時点）

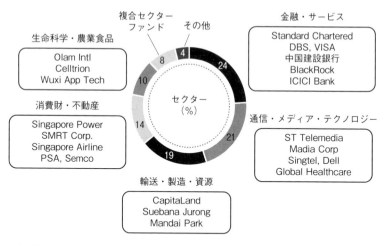

（出所）*Temasek Review 2021*, Temasek Holdings, p.5より作成。

CapitaLandなど主要なGLCsは，国際展開をして多国籍化しているケースが多く，先進国の多国籍企業とも互角に渡り合っている。

　しかしながら，その影響が大きくなるにつれ，国内では優遇的特権，優秀な人材の独占や民業圧迫に関する論争がしばしば展開されるようになった（Ramirez and Tan 2003: 3）。政府は民間企業かGLCsかは問題ではなく，国益のために国際競争力を持つ企業であるか，否か，が重要としている（日本政策投資銀行 2002: 11）。つまり，資源のない，製造業における地場資本が脆弱な小国が他国の多国籍企業と競合していくための効率的企業システムこそが「シンガポール株式会社」であり，シンガポール国家の強さの源泉となっている。

　2004年，テマセク社CEOは，リー・シェンロン首相夫人ホー・チン氏が就任した。その後，同社は世界の金融センターを目指す国家戦略に合わせ，持株会社から国家資産の運用主体（政府系ファンド；Sovereign wealth Funds: SWFs）へと変容した。またテマセク社を中核とする公企業集団であるGLCsはそれぞれが政府のグローバル戦略を担う存在となっている。テマセク社とGLCsの経営執行体制は官僚が経営者である点で特徴的であり，政府の政策立案を行う官僚組織と密接な繋がりがある。こうしたGLCsの執行役員や官僚の

人材育成は国家主導で行われており，高い効率性を生み出す源泉である。以下にシンガポール独自の人材開発モデルを見ていこう。

2.　人的資源開発戦略と官僚主導の国家形成

シンガポールの経済発展は，(1)産業政策に沿った国家人材開発戦略，(2)能力主義（meritocracy）教育により選抜する官僚制度，が重要な役割を果たしてきた。これらは資源を持たない同国で人的資源の重要性を認識したリー・クワンユーが作り上げた人材開発システムである。国家の政策立案を行うトップ層である官僚から企業レベルの管理者や従業員に至る裾野までを含む包括的な人材育成政策である。いずれも独自の能力主義的教育制度が基盤にある。これらの仕組みにより，独立当初のわずかな人口のほとんどが高度な技術も高い教育も持ち合わせていない状況を短期間で克服してきたといわれる（Osman-Gani 2004: 284）。

シンガポールの人材開発戦略は，経済開発において付加価値の高い人材を経済社会に送り出す重要な施策である。政府は独立前からイギリスの教育制度を模した選抜型の教育システムを作り上げていたが，これを産業発展プロセスの中で人材育成に活用してきた。産業構造の高度化に合わせる形で，教育改革は持続的に実施され（Yusuf 2020: 8），それに応じて，国家財政において教育支出は20〜24％と高水準となっている（MOF 2020）。さらに科学技術五カ年計画を打ち出して，教育制度と連携させたR&D人材育成にも傾注してきた。高度技能者や専門職を輩出し，高付加価値経済への素地を作り上げている。

またシンガポールは優秀な官僚国家，または行政国家として知られている。それはPAPの支配体制を支える基盤となっている（岩崎 1996: 121）。その育成・採用方法は，他のアジア諸国とは異なり，完全に能力主義である。シンガポール教育制度において優秀な成績を収めた少数の者が国の奨学金を得て，有名大学に留学をした後に官僚となる。その中で，特徴的な現象のひとつが官僚として経済開発に関わることである。国家主導の経済開発戦略の中で，エリート官僚がGLCs執行役員として兼務する。つまり国のトップ機構として，官僚が政策立案をしながらGLCsの企業経営を行っている（黒原 2017）。岩崎は

「少数のエリート官僚が開発関連公的機関を兼任することで，政策と実行が
『ひとつの頭脳』によって動かすことが可能となった」と指摘している（岩
崎 1996: 151）。

　また官僚が経営する GLCs は，徹底的な汚職の排除と実力・成果主義にもと
づいた評価体系によって国民から評価され[13]，シンガポール経済を支えている。
要するに，GLCs は設立時から民間企業志向のインセンティブを持ち，既述し
た汚職の少なさや世界有数のガバナンス体制の構築に繋がっているのである。
公企業でありながら，優れた効率性を示す経営体制は「テマキゼーション
（Temakization）」としてアジア諸国では模範とされることも多い。また国際
的に優れたガバナンスの取り組みは「テマセクモデル」と称されている（中
村 2021）。

おわりに　シンガポールの国家資本主義とその行方

　シンガポールは，独立時，資源と資本を持たない狭隘な国であった。しかし
ながら，優れたインフラと経済環境整備，法制度，教育・人材育成によって外
資の誘致に成功してきた。また官僚主導の公企業を設立して国内の生産性を高
め，グローバル戦略によって国際競争力を強めてきた。こうした成長戦略は長
期的安定政権の展望のもとで可能になったものであり，結果として ASEAN
一の高所得国を実現した。

　本章でみたように，シンガポールの政府は経済に対する介入が強く，積極的
な役割を果たしてきた国である。ブレマーは，2000 年代に入り，政治的利益
を目的として設立された SOEs の経済的影響力が多国籍企業にとって代わるよ
うになったことを指摘している[14]。また，こうした SOEs や SWFs という手段
を通じて市場へ介入して，国益のために経済発展を目指すことは国家資本主義
の特徴としている。シンガポールも国家資本主義として指摘される場合がある
（Völgyi 2019, Sim et al. 2014, Sim 2011, Ramirez and Tan 2003）。それは官僚
組織が経済政策において重要な役割を担うとともに[15]，GLCs が政府政策を反
映させた国家企業家（state capitalist）としてグローバル経営を行うことが指

摘される。また近年，テマセク社もSWFsとして国際市場で投資戦略を積極化させていることが挙げられよう。こうした政府による経済活動の一方で，汚職やガバナンスで高く評価される環境整備や企業規制を低くした自由競争の促進などは，シンガポール独自の国家主導型モデルともいえよう。

　最後に，国家主導制の行方をめぐる課題が浮上している。ひとつには次期首相の世代交代問題である。近年のPAP獲得票数の低下とともに，リー・シェンロン首相の有力な後継候補であるヘン・スイーキア前財務相の健康問題，副首相兼任財務相ヘン・スイキャット氏の候補辞退と次世代において変化が起こっている。これまでスムーズに権限委譲されてきたが，リー・クワンユーが作り上げた権威主義的政治手法に揺らぎが出てきている。またシンガポール経済を牽引してきたテマセク社CEOホー・チン氏の退任（2021年10月）が公表された。ホー・チン氏は17年間の在職で同社を世界的投資ファンドに変革し資産を急増させた人物である。次期CEOの舵取りは安泰である保証はない。建国以来，リー・クアンユー首相が目指した強い国家体制は，続くのか，または変化の時を迎えるのか，今後を見守りたい。

［注］

1　シンガポールはマレー半島先端に位置し，国土面積720km^{2}の小規模な都市国家である。東西貿易においてイギリスの戦略的中継貿易の拠点として栄えてきた。人口は約569万人（うちシンガポール人・永住者は404万人/2020年），また民族は中華系76％，マレー系15％，インド系7.5％（2019年6月）という複合的構成である。

2　中所得国（1人当りGDP3000〜1万ドル）は高所得国入り（1人当り1万〜1万2000ドル）を課題とする国も多い（内閣府2013）。現在，ASEAN10の中ではシンガポールが1980年代に高所得国へ移行し，マレーシア，タイは上位中所得，その他は下位中所得である。

3　近年，政府（国家）が所有・支配する多国籍化したSOEsが移行経済諸国のみならず，新興国や先進諸国でも多く輩出されている。これらは商業目的ではなく，国家利益や政治的目的に動機付けられていることが問題とされ，こうした現象の拡大は国家資本主義（State Capitalism）経済の進化との指摘がある（溝端2015）

4　2020年コロナ禍の影響で1人当りGDP59798米ドル（世界8位/日本32位），GDP3399億米ドル（世界36位）に減少した。

5　国の競争力に関する評価項目は「経済状況」，「政府の効率性」，「ビジネスの効率性」，「インフラ」の4つの大分類，さらに5つの小分類（計20個）から構成されている。https://www.imd.org/centers/world-competitiveness-center/［2021.7.25 アクセス］

6　国際競争力指標（Global Competitive Index）にもとづき，生産性の国際競争力を決定する要素に関して調査している。評価項目は12主要分野（社会制度，インフラ，ICTの採用・普及，マクロ経済の安定性，健康，スキル，商品市場，労働市場，金融システム，市場規模，ビジネス活力，

技術革新力）における 98 項目である。
http://www3.weforum.org/docs/WEF_TheGlobalCompetitivenessReport2019.pdf［2021.7.26 アクセス］
7　同指標は，10 のビジネス環境に関する総合的評価である。https://openknowledge.worldbank.
org/handle/10986/32436［2021.7.26 アクセス］
8　同指数は，政府・政治家・公務員など公的分野での腐敗度を 12 機関が行った調査報告にもとづ
いている。［http://www.transparency.org./en/cpi/2020/index/nzl]［2021.7.26 アクセス］
9　田村によれば，「国家の生存と安定，経済発展が何よりも優先され，国民の政治活動には極端な
制限が課された」と指摘している（田村 2009: 139）。また，シンガポールの経済開発体制を「開発
独裁」概念を用いて説明する場合がある。急速な経済発展を目指すために国民の政治的関与を抑圧
して，政治権力を正当化する体制を意味するが，定まった定義はない。
10　GLCs と共に，HDB（住宅開発庁）など政府の直轄機関で個別の設立法によって設立される独立
法人の公共企業体（statutory boards）は合わせて公企業とされる。
11　テマセク社傘下の企業を TLCs（Temasek Linked Companies）と呼ぶ場合もある。
12　政府がテマセク社を設立した要因は，株主としての役割をテマセク社が担い，政府は政策立案と
規制の役割に集中するためである，とされている（Temasek Holdings 2020）
13　公務員・官僚の高額報酬と汚職防止法（Prevention of Corruption Act）が汚職行為の抑制と指
摘する研究は多い。官僚の厳格な人事評価はシェル社システムを参考にリー・クワンユーが導入し
たとされる。
14　2010 年以降，世界の上位企業に国営の巨大企業が現れるようになったが，その経営者は，従来
の多国籍企業とは異なり，株主でなく政治指導者の要望に応える，としている（ブレマー 2011:
25-36）
15　ブレマーは国家資本主義の特徴として「官僚が巧みに運営する資本主義」を指摘している。（ブ
レマー 2011: 23）

［参考文献］

岩崎育夫（1996）「ASEAN 諸国の開発体制論」「シンガポールの開発体制」岩崎育夫編『開発と政
　　治：ASEAN 諸国の開発体制』アジア経済研究所。
黒原大輔（2017），「シンガポールの産業振興策─その成功要因を探る─」『MIZUHO Research &
　　Analysis』No.12
田村慶子（2009）「シンガポールの取組の特徴と日本への示唆」内閣府男女共同参画局『諸外国にお
　　ける政策・方針決定過程への女性の参画に関する調査─オランダ王国・ノルウェー王国・シンガ
　　ポール共和国・アメリカ合衆国─』内閣府，2009 年 3 月。
内閣府（2013）『世界経済の潮流 2013 年Ⅱ』内閣府，2013 年 12 月。［https://www5.cao.go.jp/j-j/sekai_
　　chouryuu/sa13-02/html/s2_13_2_1.html]
中村みゆき（2004）「シンガポールの政府持株会社テマセク社の株式売却に関する考察─民営化政策
　　による公的支配への影響─」『アジア研究』アジア政経学会，第 50 巻 4 号。
中村みゆき（2013）『政府系ファンドの投資戦略と投資動向─シンガポールにおける事例研究─』
　　税務経理協会。
中村みゆき（2021）「シンガポール国家持株会社 Temasek 社におけるコーポレート・ガバナンス─
　　公企業（SOEs）の所有とガバナンスの関係をめぐって─」『創価経営論集』創価大学経営学会，
　　第 45 巻第 1 号。
日本政策投資銀行シンガポール駐在員事務所（2002）「シンガポールの GLC 論争─政府系企業の役割
　　と存在意義─」Shingapore Topics, No.5, 2002 年 9 月。
ブレマー，イアン（2011）『自由市場の終焉─国家資本主義とどう闘うか』日本経済新聞出版社（Ian

Bremmer, *The End of the Free Market: Who win the War Between State and Corporations?*)

溝端佐登史（2015）「ロシアにおける国家資本主義」（〈特集〉市場移行国における「国家資本主義」をめぐって）『季刊経済理論』52 巻 2 号。

Azhara, Nadia Fausta (2015) "The Success of the Implementation of Singapore Inc: Politics and Government of Southeast Asia", Universitas Gadjah Mada.

Csizmazia, Roland Attila (2017) "Comparison of Economic and Education Development in Singapore and South Korea", *International Journal of Academic Research in Business and Social Sciences*, Vol. 7, No. 11.

Ministry of Finance (MOF) (2020), *Analysis of Revenue and Expenditure Financial Year 2020*.

Osman-Gani, Ashad M. (2004) "Human Capital Development in Singapore: An Analysis of National Policy Perspectives", *Advances in Developing Human Resources*, Vol. 6, No. 3.

Ramirez, Carlos D. and Tan, Ling Hui (2003) "Singapore Inc. Versus the Private Sector: Are Government–Linked Companies Different?", *IMF Working Paper*, Vol. 51, No. 3, IMF, July.

Sim, Isabela, Steen Thomsen and Gerald Yeong (2014) "The State as Shareholder: The Case of Singapore", CIMA & CGIO, June.

Sim, Isabela (2011) "Dose State Capitalism Work in Singapore?: A study on Ownership, Performance and Corporate Governance of Singapore's Government-Linked Companies", The University of Western Australia, Business School, Thesis of the degree of the Doctor of Philosophe.

Temasek Holdings (2020) *Temasek Review 2020*.

Temasek Holdings (2021) *Temasek Review 2021*.

Yusuf, Shahid (2020) *Building Human Capital: Lessons from Country Experiences-Singapore*, World Bank.

Völgyi, Katalin (2019) "Successful Model of State Capitalism: Singapore", *State Ownership in the Varieties of Capitalism*, eds; Miklós Szanyi, Central European University Press.

（中村みゆき）

第6章

変容する現代インド経済
―再生可能エネルギー，デジタル分野を中心に―

はじめに

　インドは 1991 年以降，経済自由化政策や規制改革を推進し，世界経済における存在感を着実に高めている。インフラの未整備や厳しい各種規制，数多くの国有企業の存在など様々な課題も存在しているが，再生可能エネルギーや政府主導のデジタルインフラ整備など世界を主導する分野も現れ，現代インド経済には変容もみられる。

　本章は，現在のモディ政権を含め歴代政権の経済政策を鳥瞰した上で，電力を中心とするエネルギー分野とデジタル化に焦点を当て，現代インド経済の変容をとらえることを目的とする。第1節では独立後の歴代政権の経済政策の概略を確認する。第2節では再生可能エネルギーを中心とする電力政策の現状と課題について論じ，第3節では興隆するインドのデジタル産業をとらえた上で，今後の政策モデルとなり得る India Stack について論じる。

第1節　インド経済の歴史的変遷

1. 歴代政権の経済政策の特徴

　インド経済の歩みを歴代の主要政権の経済政策の特徴から，鳥瞰していくこととしよう（表6-1）。1947 年のイギリスからの独立後，独立を主導した国民会議派のネルー政権は，一党優位体制[1]の下，国有企業が主体的な役割を担う

表6-1　歴代政権の主要な経済政策の特徴

時期	首相（政党）	特徴	代表的な経済政策
独立〜1991年	ネルー，インディラ・ガンディ，ラジブ・ガンディ等（国民会議派，一時期除く）	混合経済体制ライセンス・ラジ（時代）	✓5カ年計画の導入。 ✓ライセンス（許認可）にもとづく幅広い統制。 ✓国有企業・国有化。
1991〜1996年	ラオ（国民会議派）	経済自由化政策への転換	✓国家独占産業分野の縮小。 ✓ルピー切り下げ。 ✓輸入数量規制の削減・関税率の引き下げ，外資規制の緩和。
1998〜2004年	バジパイ（インド人民党）	第2世代の経済改革「輝くインド」	✓民営化の推進。 ✓輸入数量規制の削減・関税率の引き下げ，外資規制の緩和。
2004〜2014年	マンモハン・シン（国民会議派）	農村・低所得者対策重視	✓全国農村雇用保障法の導入。 ✓教育目的税の導入。 ✓アダールの導入。 ✓自由貿易協定（FTA）の締結。
2014年〜	モディ（インド人民党）	30年ぶりの単独過半数政権スローガン（Make in India, Digital India等）。	✓国民皆銀行口座の推進。 ✓高額紙幣の廃止。 ✓税制改革（GSTの導入，法人税の引き下げ）。 ✓再生可能エネルギーの推進。

（出所）各種資料から作成。

　混合経済体制と呼ばれる経済政策を展開した。その特徴は，国有企業，重化学工業を中心とした国家主導による経済開発，民間企業活動に対するライセンス（許認可）にもとづく幅広い統制が挙げられる。この政策は，インディラ・ガンディ政権にも引き継がれ，銀行の国有化などが実行された。インドでは，現在も銀行や重化学工業分野を中心に多数の国有企業が存在している[2]。

　インドは，1991年に国際収支危機を契機として，国民会議派のラオ政権のもと経済自由化路線に転じ，国家が独占していた産業分野の民間企業への開放，ルピーの切り下げ，輸入数量規制の対象品目削減や関税率の引き下げ，最大40%に制限されていた外資出資比率規制について製造業を中心に100%まで容認するなど，外国直接投資も幅広く受け入れる政策に転換した。その後，1998年にはインド人民党（BJP）[3]を中心とするバジパイ政権が成立，同政権は「第2世代の経済改革」を打ち出し，国有企業の民営化の推進，貿易政策や

外資規制の一段の緩和を実現した[4]。

　しかし，そのバジパイ政権は，2004年の下院総選挙で，「輝くインド（India Shining）」を掲げ，一段の経済改革を推進する方針を表明したものの，経済改革に否定的な層からの反発によって予想外の敗北を喫し，国民会議派を中心とするマンモハン・シン政権が成立した[5]。シン首相は，就任後，人間の顔を持つ改革を進めると発言[6]し，農村や低所得者向けの政策を強化した。その中でも，代表的な政策がマハトマ・ガンディ全国農村雇用保証法（MGNREGA）で，1世帯当たり年間100日の雇用を保証するスキームである[7]。また，インドでは識字率の低さが課題となっているが，初等教育の普及を目的に2004年に教育目的税[8]を導入し，さらに後述するアダール（Aadhaar）を導入したことは大きな功績と位置づけられる。

　2014年には，インド人民党が下院総選挙で1984年以来30年ぶりに単独過半数[9]を制し，安定的な議席数を基盤としたモディ政権が発足した。モディ首相の個人的な人気に加え，シン政権末期のインフレ率の上昇や閣僚の汚職疑惑の表面化による国民会議派への不満などがインド人民党勝利に寄与したと考えられている[10]。そのモディ政権は，農村・低所得者対策を継続するとともに，Make in IndiaやDigital Indiaなどのわかりやすいスローガンを打ち出し，政策を展開している点が特徴だ。具体的には，農村や低所得者対策と位置づけられる政策として，LPガスの普及，農村電化，トイレ普及などの政策を打ち出し，加えて国民皆銀行口座の推進や高額紙幣の廃止，長年の課題となっていた物品・サービス税（GST）の導入，法人税の引き下げなどの税制改革を実現した。さらに次節で論じるように，モディ政権は再生可能エネルギーの普及を推進している。

第2節　再生可能エネルギーの活用と残された電力分野の課題

1．再生可能エネルギーで輸入依存脱却を目指すインド

　インド経済のアキレス腱にエネルギーの輸入依存がある。鉱物性燃料の多く

を輸入に依存するインドでは，資源価格上昇は貿易赤字拡大と物価上昇に大き
な影響を与える要素となっている[11]。

　こうした中，モディ政権が推進している政策が，電力分野における再生可能
エネルギーの普及である。インドでは過去，電力不足が恒常化しており，特に
夏季には停電が頻発していた。しかし，年々，電力供給力の増強が図られ，
2020年には最大需要と供給がほぼ一致し，電力不足がほぼ解消される状況ま
で改善している（図6-1）。近年の電力供給力の向上に貢献しているのが，太
陽光や風力などの再生可能エネルギーである。インドの電源別の発電設備容量
（2020年末）をみると，依然として石炭を中心とする火力発電が62％と過半を
占めているが，再生可能エネルギー（水力除く）の比率はモディ政権が発足し
た2014年末の12％から24％（91ギガワット（以下GW））まで増加している。
再生可能エネルギーの内訳は，太陽光が37GW，風力が39GW，バイオマスが
10GW，小水力が5GWである。

　モディ政権は，再生可能エネルギーの発電容量を2022年までに175GW（太

図6-1　インドの電源別発電設備容量と不足率（最大電力需要に対する供給不足分の比率）の推移

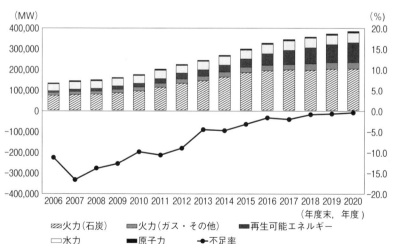

（注）棒グラフは発電設備容量（各年度末），折れ線グラフは不足率（各年度）。インドの年度
　　　は4〜3月。
（出所）Central Electricity Authority, Ministry of Power, Government of India から作成。

陽光 100GW，風力 60GW，その他 15GW）まで増強することを目標に掲げている（CEA 2018）。さらに，モディ首相は 2019 年の国連気候行動サミットで，再生可能エネルギーの発電容量を 450GW まで引き上げる方針を示し，その後，同目標を 2030 年までに達成することを表明し，一段と再生可能エネルギーを重視する方針を示している[12]。また，パリ協定におけるインド政府の自主的な目標[13]では，2030 年までに非化石燃料による発電能力を 40％まで高める目標を掲げている[14]。

　再生可能エネルギーの普及のため，インド政府が進める政策がウルトラ・メガ・ソーラーパークで，大規模太陽光発電を民間企業との協業のもとで進めている。同パークでは，州政府等が土地を確保，送電線を接続し，民間事業者は同パーク内で集中的に太陽光発電を行う。インドの発電設備容量に占める民間事業者の比率は 47％であるが，再生可能エネルギーでは 96％（2021 年 3 月末）に達しており，民間活力を積極的に用いていることが特徴だ。さらに，インドは 2015 年にフランスとともに太陽に関する国際的な同盟（ISA）[15]を立ち上げ，太陽光発電の普及を目的とした国際的な協力枠組みを構築している。

　再生可能エネルギーが普及している要因には，再生可能エネルギーの発電コストが大幅に低下し，安価なエネルギー源となっていることがある。国際エネルギー機関（IEA）[16]によると，インドの太陽光発電の入札価格は 2013 年の 148.5 ドル /MWh（メガワット・アワー）から 2019 年には 37.8 ドル /MWh まで急速に低下した。また，すでにインドでは太陽光発電が石炭火力など他の電源と比較して最も安価となっており，その要因として太陽光パネル等の設備費の低下とプロジェクトの規模があると指摘されている（菊間 2020）。平坦な土地に大規模なソーラーパネルを設置していることが，太陽光発電コストの低下に寄与していると考えられる。再生可能エネルギーの発電コストが低下する一方で，石炭火力発電所の稼働率は 2013 年度の 65.6％から 2020 年度には 53.4％まで低下している[17]。

　加えて，インドは省エネも重視し始めており，代表的な政策が LED の大規模導入である。インドでは 2015 年から 6 年間で，3 億 6690 万個の LED 電球と 1140 万個の LED 街路灯が導入され，省エネ（1.1 万 MW の最大電力需要回避）と二酸化炭素排出削減（4388 万トン）につながっているとしている[18]。

　インドにとり，再生可能エネルギーや省エネが経済・社会面にもたらす恩恵
は，第 1 に前述の通り，資源価格の上昇は貿易赤字拡大や物価上昇につながる
ため，再生可能エネルギー普及による鉱物性燃料の輸入抑制はマクロ経済の安
定化に貢献することである。一方，太陽光発電の普及によって輸入が拡大して
いるのが太陽光パネルである。太陽光パネル[19]はインドでも生産されている
が，その輸出額は 1 億ドル（2018 年）に留まるのに対して，輸入額は 26 億ド
ルと大幅な輸入超過となっており，その 83％は中国からの輸入に依存してい
る。

　第 2 に，インドでは大気汚染問題が深刻化しており，インド政府は National
Clean Air Programme（NCAP）を打ち出し，2024 年までに 2017 年比で粒子
状物質（PM）を 20〜30％減少させることを目標に掲げている。発電量の
60％（2015 年）を占める石炭火力が SO_2 の 49％，NO_x の 34％など大気汚染物
質の排出源となっており，再生可能エネルギーの普及は大気汚染対策への貢献
が期待される（Sahu et al. 2021）。

2.　課題も残存する電力分野

　再生エネルギーの普及を通じて，電力の自給化を進めているインドだが，電
力分野には課題も残されている。構造的な課題は，農業向け電力がコストを大
幅に下回る価格で供給されていることである。2014 年に廃止された計画委員
会（Planning Commission）（2014）によると，2013 年度の平均的発電コスト
は 1kWh 当たり 5.9 ルピーであるところ，農業向け販売価格は 1.8 ルピーに留
まっている。農業向けにコストを下回る価格で販売する一方で，商業向け（7.6
ルピー），産業向け（6.3 ルピー）等はコストを上回る価格で販売されているた
め，後者の利益を前者への実質的な補助金としているという意味でクロス・サ
ブシディとも呼ばれる。しかし，全体の平均販売価格（4.8 ルピー）は平均コ
ストを下回っており，州配電公社が主として担っている配電部門の赤字要因と
なっている。農業向け電力料金価格は州によって大きく異なることも特徴であ
る。

　農業部門では，地下水汲み上げのためのポンプの動力源として電力が消費さ

れているが，安価な電力供給によって，農業部門における過剰消費と地下水の汲み上げにつながっていると指摘されている[20]。このため，農業向けの電力料金改革が求められるものの，インドでは政治的に困難な課題となっている。その要因として，農業向けの電力価格の設定には，大農家の政治的影響力が大きいことが指摘されており，Kato and Fukumi（2020）は，大農家の影響力が大きい州ほど，農業向け電力料金が低いことを明らかにしている。

　逆ざやとなる電力供給に加えて，インドではメーター改ざんなどの盗電も問題となっている。これらの要因を背景に，州配電公社の債務増大が課題となり，インド政府は 2015 年に UDAY スキーム[21] と呼ばれる仕組みを導入し，州配電公社の債務の一部を州政府が引き取る一方で，スマート・メーターの設置や逆ざやの解消などの改革を課している。

　また，再生可能エネルギーの増大とともに，技術的な課題も存在する。再生可能エネルギーは発電量が自然条件に左右されるため，電力系統内における再生可能エネルギーの増大とともに，今後，安定的な系統の管理をいかに図っていくかが課題となる（三菱総研 2019: 59-61）。

第 3 節　IT のアウトソーシング先からデジタル化を主導する存在へ

1. アウトソーシング先から世界のデジタル産業の集積地へ

　現代インド経済が，世界を主導しつつある分野がデジタルである。工科系の高等教育に強みを持つインドでは，1980 年代から IT サービス産業が隆盛してきたが，近年ではデジタル分野でスタートアップの創業が相次ぎ，さらには政府主導のデジタルインフラ整備を進め，デジタル社会におけるひとつのモデルを提供している。

　インドは 1980 年代からソフトウエア輸出を拡大させ，1990 年代以降には通信コストの低下によって，コール・センターやバックオフィス業務サービスが貿易可能となり，豊富な英語人口と安価な賃金を基盤に，ビジネス・プロセス・アウトソーシング（BPO）輸出も拡大してきた。全国ソフトウエア・サー

ビス企業協会（NASSCOM）によると，ソフトウエアとBPOを併せたITサービス輸出額は1470億ドル（2020年度）と[22]，インドの物品輸出額（2918億ドル）の5割程度を占める規模となっている。

2000年代までのインドはソフトウエア・BPOともに，アメリカ企業等からのアウトソーシング先として成長してきたが，BPOに加えて，高度な技術者を要するソフトウエアにおいても，基本設計等はアメリカで行われ，その一部の工程であるプログラミングがインド企業に委託される構図で，知的労働集約的なサービス輸出と特徴づけられる形態であった。

しかし，2010年代に入り，インド国内でスタートアップの創業が相次ぎ，デジタル分野で数多くのユニコーン企業[23]が誕生している。CB Insights[24]によると，インドのユニコーン企業は48社（2021年11月時点）に及び，アメリカ（471社），中国（169社）に次いでいる。代表格は，ライド・ヘイリングのOlaやフィンテックのPaytm（one 97 Communications），オンライン・トラベルのOYOなどであり，インド消費者の生活に密着するサービスを展開している。また，通信サービスを核に，デジタル事業を展開している企業がPeliance Jio Infocommで，同社は安価な通話料金で契約件数をサービス提供を開始した2016年9月の1596万件（携帯電話市場におけるシェアは1.5％）から2020年末には4億878万件（同35.4％）[25]に拡大している。同社の持株会社であるJio Platformsはインドのリライアンス財閥が出資する企業であり，Jio Platformsに対しては，2020年にはFacebookが57億ドル[26]，Googleが45億ドル[27]，併せて102億ドルを出資している。インドのデジタル企業は，現在は国内での事業展開が中心なものの，将来的に世界のデジタル分野を主導し得るような企業群が誕生している。

世界におけるデジタル人材供給面でもインドの存在感は増している。アメリカでは，デジタル企業等で勤務する技術者ほか高度人材に対してH1B査証を発給している。H1B査証の国別・分野別比率の推移をみると，インド人の比率は2005年度の44％から2020年度には75％まで上昇，分野別ではコンピュータ関連が同43％から70％に上昇しており，アメリカにおける海外からの高度人材供給面で，インド人が大半を占めていることがうかがえる[28]。インド工科大学（IIT）など，高度な工学系人材を豊富に供給できることが強みで

あり，アメリカのデジタル産業を支える人材供給国となっている。

2. 政府主導のデジタルインフラ整備：India Stack

インドがデジタル分野で世界から注目を集める取り組みが India Stack である。インドでは，マンモハン・シン政権時代に，IT サービス大手 Infosys の創業者のひとりであるナンダン・ニレカニ氏がインド固有識別番号庁（UIDAI）総裁に登用され，アダールを導入した。アダールには 12 桁の識別番号に，個人情報（名前，生年月日，住所，希望者のみを対象に携帯電話や email 等）と生体認証情報（すべての指紋，虹彩，顔写真）が登録される[29]。

さらに，モディ政権は，2014 年に国民皆口座政策（PMJDY）を打ち出し，金融包摂を目的に国民に広く金融機関口座の所有を促す政策を展開した。本人確認にはアダールが用いられ，銀行口座と紐づけられたことで，個人へ直接，補助金を支給することも可能な仕組みが形成された。この政策によって，開設された口座数は 4.4 億件（2021 年 11 月時点）に及ぶ。この結果，国民全体の金融機関口座保有率は上昇し，2014 年の 53％から 2017 年には 80％となっている[30]。これはインドネシア（48％）やフィリピン（32％）を大きく上回り，中国（80％）と同水準にある。

これまでアダールの登録者数は 13.1 億人（2021 年 11 月）[31]，紐付けられた金融機関の口座登録者数は 6.9 億件（2020 年 3 月，UIDAI 2020）となっており，インドの総人口（13.8 億人，2020 年）の多くをカバーするデジタルインフラとなっている。

India Stack とは，アダールを基軸に管理者が異なる各種のシステムを統合する API（Application Programming Interface）[32] 群を意味し，eKYC（電子上の住所，生年月日，email 情報等の本人情報照会）や eSign（電子署名），UPI（銀行口座と紐づいた Virtual Payment Address を用いた銀行送金，口座情報を用いずにスマホ送金可能），DigitalLocker（クラウド上のストレージ，運転免許証など各種証明書の電子化を推進）などの API が利用できる[33]。

India Stack の利便性が向上したことなどから，アダールを用いた認証回数は 2017 年度以降，大きく増加し，2020 年度には年間 135 億回の認証が行われ

図6-2　インドのアダールの累積発行枚数と認証回数の推移

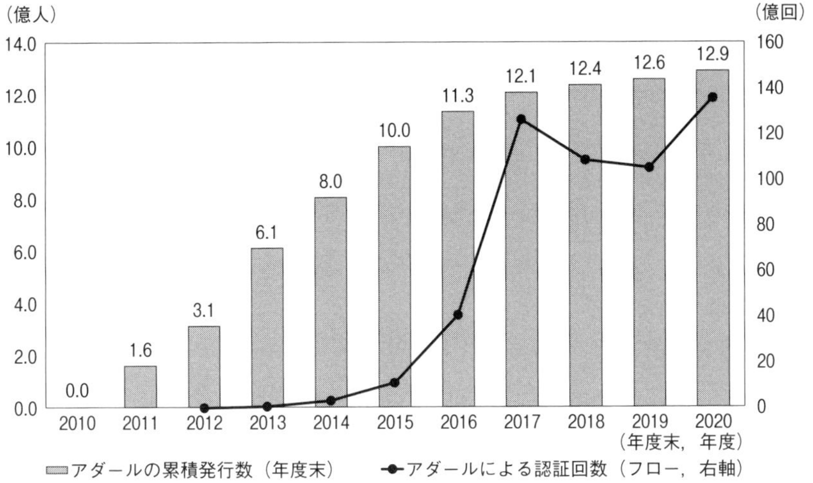

（出所）UIDAI から作成。

ている（図6-2）。

　アダールを含む India Stack がもたらす経済的な便益はどのように理解されるだろうか。第1に，直接便益移転（DBT：Direct Benefit Transfer）と呼ばれる補助金支給の効率化である。これまで，インドでは低所得者対策のための各種補助金支給は非効率であり，対象者の口座に直接振り込む仕組みによって，補助金支給の効率化を図るものである。実際に，LPG 等の補助金支給で DBT が用いられている（UIDAI 2020: 40）。また，日本においては，2020 年にコロナ禍における現金給付において，国民の金融機関口座の体系的な把握の必要性が認識されたが，インドではコロナ禍に対する低所得者への現金給付が，India Stack のシステムを通じて行われている（小野澤 2020）。

　第2に，本人認証システムが政府・企業に幅広く利用されることを通じた認証コストの低下がある。デジタル社会において，本人認証は重要な制度的基盤となる。インドでは，India Stack によって，民間事業者が効率的に，本人認証を行うことが可能となっている。金融機関の口座開設が進展した要因として，また低価格の携帯電話サービスの契約者が急速に増加した要因として，

India Stack を通じて低コストで本人認証が可能であったことが指摘されている（Mukhopadhyay et al. 2019: 443, 岩崎 2019: 51）。外資系企業も India Stack を利用しており，シンガポールの銀行である DBS は，2016 年からインドで Digibank と呼称する金融サービスを展開している（椎野 2020）。

　India Stack のような政府主導の個人認証システムは，システムを広く開放し認証コストを低下させることで，民間事業者の供給曲線を下方にシフトさせ，新たな需要を創出する効果がある。実際に India Stack は幅広く活用され，経済的便益をもたらしている点は特筆される。一方で，こうした個人認証システムは民間事業者主導[34]によっても供給され得るもので政府と民間の役割分担については議論の余地があるが，India Stack は政府主導のシステム形成を通じて，取引費用の低下，低所得者の金融包摂，補助金行政の効率化につながり得る仕組みで，今後，他国においてもモデルとなり得るシステムである。

おわりに

　インドは，1991 年に経済自由化路線に転じて以降，世界経済の中でその存在感を高めているが，同時に様々な課題が指摘されてきた。インフラの未整備，国有企業・国有銀行の効率化・民営化の必要性，複雑かつ高率の税制，厳しい労働法制や土地収用法，保護主義的な対外経済政策，初等教育水準の低さなどである。こうした課題は歴代政権の政策の中で，改善されつつも，依然として課題として残されている。

　同時に，インドは再生可能エネルギーやデジタル分野で世界を主導する存在となりつつあり，現代インド経済には変容もみられる。再生可能エネルギーは電力供給の安定化とともにマクロ経済面の弱点を補う役割を担いつつある。デジタル分野では，アウトソーシング先としての役割に加えて，より自立したデジタル企業が台頭するとともに，政府主導のデジタルインフラである India Stack はデジタル社会におけるひとつのモデル・ケースを提示している。また，本章では論じなかったものの，インドはジェネリック医薬品の供給大国であるとともに，コロナ禍でワクチンの供給大国[35]としても注目され，「世界の

薬局」としての存在感も高めている。こうした現代インド経済の変容に着目していくことは一段と重要となろう。

[注]

1　国民会議派の一党優位体制をどの期間とするかは論点があるが，1951 年から 1984 年までの期間に 8 回行われた総選挙では，1967 年と 1977 年の総選挙を除き，国民会議派は 6〜7 割の議席を獲得していた。

2　独立後から 1991 年の経済自由化路線への転換までは，民間企業活動には，幅広い面で許認可（ライセンス）が求められたことから，ライセンス・ラジ（王国）とも呼ばれた。Ministry of Finance（2021: 2）によると，2020 年 3 月末時点で同省が管轄する国有企業数は 366 社（操業中は 256 社）で，加えて銀行（インド準備銀行によると国有銀行は最大手の State Bank of India を含め 12 行），保険（生保の LIC，損保の GIC 等），通信，鉄道分野などでも国有企業が存在する。インドでは地場民間銀行の不良債権比率（2020 年，CEIC データベースのインド準備銀行統計を元に算出）は 5.5％，外資系銀行は 2.3％である一方，国有銀行は 10.3％と高く，その体質が問題視されている。

3　インド人民党は，1951 年結成の大衆連盟を前身に，1980 年に結成された政党で，1989 年の総選挙以降，議席を伸長させ，これまでバジパイ政権とモディ政権を生み出している。

4　バジパイ政権の経済政策については椎野（2009）を参照。

5　Spary and Wyatt（2006: 403）は「輝くインド」の失敗は，宗教色の強いキャンペーンを好む BJP 右派を活気づかせると指摘していた。

6　CNN, May 20, 2004, "Singh: Reform with 'human face'"（http://edition.cnn.com/2004/WORLD/asiapcf/05/20/india.politics/）

7　同事業について，湊（2019）は，MGNREGA は「すべての希望者が公的雇用の機会を得られるようにするという法的義務を政府機関の側が負っている」（82 頁）という点で，それまでの政府が提供する雇用プログラムとは一線を画していると指摘している。

8　2018 年にモディ政権のもと，健康教育目的税に変更されている。

9　543 議席を争った 2014 年の総選挙でインド人民党は単独で 282 議席（52％）を獲得。

10　近藤・湊（2015: 540）はインド人民党勝利の要因としてモディ人気とともに効果的な選挙協力を指摘し，また総選挙後にシン首相がインフレと腐敗が敗北の要因であったと発言したことを指摘している。第 2 期シン政権と重なる 2009〜2013 年度の平均消費者物価上昇率は，原油価格高騰の影響等で月平均 10.1％増（CEIC にもとづく）と，長期に渡り高い上昇率が続いていた。また，汚職問題については，閣内から携帯電話のライセンスを巡る汚職疑惑などが表面化していた。

11　貿易赤字に占める鉱物性燃料貿易赤字の比率は，2010〜2020 年の平均で 68％に及ぶ。2003 年 1 月から 2020 年 12 月までのインド向け原油価格前年同月比伸び率と卸売物価同伸び率（2011＝100）の相関係数は 0.65 で，原油価格上昇が卸売物価に影響を与えていることが想定される。

12　インド首相府（https://pib.gov.in/PressReleasePage.aspx?PRID=1585979）。目標年の 2030 年について，2020 年 10 月 26 日のインド・エネルギー・フォーラムでの発言（https://pib.gov.in/PressReleasePage.aspx?PRID=1667654）。

13　国連気候変動枠組み条約（https://www4.unfccc.int/sites/submissions/INDC/Published%20Documents/India/1/INDIA%20INDC%20TO%20UNFCCC.pdf）

14　2021 年の COP26（国連気候変動枠組条約第 26 回締約国会議）でモディ首相は 2070 年までにネットゼロを実現する方針を表明した。

15　2021 年 11 月時点で「ISA の設立に関する枠組協定」に 101 カ国が署名，80 カ国が批准。

16　IEA（https://www.iea.org/data-and-statistics/charts/india-pv-auction-results-2012–2020，最終閲覧日 2021 年 11 月 27 日）。

17　インド電力省（https://powermin.gov.in/en/content/power-sector-glance-all-india，2021 年 5 月 1 日アクセス）。また，Yang and Urpelainen（2019: 906）によると，石炭を算出するウエスト・ベンガル州，チャッティスガル州，ジャルカンド州，オディッシャ州は，早急な再生可能エネルギーへの転換に反対している。

18　MOP (Ministry of Power, India) (2021) "Govt of India's UJALA and SLNP completes six years of Illumirating India efficiently," January 5（https://pib.gov.in/PressReleseDetailm.aspx?PRID=1686309).

19　インドの太陽光パネルの HS コードは HS85414011 と 85414019。なお，HS コードとは，世界関税機構（WCO）が管理する商品の名称および分類についての統一システムのことで，HS6 桁までは世界共通の番号が用いられている。

20　料金体系は州によって異なるものの，一部の州で採用されている農業向けの定額（フラット）料金は利用量に応じた料金体系となっていないことで，過剰な電力消費と地下水汲み上げにつながっていると指摘されている（Sidhu et al. 2020, Fujita and Mizushima 2021 等）。

21　Ujwal DISCOM Assurance Yojana：https://uday.gov.in/home.php

22　NASSCOM（https://nasscom.in/knowledge-center/publications/technology-sector-in-india-2020-techade-strategic-review，最終閲覧日 2021 年 11 月 27 日）。金額は少ないとみられるものの，ハードウエア輸出を含む。

23　ユニコーン企業は CB Insights の定義にもとづき，評価額 10 億ドル以上の企業。

24　CB Insights, The Complete List of Unicorn Companies（https://www.cbinsights.com/research-unicorn-companies，最終閲覧日 2021 年 11 月 27 日）。

25　TRAI（Telecom Regulatory Authority of India）"Telecom Subscription Data" にもとづく。（https://www.trai.gov.in/release-publication/reports/telecom-subscriptions-reports）

26　2021 年 4 月 22 日付け Jio Platforms プレスリリース（https://jep-asset.akamaized.net/jio/press-release/Media-Release-Jio-FB-22042020.pdf）

27　2021 年 7 月 15 日付け Jio Platforms プレスリリース（https://jep-asset.akamaized.net/jio/press-release/media_release_jio_15072020.pdf）

28　U.S. Department of Homeland Security（2008, 2021）。

29　UIDAI（https://uidai.gov.in/my-aadhaar/about-your-aadhaar.html，最終閲覧日 2021 年 11 月 30 日）。

30　開設された口座数は Ministry of Finance（https://pmjdy.gov.in/account）にもとづく。開設口座の内，3 億 4640 万は国有銀行で口座開設が行われている。金融機関口座保有率は World Bank（The Global Findex Database 2017）にもとづく。

31　UIDAI（https://uidai.gov.in/aadhaar_dashboard/，最終閲覧日 2021 年 11 月 30 日）。

32　API とは，「プログラムの機能をその他のプログラムでも利用できるようにするための規約」（総務省 2018: 117）。

33　India Stack（https://www.indiastack.org/about/，最終閲覧日 2021 年 11 月 30 日）。eKYC は Know Your Customer，UPI は Unified Payment Interface の略。

34　野村（2020: 13）はインドのアダールを政府主導・中央集権型と整理する一方，官民協調・連合型の事例として，スウェーデンの Bank ID とイギリスの GOV.UK Verify を挙げている。

35　インドのワクチン生産を支える世界最大のワクチンメーカーが Serum Institute of India（SII）であり，アストラゼネカの新型コロナ向けのワクチン（インドでは Covishield と呼称）を生産している。同社によると，世界の子供の約 65％は同社ワクチンの接種を受けているとされる。

［参考文献］

岩崎薫里（2019）「India Stack：インドのデジタル化促進策にみる日本のマイナンバー制度への示唆」『環太平洋ビジネス情報RIM』19（75）。

小野澤恵一（2020）「政府が国民IDを活用した直接現金給付を発表」『ジェトロ ビジネス短信』2020年4月8日（https://www.jetro.go.jp/biznews/2020/04/34289ac4be5b9577.html）。

菊間一柊（2020）「世界の均等化発電コスト（LCOE）：日本の再エネの高コスト要因とは」京都大学大学院経済学研究科，再生可能エネルギー経済学講座。（https://www.econ.kyoto-u.ac.jp/renewable_energy/stage2/contents/column0210.html，最終閲覧日2021年11月25日）。

近藤則夫・湊一樹（2015）「第16次連邦下院選挙とナレンドラ・モディ政権の成立」『アジア動向年報2015』アジア経済研究所。

椎野幸平（2009）『インド経済の基礎知識 第2版〜新・経済大国の実態と政策〜』ジェトロ。

椎野幸平（2020）「Grabとデジタル・バンク：デジタル金融分野での競争激化へ」『世界経済評論』IMPACT，No.1595。

総務省（2018）『平成30年版情報通信白書』。

野村敦子（2020）「デジタル時代の社会基盤『デジタルID』」『JRIレビュー』，9（81）。

三菱総合研究所（2019）『平成30年度新興国等におけるエネルギー使用合理化等に資する事業（インド・電力システム高品質化のためのロードマップ策定に向けた調査）』経済産業省。

湊一樹（2019）「全国農村雇用保証法（NREGA）の政治経済学」『モディ政権とこれからのインド』（堀本武功・三輪博樹編）アジア経済研究所。

Central Electricity Authority (2018) "National Electricity Plan volume 1 Generation," Ministry of Power.

Fujita, Koichi and Tsukasa Mizushima, eds. (2021) *Sustainable Development in India: Groundwater Irrigation, Energy Use, and Food Production*, New York: Routledge.

Kato, Atsushi and Atsushi Fukumi (2020) "Political Economy of Agricultural Electricity Tariffs: Rural Politics of Indian State," *Energy Policy*, 145.

Ministry of Finance (2021) *Public Enterprises Survey 2019-20 Volume-1*, Aug. 2021.

Mukhopadhyay, Sandip, Harry Bouwman and Mahadeo Prasada Jaiswal (2019) "An Open Platform Centric Approach for Scalable Government Service Delivery to the Poor: The Aadhaar Case," *Government Information Quarterly*, 36.

Planning Commission (2014) *Annual Report (2013-14) on the Working of State Power Utilities & Electricity Departments*.

Sahu, Shovan Kumar, Shengqiang Zhu, Hao Guo, Kaiyu Chen, Song Liu, Jia Xing, Sri Harsha Kota and Hongliang Zhang (2021) "Contributions of Power Generation to Air Pollution and Associated Heath Risks in India: Current Status and Control Scenarios," *Journal of Clearner Production*, 288.

Sidhu, Balsher Singh, Milind Kandlikar and Navin Ramankutyy (2020) "Power Tariffs for Groundwater Irrigation in India: A Comparative Analysis of the Environmental, Equity, and Economic Tradeoffs," *World Development*, 128: 1-13.

Spary, Carole and Andrew Wyatt (2006) "The General Election in India, May 2004," *Electoral Studies*, 25.

Unique Identification Authority of India (2020) *Annual Report 2019-20*.

U.S. Department of Homeland Security (2008) *Characteristics of Specialty Occupation Workers (H-1B) Fiscal Year 2006, Annual Report*.

U.S. Department of Homeland Security (2021) *Characteristics of H-1B Specialty Occupation Workers*

Fiscal Year 2020 Annual Report to Congress.

Yang, Joonseok and Johannes Urpelainen (2019) "The Future of India's Coal-fired Power Generation Capacity,"*Journal of Cleaner Production,* 226.

（椎野幸平）

第Ⅱ部

アジアの産業とインフラストラクチュア

第7章

アジアのサプライチェーン再編とグローバル・リスク
―エレクトロニクス・半導体産業を中心に―

はじめに

　新型コロナウイルス感染症により，2020年初頭から世界経済および社会が大きく揺れているが，パンデミックという事象が発生し，従来あまり意識していなかった歴史的にも希な様々なグローバル・リスクが存在することを思い知らされことになった。世界経済は成長の鈍化とともに，サプライチェーンの危機にも瀕しており，これまで工程間分業や産業集積の形成にともなって拡大したグローバル・サプライチェーンが寸断される可能性が過去に比較して格段に高まっていると言えるだろう。コロナ禍とトランプ政権下で激化した米中対立はその性質は異なるが，アジアにおけるサプライチェーンを混乱させ，しかも同時期に進行しているリスクとして極めて大きな影響が出ている。

　本章では主に半導体・エレクトロニクスの事例を扱うが，コロナ禍が中国の産業集積を直撃した際の，主に日系自動車メーカーが被った自動車部品の中国依存に対するリスクについても分析を行った。また激化するアメリカと中国の対立に大きな影響を受けている半導体・エレクトロニクス業界については，業種の特性もあり非常に速いスピードですでに再編に向かっているが，一方これをビジネスの新たな機会ととらえているかもしれない。アジアのサプライチェーンには，自然災害に限らず多くの脆弱性があるが，こうしたリスクの発生はむしろサプライチェーンの強化・再編のきっかけとなっている。

第1節 サプライチェーンの混乱とグローバル・リスク

1. サプライチェーンの拡大とリスクの多様化

　東アジアにおける国際生産ネットワークの形成は，生産工程の分散という形で進んできており，1980 年代以降の製造業に関する国際貿易は，最終財・完成品よりも部品・中間財が中心を占めるようになっている[1]。これは国際的な工程間分業が進んできていることを意味し，製造業における各工程（生産ブロック：PB）が結ばれるには輸送費，関税などにかかる費用（サービス・リンクコスト：SLC）が生じるが，SLC の低下とインターネットなど ICT の進化にともない国際立地が分散することで説明される。その概念は Jones and Kierzkowski（1990），木村（2003）などに詳しいフラグメンテーション理論，あるいは Baldwin（2011）が提示した第 2 のアンバンドリング説によって，理論的あるいは歴史的な観点から分析されている。このような変化により，開発途上国は多国籍企業が構築するグローバル・バリューチェーンに参加することが重要になっている。こうした構造変化があったこともあり，大規模な直接投資をともなう日本など先進国から開発途上国への生産移転がおこなわれ，東アジアにおける国際生産ネットワークの構築は，とりわけ中国，ASEAN 各国において進んだ。さらには，生産地としてだけではなく消費地への変貌という形で，東アジアにおける驚異的とも言える経済成長の原動力となった。

　一方，藤田・クルーグマン・ベナブレス（2000）によって世に問われた，空間経済学に代表される集積（アグロメレーション）理論の視点からは，サービスリンク・コスト（この理論では輸送費）の低下にともない，それまで分散していた人口や産業の集中によって集積（クラスター）が形成されることを説明している。ある程度の集積が進むと自己増殖的なメカニズムがはたらき，その特定地域から逃げられなくなるロックイン効果（凍結効果）によってさらに集積が進む。ここで言う主体は都市人口やサプライチェーンを構築する多国籍企業を指しているが，中国，ASEAN においても各地域で平準化された経済成長をしているわけではなく，特定の地域，都市に人口や産業が集中していること

も集積理論から説明することができる。

　生産工程の国際的なネットワークの拡大と特定地域における産業集積の形成という，ある意味相反する現象の並列状況は，グローバル化にともなう経済合理性の変化にもとづいている一方で，サプライチェーンが寸断されるリスクは以前より増大したと言える。そのリスクとは，予測が最も困難な自然災害から始まり，紛争・政治的不安定，テロ，金融危機，需要ショック，価格変動，貿易規制，情報通信途絶など多岐に渡る。World Economic Forum の「グローバルリスク報告書」は，これまで異常気象や気候変動を警戒すべきリスクとして上位にランクしていたが，2021 年版においては「感染症」が最もインパクトの大きいリスクとなった。

　サプライチェーンが実際に寸断され，日本企業に大規模な影響があった過去の自然災害として記憶に新しいものは，2011 年に発生した東日本大震災とタイ大洪水があげられる。これらの災害以降，企業による「グローバル・サプライチェーンのリスクマネジメント」の重要性がにわかに注目されるようになった。典型的には自然災害で被災した部品メーカーからの供給がストップすることで，自動車産業，エレクトロニクス産業などにおいて完成品の組み立てができないという現象が第一義的なサプライチェーンの寸断であった。災害後の企業側の対応策は多岐に渡り，ハード的な対応としては部品の安全在庫の積み増し，サプライヤーの多重化・分散化，設計レベルにおける代替品の変更などがあった。またソフト的な対応として事業継続計画（BCP）の策定，調達情報ネットワークの高度化などが検討され，経営資源の豊富な大企業を中心に実施されることで，サプライチェーンの頑強性と競争力を同時に求めるようになった（藤本 2011: 22）。

2.　新型コロナパンデミックと自動車産業サプライチェーンの混乱

　2011 年の大規模自然災害からさほど時間が経過していないにもかかわらず，世界は新たなリスクに晒されることになる。1 つは米トランプ政権成立後の2018 年から際立ってきた米中対立であり，今 1 つは 2020 年に発生した新型コロナウイルスによるパンデミックであり，この 2 つのリスクは絡まり合いなが

ら広がることになる。新型コロナウイルスによるパンデミックの社会的，経済的影響は，中国の一地方にとどまらず世界に伝播し，直接的な人的な被害としては執筆時点（2021 年 12 月 27 日）における世界での感染者 2 億 8000 万人，死者 540 万人となっており，特に北米・南米，ヨーロッパ，インドにおける感染者，死者が大きくなっている[2]。

　新型コロナウイルスは，世界の自動車産業のサプライチェーンへも影響をおよぼした。中国に集積している自動車産業，すなわち完成車メーカーおよび自動車部品産業については，中国の 2019 年の自動車生産台数は 2572 万台で，国別生産台数では世界トップで 2 位のアメリカの 1088 万台を大きく引き離している。中国国内の自動車販売のブランド別シェア（2019 年）は，1．VW（ドイツ）（シェア 14.7%），2．ホンダ（日本）（同 7.3%），3．トヨタ（日本）（同 6.5%），4．吉利（中国）（同 5.7%），5．日産（日本）（同 5.5%）であり，ドイツ，日本を中心とした外資系ブランドがより多くのシェアをもっている[3]。中国国内で自動車生産の集積がいくつも形成されており，地域別の生産としては広東省が最も多く，次いで吉林省，上海市，湖北省の順となっている。中国は世界最大の自動車生産拠点となったが，同時に裾野産業である自動車部品産業の進出をともない，自動車部品の一大輸出拠点にもなりつつある。特にメーカー系列の経営規模の大きな 1 次サプライヤーよりも，拠点分散をする経営資源に乏しい 2 次以下のサプライヤーが，労働集約的な部品を中心に中国拠点に生産を依存する傾向が強いと言われている。

　2020 年 1 月に新型コロナウイルス感染拡大により，武漢市の都市封鎖にとどまらず湖北省全体が事実上封鎖される事態になった。湖北省においては，完成車メーカーが外資系，民族系合わせて約 300 万台を生産できる能力があり，中国における完成車の省別の集積としては第 4 位の規模となっている。湖北省では都市封鎖によって，省全体では 22 社の完成車メーカーと共に 1300 社あると言われる自動車部品メーカーが操業を停止し，省外への供給ができなくなり，世界レベルでサプライチェーンへの影響が発生した。中国で生産される乗用車のうち，湖北省製部品の割合は約 15% であるとされており，品目としてはステアリング，ワイヤハーネス，車載用基板類が多い[4]。

　ここで問題となるのは，中国における部品生産の拡大にともないグローバ

ル・サプライチェーンの中国依存がどのような状況にあるかという点である。中国の自動車部品輸出は 544 億ドル（2018 年）で，世界全体の 8.4％であり，国別ではドイツ，アメリカ，日本に次いで世界第 4 位となっている[5]。一方，自動車部品輸入総額に占める中国からの輸入比率は日本が 35.9％，韓国は同 29.3％，と高く，ヨーロッパではドイツ，フランスが共に 3.7％で低くなっている。日本と韓国では自動車部品の中国依存が高く，ヨーロッパでは低いという構図がある（三浦 2020: 6-7）。

　コロナ禍に伴う中国産部品の途絶によって日系企業で実際に発生した事例としては，日産自動車では北九州工場，栃木工場でブレーキホース，エアコン関連部品不足のため一時生産が停止，トヨタは三好工場でエンジン組み立てが一時停止，ホンダは埼玉工場で生産縮小，マツダはメキシコから代替品を輸入，などの例が報道された。またヨーロッパにおいては，基本的に完成車プラントと部品生産が地産地消の関係が強く影響は軽微であったとされる（三浦 2020: 6）。

第 2 節　米中対立と半導体・エレクトロニクス産業

1.　米中貿易戦争の激化と安全保障問題化

　トランプ政権下において始まった「米中貿易戦争」は，中国との貿易不均衡問題が優先政治課題として取り上げられ，大統領の掲げる「アメリカ第一主義」と相まって先鋭化したものである。2018 年 3 月に安全保障条項である通商拡大法 232 条の発動が発表されたことは大きな驚きをもって捉えられたが，対中制裁としては不公正貿易に対する通商法 301 条によって，中国からの輸入品に 2018 年 6 月に 500 億ドル，2019 年 5 月には 2000 億ドル，9 月には 1200 億ドルを対象に段階的に最大で 25％の関税を賦課して現在に至っている。一方，アメリカの政権，議会を問わず中国への批判は貿易不均衡にとどまらない。経済面では知的財産権問題の他，産業政策全般に渡っており「中国製造 2025」で目指している技術覇権，外資系企業への強制的な技術移転，国営企業

への補助金問題などがある。政治では安全保障が前面に出てきており，Huawei（華為技術）への制裁に代表される先端技術漏洩への対抗，軍事的には南シナ海における人工島建設，ウイグル自治区における人権状況，香港に対する国家安全法の適用など中国共産党による政治体制そのものへの批判が加わり，2021年よりトランプ政権からバイデン政権に移行したが一時的な中国との経済的な理由による対立とは言えなくなってきている。

　米中対立の一側面として重要なのは，先端ハイテク・エレクトロニクス技術とその技術覇権を争う対立の構図である。中国の習近平指導部が2015年5月に発表した「中国製造2025」は，次世代情報技術を含む10の重点分野と23の品目を設定し製造業の高度化をはかる産業政策で，中国の建国100年の2049年に「世界の製造強国」となるロードマップを示したものである。中国では2017年6月に「国家情報法」が成立しており，中国の個人や組織に諜報活動への協力義務が課されている。さらに中国企業が50％以上のシェアをもつ世界の通信基地局のインフラに加えて，次世代移動通信技術の5Gをハブにすることで，中国政府は望めば世界の各種情報に自由にアクセスすることが可能になるとも考えられる。

　こうした，先端技術と情報の覇権に対する野心を隠そうとしない中国の姿勢に，アメリカは強い警戒心をもつことになる。アメリカは2018年8月に超党派の賛成で成立した「アメリカ国防権限法（NDAA2019）」において，安全保障上の理由から中国のHuawei，ZTE（中興通訊）など5社の情報通信機器メーカー製品についての政府調達，次の段階ではそれらを使用した企業と米政府機関との取引を禁ずる強硬な措置をとった。これにより，政府調達の制限以外に輸出管理と対米投資規制の強化のため「輸出管理改革法（ECRA）」と「外国投資リスク審査近代化法（FIRRMA）」を織り込む形になった。FIRRMAでは外国投資がアメリカの安全保障に及ぼす影響を審査し，中国に技術流出の懸念が高い投資を排除できる。ECRAにより，米政府が定義する「最先端・基盤技術」（AI，ロボット，バイオテク）などが輸出規制の対象でアメリカ外からの再輸出技術輸出も対象となる。その場合，日本など第三国を巻き込む大規模で包括的なものであり，「デカップリング」（アメリカの中国排除）の動きが決定的になった。

　アメリカの輸出管理法規である ECRA は，失効状態であった 1979 年輸出管理法を再立法したものであり，「アメリカ国防権限法（NDAA2019）」に盛り込まれる形で制定された。管轄する官庁を始め主な関連法規は表 7 - 1 のようになっている。

　米商務省は 2020 年 8 月，エンティティリスト（EL）に Huawei の関連会社HiSilicon（海思半導体）を含む 38 社を追加し，9 月には Huawei グループに対する EAR による半導体輸出規制が発効した。また 12 月には EL に 60 の中国籍事業体が追加され，中国系ファウンドリ（半導体受託生産企業）であるSMIC（中芯国際集成電路製造）と関連企業 10 社への装置および材料の供給も規制の対象であることが報道で明らかになった。これに先立つ 5 月には，半導体製造装置メーカーではトップのアプライド・マテリアルズ，電子設計支援システム（EDA ツール）ベンダーのシノプシス，IP コアアーキテクチャーのライセンスをもつ Arm などの輸出規制の強化がされ，欧米系の有力な半導体関連企業による製造，設計段階の技術流出に規制がかかったが，米商務省は，Huawei が自社設計の半導体チップを外国の半導体メーカーの製品に置き換える取り組みを遮るためと説明した[6]。

表 7 - 1　アメリカの民生・軍事双方に利用可能（デュアル・ユース）な品目の輸出管理関連法規

監督官庁	商務省 産業・安全保障局（BIS） The Bureau of Industry and Security at U.S. Department of Commerce
根拠法 Law	1979 年輸出管理法→失効→再立法 2018 年輸出管理改革法（ECRA）へ Export Control Reform Act
規則 Regulations	輸出管理規則（EAR） The Export Administration Regulations
リスト	商務省 規制品目リスト（CCL） Commerce Control List
懸念顧客リスト （商務省（BIS） 管轄のもの）	Denied Persons List（DPL） （EAR の悪質・重大な違反を犯し，輸出などの権利を剥奪された者のリスト）
	エンティティリスト（Entity List：EL） （アメリカの国家安全保障政策または外交政策に反する者のリスト）
	Unverified List （最終用途・需要者に懸念があるが，未検証であるエンドユーザーのリスト）

（出所）CISTEC（安全保障貿易情報センター）。

2.　主な半導体製造工程と半導体製造装置メーカー

　ここで半導体の製造に関する動向に触れておきたい。半導体の製造工程と
は，半導体の回路・パターン設計から始まり，中間財であるウェーハーなどの
製造工程も含まれるが，ここでは主に半導体メーカーから製造を委託された，
ファウンドリ企業における半導体の製造工程を示す[7]。工程数は500を超える
と言われるが，工程はいわゆる「前工程」と「後工程」に分けられ，大まかな
流れは表7-2のようになる[8]。

　資本集約的な色彩の強い半導体製造工程であるが，各工程に必要な特有の技
術をもっている大小の製造装置メーカー100社以上が関わっている。工程に
よっては特定メーカーのシェアが高い。半導体の製造では技術進歩に伴い，あ
る工程に特化するメーカーとM&Aなどを通じて，大規模な総合半導体製造
装置メーカーに分化している傾向が見られる。前工程で重要な露光工程に用い
るステッパー（露光装置）であるが，かつて日本メーカーのニコン，キヤノン
が市場の90％を占めていたが，現在ではオランダのASML社がほぼマーケッ
トを席巻している。特に需要の大きいCPUなどロジック系の半導体が7ナノ

表7-2　半導体製造工程と工程別の主な製造装置メーカー

	製造工程	世界シェアの高い主なメーカー
前工程	① ウェーハー洗浄	SCREEN40%
	② 成膜	アプライド・マテリアルズ（AMT）55%
	③ フォトレジスト塗布	東京エレクトロン（TEL）87%
	④ 露光（リソグラフィー）	ASML80%（EUVは100%）
	⑤ 現像	TEL87%
	⑥ エッチング	LAM47%，TEL26%，AMT19%
	⑦ レジスト剥離・洗浄	SCREEN，TEL
	⑧ プローブ検査	TEL46%，東京精密40%
後工程	⑨ ダイジング	ディスコ80%，東京精密
	⑩ ワイヤーボンディング	新川，芝浦メカトロニクス
	⑪ 封入・モールド	TOWA30%
	⑫ 検査	アドバンテスト60%，テラダイン

（出所）日本半導体製造装置協会および各種報道資料から筆者作成。

メートルより回路を微細化させるためには，2016 年から出荷が始まった EUV
（Extream Ultraviolet：極端紫外線）露光装置が必要とされ，日本メーカーは
この技術に追随できない状態である[9]。

　世界の半導体製造装置の 2019 年マーケットは約 772 億ドル（8 兆 2 千億円）
となっており（表 7 - 3），半導体の出荷額の増加傾向に伴い拡大を続けてきた。
しかしながら，2020 年の半導体の総出荷額 4331 億ドル（46 兆 3 千億円）[10] に
比べると小さな市場であるにもかかわらず，参入している企業が非常に多いこ
とが特徴となっている。上位 4 社（アプライド・マテリアルズ，ASML，東京
エレクトロン，ラムリサーチ）で市場の約 60％を占めており，このため半導
体専業の下位メーカーは競争の激化などから，M&A などを通じて業界再編が
進む可能性がある[11]。

表 7 - 3　世界半導体製造装置メーカーのランキング（2019 年）

順位	企業名	国	百万米ドル	シェア
1	アプライド・マテリアルズ	アメリカ	13,468	17.4%
2	ASML	オランダ	12,770	16.5%
3	東京エレクトロン	日本	9,552	12.4%
4	ラムリサーチ	アメリカ	9,549	12.4%
5	ケーエルエー・テンコール	アメリカ	4,665	6.0%
6	アドバンテスト	日本	2,470	3.2%
7	SCREEN ホールディングス	日本	2,200	2.8%
8	テラダイン	アメリカ	1,553	2.0%
9	日立ハイテクノロジーズ	日本	1,533	2.0%
10	ASM インターナショナル	オランダ	1,261	1.6%
11	ニコン	日本	1,200	1.6%
12	Kokusai Electric	日本	1,137	1.5%
13	ダイフク	日本	1,107	1.4%
14	ASM Pacific Technology	中国	894	1.2%
15	キヤノン	日本	692	0.9%
	その他		13,189	17.1%
	マーケット総額		77,240	100.0%

（注）専業メーカー以外は当該事業の売上。
（出所）VLSIresearch データより筆者作成。

3. アメリカによる制裁の影響と中国による半導体国産化計画

　アメリカによる企業レベルに対する制裁がおこなわれる一方，中国は国家レベルで半導体国産化構想を中長期的に進めている。「中国製造2025」では，中国の半導体自給率を2020年に40％，2025年に70％としていたが，実際には2019年で16％程度にとどまっている。トランプ政権による輸出規制などにより，国際的な半導体サプライチェーンから外れる危機感から，中国は国産半導体の育成が必要と考えており，具体的には政府系ファンドが主体になり進められている。

　たとえば国家IC産業投資ファンドは，2014年に発表された「国家集積回路産業発展推進要綱」において，半導体産業を資金面から支援するために設立された。発起と出資は中央政府が360億元のほか，国開金融有限責任公司や中国移動通信集団有限公司など8社で627.2億元（約9兆4000億円）を出資した（佐野 2020: 44-45）。トランプ政権による対中制裁が始まり，2019年11月からは第2期である「国家IC産業投資資金（Phase Ⅱ）」が始まっており，半導体の投資規模としては破格の規模となっている。しかしながら，この手法はトランプ政権発足以前からも中国との協議においてアメリカが申し入れてきた産業振興目的の補助金の廃止とは相容れず，こうした姿勢がアメリカのさらなる制裁を呼び起こしている。

　半導体は演算素子であるロジック系と記憶素子であるメモリ系に分類されるが，ロジック系半導体の中核をなすCPUについて，Huaweiは独自CPU（SoC）[12] の開発をしており，傘下のHiSiliconで設計を行ったKirinシリーズがある[13]。最新のKirin9000チップは高性能であり，クアルコムであればSnapdragon 865，AppleであればA14チップに相当するとされ，2020年秋に発売された最新のスマートフォンにも搭載されている。しかし，製造がTSMC（台湾積体電路製造）に委ねられている点が問題である。TSMCは半導体製造ファウンドリとしては世界シェア50％を超える最大手企業だが，同社はアメリカ議会で2020年6月に提出されたCHIPS for America Act[14] およびAmerican Foundries Act of 2020の影響を受けて，Huawei向けのチップ製造の継続ができなくなる[15]。ロジックICの量産製造段階における最先端の回

表 7 - 4　メーカー別スマートフォン出荷台数（2020 年）

（単位 1000 台）

	2020 年 第 4 四半期	2020 年 4Q シェア	2020 年 4Q 前年比	2020 年 通期	2020 年 シェア	2020 年 前年比
サムスン（韓国）	62,117	16.2%	−11.8%	253,025	18.8%	−14.6%
アップル（アメリカ）	79,942	20.8%	14.9%	199,847	14.8%	3.3%
ファーウェイ（中国）	34,315	8.9%	−41.1%	182,610	13.5%	−24.1%
シャオミ（中国）	43,430	11.3%	33.9%	145,802	10.8%	15.7%
オッポ（中国）	34,373	8.9%	12.9%	111,785	8.3%	−5.8%
その他	130,443	33.9%	33.9%	454,799	33.7%	−19.6%
形	384,622	100.0%	−5.4%	1,347,870	100.0%	−12.5%

（出所）Gartner 社 2021 年 2 月 22 日発表資料，IDC 社 2021 年 1 月 27 日発表資料より筆者作成。

路線幅は 5 ナノメートルであるが，現時点で可能なのは TSMC と韓国のサムスンのみであり，中国系ファウンドリである SMIC では実現できないと言われている。しかしながら，これは技術上のタイムラグにすぎず，中長期的な国家的半導体開発によって，さらに 3 ナノメートルへと進みつつある超微細化プロセス技術でも中国はキャッチアップすると考えられる。

　アメリカによるハイテク分野における制裁の最大のターゲットになっている Huawei 社の業績であるが，発表によれば 2020 年通期の売上は前年比 3.8% となっており，2021 年の売上は前年比マイナスとなる見込みである。同社の主力製品であるスマートフォンの出荷統計から，2020 年第 4 四半期から販売に大きくブレーキがかかっており，出荷台数ベースで前年同期比 41.1% のマイナスという落ち込みを記録した（2020 年通期ではマイナス 24.1%）（表 7 - 4）。そのため同社の世界シェアが大きく下っているが，これは Huawei 製のスマートフォンが Google 製 OS（Android）およびアプリのアップデート制限を受けたことが最も影響したと考えられる。

4.　米中対立と今後の半導体サプライチェーンの見通し

　アメリカバイデン新政権の外交政策により，現在の米中対立の状況がどう変化するか不透明な部分があるが，ハイテク分野における競合関係はアメリカお

および同盟国の安全保障を脅かす可能性があるということは，アメリカではすでに広く認識されている。東西冷戦時代において米ソは双方独自の技術規格で開発することが多かったが，ソ連崩壊後の中国は旧西側の技術をベースとした工程間分業の一部を担うことで急速な経済成長が可能となった。アメリカとのデカップリングが激化すれば，中国の半導体・スマートフォン産業は，国内需要を主ターゲットにせざるを得ない可能性がある。その場合には，ハイテク分野においてアメリカ由来の技術に準拠しないマーケットになり，中国にとっては世界市場へのアクセスが制限される状況となる。

　実際，各企業レベルにおいても GAFA の一角である Apple は，サプライチェーンについて現在 50％以上を中国に依存している比率を減少させることを表明している。端的に言えば，同社の iPhone 生産を担っている台湾系の EMS（電子機器受託生産サービス企業）各社が，中国からベトナムなど ASEAN 諸国とインドに生産移転することになるだろう。こうした生産拠点の移動は集積理論でいうロックイン（凍結）効果をともない，一定の時間の経過後，新たな産業集積を形成し，アジアでは中国一極集中であったサプライチェーンを再編させると思われる。TSMC 以外の台湾 EMS 企業大手の動向について，各種報道によれば最大手のフォックスコン（鴻海科技集団）は脱中国依存を打ち出しており，インドに iPhone 製造で 570 億円，ベトナムに 200 億円の追加投資を行うこと，米ウィスコンシンでグーグル向けサーバー部品工場も稼働させる予定である。同じ台湾系のウィストロン（緯創資通）は，2017年からベンガルールで iPhone を年 20 万台製造していたが，180 億円を投じてこれを 40 万台に拡張する予定である。同台湾系のペガトロン（和碩聯合科技）は 170 億円を投じて，同社初めてのインド進出をする予定である。

　台湾の 3 社に共通しているのは，インド電子情報技術省（MeitY）計画管理庁の管轄である Production-linked incentive（PLI：電子機器製造インセンティブ）スキームを利用していることである。これはインド政府による製造業誘致を目的とした政策であり，電子部品・半導体関連を含む，国内産業への波及とエレクトロニクス産業の大規模投資に国内製造製品の売上増加分に対して4-6％の補助金を付与するという大胆な内容になっている。現時点で，スマートフォンの組み立てを担当する台湾系 EMS を含む 16 社が，PLI の認定を受

けている模様である[16]。

　長期にわたる交渉の末，インドは RCEP（地域的な包括的経済連携協定）への署名を見送ったが，PLI のような政策を通じてインドが積極的にグローバル・バリューチェーンに加わることは望ましいことであり，また将来 RCEP へ回帰することも期待できる。中国に並ぶ人口規模と旺盛な需要をもつインドは，半導体・エレクトロニクスの分野において一大生産拠点となり，続いて消費市場となることが予想される。米中 2 つの大国が覇権を争う構図は，この分野におけるアジアのサプライチェーンの再編を促す要因として働くことが考えられるだろう。

[注]
1　以前は全ての工程が日本で完結していたものが，部品が海外で生産されたり，最終組立工程（労働集約的な工程）が中国，ASEAN に移転されたりすることによって，国際貿易がより拡大するという現象が起きる。
2　ジョンズ・ホプキンズ大学による発表。
3　自動車産業ポータル MarkLines。
4　「週刊エコノミスト・オンライン」2020 年 3 月 30 日号。
5　UN COMTRADE の自動車部品（HS8708）の統計から。
6　JETRO『ビジネス短信』2020 年 8 月 18 日付。
7　ファウンドリ（foundry）企業とは，半導体産業に関わる多くの企業のうち，実際に半導体デバイス（チップ）を一貫生産する工場を指している。単にファウンドリ，もしくは fabrication facility（製造工場）を略してファブ（fab）とも呼ばれる。
8　投資額で見ると，おおよそ「前工程」が 80％，「後工程」が 20％とされている。
9　日本メーカーがこの分野に追随できない理由は諸説あるが，オランダ ASML 社がステッパー構成部品のインテグレーションのノウハウを蓄積できたのに対して，ニコン，キャノンは自社製のレンズ技術に固執したためとも言われている。
10　IC Insghts データによる。半導体の生産側統計では IDM（垂直統合型メーカー）とファウンドリ（委託生産メーカー），ファブレス（生産工場をもたないメーカー）が重複（ダブルカウント）していることから，実際より大きい数字が出ることがある。
11　再編の例として，2019 年には日立国際電気がアプライド・マテリアルズの傘下に入る予定であったが，中国政府による独禁法を理由とした反対があり破談となったケースもある。
12　SoC（System-on-a-Chip）：プロセッサなどに加えて周辺回路を組み込んだチップで，小型化，低消費電力化などのメリットがある。
13　中国の国産 CPU としては Huawei 以外には，龍芯中科技術の「龍芯」，飛騰信息技術の「飛騰」などが開発されている。
14　CHIPS for America Act は，2021 年度の国防権限法案（NDAA）の一部として成立している。
15　TSMC はトランプ政権の意向を受け，120 億ドルの投資で米アリゾナ州に製造拠点を新設することを発表している。
16　JETRO『ビジネス短信』2020 年 10 月 13 日付。

[参考文献]

一般財団法人安全保障貿易情報センター（CISTEC）（2020）「米中緊迫下におけるアメリカ諸規制についての QA 風解説」CISTEC。

石川幸一・清水一史・助川成也編著（2013）『ASEAN 経済共同体と日本―巨大統合市場の誕生』文眞堂。

木村福成（2003）「国際貿易理論の新たな潮流と東アジア」『開発金融研究所報』第 14 号。

経済産業省（2020a）「通商白書」https://www.meti.go.jp/report/tsuhaku2020/index.html

経済産業省（2020b）「令和元年度安全保障貿易管理対策事業（電子機器製造の産業基盤実態等調査）。https://www.meti.go.jp/meti_lib/report/2019FY/000182.pdf

国際協力銀行（2019）「わが国製造業企業の海外事業展開に関する調査報告― 2019 年度海外直接投資アンケート結果（第 31 回）。

佐野淳也（2020）「中国の産業支援策の実態」『JRI レビュー』Vol.3, No.75, 日本総研。

助川成也（2013）「タイ 2011 年洪水の産業・企業への影響とその対応」『タイ 2011 年洪水：その記録と教訓』日本貿易振興機構アジア経済研究所。

藤田昌久／ポール・クルーグマン／アンソニー・ベナブレス（2000）『空間経済学―都市・地域・国際貿易の新しい分析』小出博之訳, 東洋経済新報社。

藤本隆宏（2011）「サプライチェーンの競争力と頑健性―東日本大震災の教訓と供給の「バーチャル・デュアル化―」東京大学ものづくり経営研究センター・ディスカッションペーパー No.354。

三浦有史（2019）「米中貿易摩擦はアジアのサプライチェーンをどう変化させるか」『環太平洋ビジネス情報 RIM』Vol.19, No.75, 日本総研。

三浦有史（2020）「コロナ後のサプライチェーンのあり方」『環太平洋ビジネス情報 RIM』Vol.20, No.79, 日本総研。

Baldwin, R. (2016) *The Great Convergence: Information Technology and the New Globalization*, Belknap Harvard University Press.

Jones, R. W. and Kierzkowski, Henryk. (1990) "The Role of Services in Production and International Trade: A Theoretical Framework," in Ronald W. Jones and Anne O. Krueger, eds., *The Political Economy of International Trade: Essays in Honor of Robert E. Baldwin*, Oxford, Basil Blackwel.

World Economic Forum (2021) *The Global Risks Report 2021*. http://www3.weforum.org/docs/WEF_The_Global_Risks_Report_2021.pdf.

（春日尚雄）

第8章

アジアの交通インフラ

はじめに

　国際貿易は各国の産業構造や地理的特徴と深くかかわるほか，当該国の国内および周辺国との交通インフラの整備の良し悪しにも大きく関連する。よって，アジア各国の国内交通インフラおよび国境を跨ぐ国際交通インフラの整備・利用状況はアジアの経済貿易状況を反映している。

　さらに，近年 AI（Artificial Intelligence, 人工知能）による交通システムの無人化や自動化が進み，衛星によるナビゲーションシステムが交通インフラとして捉えられるようになっている。こうした技術はこれまでアメリカが運営する GPS（Global Positioning System, 全地球測位システム）に頼ってきたが，アジアでは中国，日本，インドの中からも自国交通の AI 化のために自前の衛星測定システムを構築しようとする動きが現れている。そのため，交通分野でのインフラの整備は，従来のような道路・港湾・空港などの整備だけでなく，それを越えて，より広い範囲で考える必要がある。

第1節　交通インフラと国際貿易の関連性

　これまで日本や韓国，現在の中国やベトナム，バングラデシュなどは，コンテナに大量な製品を積み，日米欧に大量に輸送する海上輸送方式を採ってきた。海上輸送は，大量・長距離輸送を低コストで行えるが，物流の視点からみると，長いリードタイムがかかり，輸送中のダメージ，定時性の維持や小ロッ

ト貨物に対する柔軟な対応が難しいため，高いレベルの物流サービスとは言い難い。しかし，トラックや鉄道を長距離輸送に使うと，輸送コストは高くなる。

　したがって，物流の点からは，遠い国との貿易関係を維持しつつ，周辺諸国と安定した貿易関係を作り上げるような，グローバルな展開が望ましい。その際，遠近に位置する国々を同時に結ぶインフラ整備が貿易関係の要となる。日本やイギリスなど一部の国を除き，多くの国々が陸続きでつながっていることから，陸上交通インフラ，とりわけ道路インフラの整備がより強固な貿易関係の構築に繋がる。道路インフラを利用するトラックは，輸送モードの中で，唯一ドア・ツー・ドアの輸送が可能で，しかも他の輸送モードに比べ，少量・小口貨物に対応できる。

　なお，交通インフラと国際貿易との関連を考える際，域内貿易の視点でアジアとヨーロッパ（2019年）をみると，域内貿易度合（域内貿易額／総貿易額）はヨーロッパ域内が7割弱に対して，アジア域内は総じてヨーロッパよりも低く，地域的にバラツキもある。東／東南アジアが比較的高く，西／中央／南アジアが比較的低い（表8-1）。

　無論，貿易構造や輸出入品目がヨーロッパと大きく異なることを考慮しなければいけないが，アジア域内の交通インフラの整備状況も少なからず影響している。

表8-1　ヨーロッパ・アジアの域内貿易度合の比較

2019年	全体に占める同域内の貿易の割合	全体に占めるアジア域内の貿易の割合
ヨーロッパ	67.8%	
西アジア	13.4%	15.6%
中央アジア	8.3%	33.2%
南アジア	8.3%	37.7%
東アジア	34.9%	21.9%
東南アジア	23.4%	43.0%
アジア全体		53.6%

（出所）国連統計資料 https://unstats.un.org/unsd/mbs/data_files/t40.pdf　2021年7月31日アクセス，作成。

第2節　輸送モードからみるアジア各国の国内交通インフラの特徴

　近年，アジア地域発着の国際貨物の急増を背景に，海上コンテナ貨物の取扱量も急速に増えている。国際貨物の増加に伴う交通インフラ整備の優先度合を考えると，港湾の整備拡大がまず優先的に進められ（安価かつ大量輸送の需要への対応），その後，陸上交通（鉄道・道路）の整備拡大につながり（地価や人件費の高騰により，港湾地域から離れた資源や労働力の活用およびそのためのリードタイムの短縮，小ロット貨物の対応などのためである），同時に空港インフラの整備拡大（高付加価値輸送の対応）に発展していく構図が見られる。アジア地域も海上貨物輸送量の増加とともに，港湾，陸上交通，空港の整備など，様々な交通インフラの整備・拡張が進められている。

　これまで海洋に接する東アジアやASEANがアジア地域の経済をリードしてきた。この地理的属性を反映し，港湾関連の整備が大きく進展してきた。それに対し，陸上交通インフラ（鉄道・道路）は遅れが目立ち，発展途上である。他方，アジア各国とも大都市を数多く抱えていることから，近年，大都市を中心に航空インフラの整備・拡張が急速に進められている（図8-1）。

図8-1　アジア主要国・地域の海上コンテナ取扱量の推移

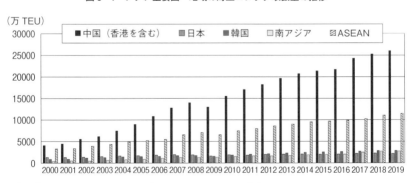

（出所）World Bank Data，2021年7月31日アクセス，作成。

1. 林立するメガ港湾と大規模商船隊

　一部の内陸国を除いて，アジア諸国の大半は海に接している。コストが安い
ことから，昔から海上輸送が栄えてきた。アジア地域は経済成長に伴って，国
際海上コンテナ貨物が急増し，数々の巨大な港湾が整備・運営されるように
なっている。

　2020年現在，世界コンテナ取扱港上位10港のうち9港，上位100港のうち
49港をアジア地域が占めている。アジアは世界で最も多い大規模港湾施設数
を占める地域である。49港のうち23港が中国の港湾であり，中国の巨大港湾
が世界の海上コンテナ貨物の発着に最も大きな存在感を示している（図8-2）。

　なお，巨大港湾の運営では，PSAインターナショナル社（Port of Singapore
Authority，シンガポール），ハチソン・ワンポア・リミテッド（Hutchison
Whampoa Limited，香港），釜山港湾公社（Busan Port Authority，韓国），
中遠海運港口有限公司（COSCO SHIPPING Ports Limited，中国）などの大
手港湾運営会社が，アジア地域はもちろんそれを越えて域外のコンテナ港湾の
買収・運営に乗り出している。これらの企業は，巨大なコンテナ港を運営して
きたノウハウを持っているからである。

　メガ港湾の林立と同時に，巨大な船社もアジア地域に数多く存在する。コン

図8-2　地域別世界コンテナ取扱上位100港湾の分布（2020年）

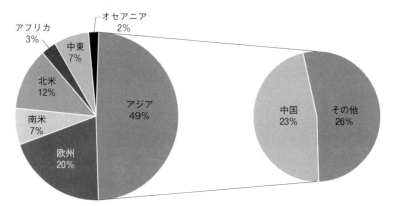

（出所）The Lloyd's List Magazine から作成。

図8-3　世界海上コンテナ輸送船社上位30社の内訳（2021年6月時点）

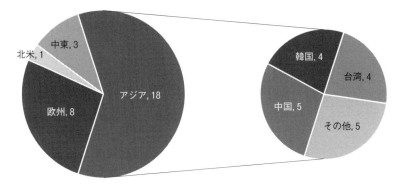

（出所）TOP 30 INTERNATIONAL SHIPPING COMPANIES, https://moverfocus.com/
shipping-companies/，2021年7月31日アクセス，作成。

テナ輸送船社上位30社の内，上位3社こそヨーロッパ船社だが，18社がアジ
ア船社である。中国，韓国，台湾は複数の大手船社を抱えている（図8-3）。

　これまで日本，韓国，その他のNIEsを始め，ASEAN，中国，さらにイン
ド，バングラデシュなどの国々は原材料・エネルギーを輸入する一方，工業生
産品を大量に輸出する貿易構造の下で経済を発展させてきた。1960年代から，
アジアの国および船社はアメリカの海上コンテナ輸送方式を積極的に導入し，
今日では世界の港湾・海運市場で最も大きな存在となった。

2．メガ空港の整備と航空会社の拡張[1]

　アジア地域は都市と農村の格差（教育・就職・交通インフラの整備など）が
大きく，大都市に人口が集中する傾向がある。現在，中国・インドを始め，ア
ジア地域には人口が100万を超える都市が多数点在し，大都市の数はほかの地
域に比べて圧倒的に多い（図8-4）。

　人口の多い都市ではそれだけでヒト・モノの流れが激しい。近年アジア地域
は急速な経済発展に伴い，航空輸送のニーズが高まり，空港の整備・拡張や航
空会社の増便が行われた。その結果，現在世界の貨物および旅客の取扱上位
10空港のうち，世界でのアジアの存在感は着実に高まっている（表8-2）。

図8-4　人口100万人超の都市の地域分布（n＝557）（2021年）

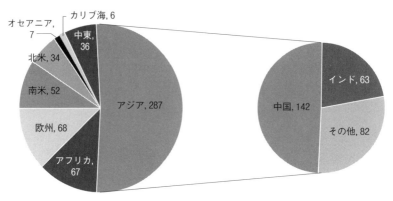

（出所）World City Populations 2021 から作成。

表8-2　世界上位10以内のアジアの空港一覧（旅客／貨物, 2020年）

順位	空港所在地都市名（旅客取扱）	順位	空港所在地都市名（貨物取扱）
1	広州	2	香港
3	成都	3	上海
5	深セン	6	仁川
6	重慶	7	台北
7	北京		
9	昆明		
10	上海		

（出所）Airports Council International の公表資料から作成。

　航空輸送面でも，中国の動きが顕著である。米中貿易摩擦の長期化および新型コロナウイルスによる旅客便の大幅減便もあり，その影響は無視できないが，中国政府は自国空港の機能強化に新たな優遇政策を導入している。特定空港に対する「第七の自由」の開放と，大手クーリエ事業者の専用ハブ空港の建設がそれである。

　2020年6月，中国民航局が「海南自由貿易港試点開放第七航権実施法方案」[2]を公表し，海南島の空港に限定しながら，旅客と貨物の両方の「第七の自由」を開放した。第七の自由とは，航空会社が完全に自国の領土以外で独立した航路を経営し，海外両国間で旅客／貨物を運ぶ権利を指す。これにより，海南島

の空港が短期間で国際航空ハブ空港になる可能性が出てきた。

　また，中国のクーリエ事業者最大手の SF エクスプレスが政府の認可を受け，2017 年に湖北省武漢近くの鄂州（ガクシュ）市に着工した自社専用ハブ空港[3]がいよいよ 2021 年末に稼働する。傘下に順豊航空という中国最大の民間航空貨物輸送会社を持ちながら，念願の専用ハブ空港の稼働開始で中国初のインテグレーター（自社で航空機を保有し，貨物の集配を含め，幹線輸送を自ら一貫で行う物流事業者／国際宅配業者を指す。UPS，Fedex，DHL の三社が代表的である）の誕生を目指す。同じく，中国の大手クーリエ事業者 YTO エクスプレスも浙江省嘉興空港[4]を利用した自社のグローバル航空物流ハブの建設で地元政府と合意しており，国内小口貨物取扱の急速な成長を背景に，中国に巨大な貨物専用空港の建設・運営が着々と進んでいる。

　空港の整備・拡張は，同時に航空会社の成長を促す。アジア地域はこれまで高水準のサービスの提供で高く評価されるレガシーキャリア（シンガポールエアライン，日本航空，全日空など食事やファーストクラスなどのフルサービスを提供する航空会社）を有する一方，域内の航空需要の増大を背景に大都市周辺の空港の整備・拡張が進み，域内ローコストキャリア（Low Cost Carrier，以下 LCC と略す）も急速にシェアを伸ばしている。

　アジア域内にはすでに 24 社の LCC 事業者（2019 年の時点）[5]が運航しており，北米[6]（5 社），ヨーロッパ[7]（5 社）に比べて LCC 事業者数は圧倒的に多い。LCC は運賃の安さおよびレガシーキャリアが飛ばないようなニッチ路線の運航を武器に，新規利用者を獲得するビジネスモデルを展開している。アジアは欧米に比べ新規航空市場の拡大余地がまだあるだろう。ただし，コロナ禍は LCC 事業者に大きな打撃を与えており，今後市場が回復しても，事業者の集約が予測される。

　また，航空貨物輸送市場において，近年中国民間クーリエ企業の急成長が注目されている。とりわけ SF エクスプレス傘下の順豊航空と YTO エクスプレス傘下の YTO カーゴ・エアラインズの活躍が著しい。

　順豊航空は 2009 年に設立され，その後の業務拡大により，現在 60 機を自社保有する（2020 年現在）[8]までに成長した。YTO カーゴ・エアラインズも 2015 年に就航した新しい航空会社だが，杭州国際空港を中心に展開し，すで

に 12 機（2020 年現在）を自社保有[9]するまで規模を拡大している。日本の航空貨物輸送会社である ANA カーゴ（2013 年設立）の貨物専用機の所有規模（12 機）と比べても[10]，上記 2 社の急成長ぶりは明白である。

　アジア地域においては，継続的な航空輸送需要の拡大を背景に，空港の整備・拡張と旅客／貨物の両方で航空輸送市場の成長が見込まれる。

3. 貧弱な鉄道インフラの保有

　鉄道路線を見ると，中国とインドがアジアの 7 割弱を占めている。アジアの鉄道インフラは中国・インドの 2 カ国に集中しているのである（図 8-5）。

　中印両国に集中している理由は，鉄道建設が莫大な埋没費用（Sunk Cost, 鉄道事業を運営する前に設備購入，人員の雇用などに投下する資金・労力のこと）を要し，その整備および設備の製造・メンテナンスでも高度な技術および大量な専門人材が必要であるからである。

　そのほか，広い国土の国にとって，鉄道は有効な輸送手段であるが，比較的国土の狭い国にとっては，鉄道が道路輸送に比べて輸送コストが高くなり，経済効果が薄いことも一因である。

　また，鉄道線路幅の規格は国・地域によって，大きく異なる。これもアジア

図 8-5　アジアにおける鉄道路線の分布（2019）

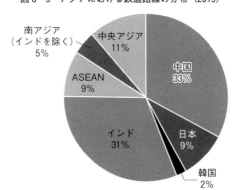

（注）2019 年のデータがまだ表示されていない国は直近の数値データを使用。
（出所）The World Bank データ（2021 年 7 月 31 日最終アップデート）から作成。

域内における広域鉄道輸送の普及を阻む理由である。中印に次ぐ鉄道路線を持つ中央アジアは，旧ソ連に準拠した広軌（幅 1520mm）を使用し，ASEAN は，主に植民地時代に建設された狭軌（幅 1000mm，メーターゲージとも呼ぶ）が使用されている。中国（標準軌，幅 1435mm），インド（広軌，幅 1676mm）とも兼用できない仕様となっている。

　そのうえ，ASEAN 地域では，ベトナム戦争や内戦によって，鉄道が破壊・寸断された状態が長く続き，域内でさえ，鉄道輸送はまだしかるべき役割を果たせていない状況である。

　さらに，アジアでは，これまで互いに友好な関係を築けないできた国もあり，国際鉄道インフラ整備の話題が持ち上っても，軍事利用を恐れて躊躇されることが多い。こうした様々な理由からアジア地域における国際鉄道輸送が遅れている。本格的に国際輸送モードとして利用されるにはなお長い時間がかかるだろう。

4.　なお途上の道路整備

　アジア地域で道路インフラ整備に最も力を入れているのは，中国である。中国は，交通インフラ投資の強化を通じて経済活性化を図ろうとしている。2014 年以降，毎年 7 万キロ以上の道路を新規整備し，2019 年には 501 万キロ[11]，アジア第 1 位のインド（560 万キロ，2016 年[12]）との差は急速に縮んでいる。

　一方，国の交通大動脈を構成する主要幹線道路をみると，インドの 10 万キロ（2016 年）に対し，中国は 23 万キロ[13]（2016 年）に達しており，幹線道路ネットワークの完成度では中国がインドを凌駕している。この背景には，中国がすでに自動車製造大国となり，自動車の普及に伴い，幹線道路の需要が高まったことがある。

　ただし，中国を除けば，アジア地域で自国資金による道路インフラ整備はなかなか進まない状況にある。道路インフラは公共財であるため，資金回収には長い時間を要する。急速な経済発展にもかかわらず，アジア各国において道路インフラになかなか投資が回らないのは以上の理由による。

　たとえば，インドシナ半島に立地する ASEAN 諸国の場合，タイを除いて

経済成長に比べて全般的に国内の道路インフラ整備が遅れ，渋滞が絶えない。幹線道路でさえ二車線が多いうえ，未舗装道路も多い。また，河川を跨ぐ橋梁の整備も遅れており，道路輸送は高コストおよび不定時性が強いられている。

第3節　アジアの国際交通インフラの整備・拡張

　中国と ASEAN，インドと ASEAN など，アジア域内で複数の自由貿易の枠組みが合意され，域内の貿易が活発化し，経済成長が実現している。それに伴い，アジア域内の交通インフラ，とりわけ国境を跨ぐ陸路への関心が高まり，域内ネットワークの整備が本格的に検討され始めている。

　現時点での国境を跨ぐ陸上交通インフラ整備は，中国とインドシナ半島に位置する ASEAN 諸国，中央アジア諸国，ロシアなどで積極的に進められている。

　中国の場合，経済成長の次のステップとして沿海地域から始まった交通インフラ整備が中西部内陸地域にシフトし，さらにそれを国境を越えて隣国に接続する交通インフラの共同構築が目指されている。

　中国とベトナムとの間の3本の国際輸送路線の同時開通[14]（2012年），中国発キルギス経由のウズベキスタンに至る国際輸送路線の延長[15]（2018年），中国とロシアとの越境道路橋の竣工[16]（2019年），ミャンマーとの道路の拡張整備工事（2019年）[17] など，数多くのプロジェクトが推進され，周辺国との道路アクセスの強化が図られている。

　他方，インドシナ半島の場合は，アジア開発銀行（ADB）が主導して1992年からメコン流域を中心に国際的な経済協力プロジェクトが実施されている。タイ，カンボジア，ラオス，ベトナム，ミャンマーおよび中国の一部地域（雲南省，広西チワン族自治区）が対象とされ，国境を跨ぐ国際交通インフラ整備が進められている。東西回廊，第二東西回廊，南北回廊の整備がそれである。

　ただし，ここでも近年は，中国の存在感が高まっている。中国の昆明を起点として道路および橋梁で結ぶ南北回廊は，すでにバンコクまで整備が完了している。また，昆明や南寧を起点にベトナム，ラオス，ミャンマーの主要都市を

結ぶ高速道路も，中国国境までの整備が着々と進められている。

　鉄道では，2014年にモンゴルが中国の石炭輸送用国際鉄道との接続（標準軌幅）[18] を認可し，中国規格の鉄道線路の海外との接続が初めて実現した。

　すでに2005年に中国政府は，雲南省を起点にシンガポールまでの全長5500キロメートルのパンアジア鉄道建設計画を打ち上げている。雲南省からハノイ，ホーチミン，プノンペン，バンコク，クアラルンプール経由でシンガポールに至る計画である。敷設資金は中国が提供する。これまで国内部分の工事が完了し，2015年には昆明からラオスの首都ビエンチャンまでの鉄道敷設工事（中国と同じく標準軌幅を採用）[19] が始まった。

　中国は陸続きの隣国と国境を越える陸上交通インフラの共同整備を押し進めると同時に，空港や港湾などの交通インフラ施設では，その運営についても積極的な海外進出を果たそうとしている。

　中国以外も，このような動きがアジア域内で徐々に広がっている。シンガポール，香港，韓国，アラブ首長国連邦などもこれまで自国の港湾・空港で蓄積した運営ノウハウをベースに，空港・港湾のメガターミナルオペレーターとしてアジア域内および域外の交通関連ビジネスを展開している（表8-3）。

表8-3　自国以外で運営を行う主なアジアメガターミナルオペレーター

国・地域	会社名	主な操業地域	空港／港湾
香港	Hutchison Port Holdings	アジア，欧州，北米，アフリカ，オセアニア	港湾運営
中国	COSCO SHIPPING Ports Limited	アジア，欧州，北米，アフリカ，南米	港湾運営
シンガポール	Port of Singapore Authority	アジア，欧州，北米，アフリカ，南米	港湾運営
アラブ首長国	Dubai Ports World	アジア，欧州，北米，アフリカ，南米，オセアニア	港湾運営
シンガポール	Changi Airport Group	アジア，欧州，南米，アフリカ，オセアニア	空港運営
韓国	Incheon International Airport Corporation	アジア	空港運営
韓国	Korea International Airport Corporation	アジア，南米	空港運営

（出所）上記各社のHPから作成。

第4節　トランス・アジアの交通ルートの構築

　これまで中国は，近隣諸国を中心にアジア域内国際交通インフラの整備を積極的に進めてきたが，2013年には中国の国家主席が「太平洋からバルチック海までの輸送通路の開通，東，西，南亜を連結する交通ネットワークの整備」に関する「新シルクロード」構想を打ち出した。提言はその後「一帯一路」（BRI）と名付けられ，中国の広域経済圏構想となって今日に至っている[20]。

　交通インフラの視点から見る場合，一帯一路構想は，自国の中西部地域を起点とする国際交通インフラを整備し，沿海と内陸の経済成長のギャップの縮小を図り，同時に近隣諸国との貿易関係を強化し，中国製品の輸出増，複数の石油輸入ルートの確保を狙うものである。陸上ではトルコ，CIS諸国，ロシアを経由しヨーロッパに至る，鉄道・道路による輸送ルートの開拓および強化，海上ではインドネシア，シンガポールを始め，インド，スリランカ，アフリカを経由しヨーロッパに至る海上輸送ルートの新規開拓および強化が描かれてい

図8-6　一帯一路の概念図

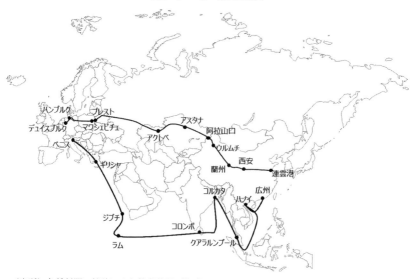

（出所）各種新聞・雑誌により筆者整理／作成。

（図 8 - 6）。壮大な国際交通回廊の整備構想である。

　一帯一路政策が打ち出されて以降，「一路」としての動きでは，主に海上輸送ルートの新規開拓／強化および海外港湾への出資や運営権の買収（一部を含む）などがみられた。しかし，こうした動きは 2020 年を境に急速に減少した（表 8 - 4）。米中貿易戦争の激化に伴い，海外から運営権を持つ諸港湾の軍事的利用に対する危惧感が高まり，下火となっている。

　一方，陸上のシルクロードの「一帯」の動きは活発である。中国の地方都市を発着地とする国際鉄道コンテナ輸送の運行はチャイナ・ランドブリッジ（CLB）として 2011 年以降急速に普及し，「一帯」の代名詞となっている。

　これまでの中国の起点都市をみると，中西部地域が圧倒的に多く，さらに沿海地域も含めば，鄭州市，重慶市，成都市など，合計 68 都市が中央アジア・ロシア・ヨーロッパまで CLB を利用して鉄道コンテナ貨物輸送サービスを行っている（一部の都市は現在利用休止）（表 8 - 5）。

　なお，中央アジア・ロシア・ヨーロッパ向けの西行 CLB には遅れるが，近年ベトナム向けの，南下する CLB の運行も徐々に増えている（表 8 - 6）。これは，ベトナムからの輸入増を背景に，同国との貿易関係の強化があり，沿海，内陸を問わずベトナムとの長距離大量輸送のニーズの高まりに対応した動きだろう。運行本数はまだ少ないものの，ヨーロッパに比べ距離が近く，貿易の補完性も高いことなどから，さらなる増発の余地がある。

　鉄道以外の陸上輸送では，中国発着の国際自動車貨物輸送も急速に増えている。輸送モード別の統計では道路輸送による輸出入がすでに大きな割合を占めるようになった（金額ベースでは全体の 17.1%，2018 年，中国税関統計より）。中国発着の国際自動車貨物輸送は，2016 年までは主に二国間，たとえば中国〜ベトナム（2012 年開始）間での複数のルートでの走行，中国〜CIS 諸国（2014 年開始）間のテスト走行など，限定的なドア・ツー・ドアの国際道路貨物輸送の試みに留まっていた。しかし，16 年 7 月に中国が国際道路運送条約（TIR 条約）に加盟することで状況が大きく変わった。

　中国・ロシア・モンゴルは TIR 条約参加国であるため，2016 年 8 月に 3 カ国において天津発モンゴル（ウランバートル）経由ロシア（ウラン・ウデ）行きのデモ走行が実現し，続いて 2017 年 4 月には TIR 条約にもとづく国際輸送

表8-4　近年主な中国企業による海外港湾の買収・投資事例

日付	主な内容	ニュース出所
2013年 2月	パキスタンがグワダル港の運営権を中国海外港口股東有限公司に委譲。	中国青年報2013年02月20日付。
2015年 9月	コスコ・パシフィックなどの中国企業連合がトルコのKumportコンテナターミナルの発行済み株式の65%を買収。	https://www.unitrans-group.com/newsinfo.aspx?id=2674，2020年8月11日アクセス
2016年 4月	コスコがギリシャのピレウス港所有権の67%を買収。	http://business.sohu.com/20160409/n443741539.shtml，2020年8月11日アクセス
2017年 6月	コスコ子会社のコスコ・シッピング・ポーツがスペインのNoatumコンテナターミナルの51%の株式を買収。	現代物流報2017年6月14日付。
2017年 7月	中国招商局がスリランカ・ハンバントタ港の運営会社を買収，99年の使用権を取得。	大公報2017年7月26日付。
2017年 8月	中国港湾連合がカメルーンのクリビコンテナターミナルの25年間の経営権を取得。	中国水運報2017年8月2日付。
2017年 8月	江蘇省の企業連合がアブダビ港に3億米ドルを投資。	中国水運報2017年8月2日付。
2018年 1月	コスコがベルギの Zeebrugge 港の所有権を買収。	大公報2018年1月24日付。
2018年 2月	中国招商局がブラジルのパラナグア港運営会社の株式90%を購入。	http://news.sina.com.cn/o/2018-02-24-doc-ifyrvnsw7917504.shtml，2020年8月11日アクセス
2018年 12月	ミャンマーのチャウピュ深水港の利用協議を行い，中国側70%で筆頭株主。	人民日報海外版2018年11月9日付。
2018年 12月	コスコがアブダビのふ頭で操業開始。	大公報2018年12月11日
2019年 5月	コスコがペルーのチャンカイ港の発行済み株6割を購入。	https://www.sohu.com/a/314134481_175033，2020年8月11日アクセス
2019年 11月	中国招商局がCMA　CGM社がアジア，欧州，中東及びカスピ海地域に所有する10ヵ所のふ頭を買収。	中国水運報2019年11月29日付
2019年 11月	青島港がコスコと提携し，アブダビのふ頭に投資。	同上
2019年 12月	コスコ海運港湾がイタリアのバド港（コンテナターミナル）で操業開始。	中国水運報2019年12月18日付
2021年 1月	COSCO海運港湾がサウジアラビアのジェッタ港ふ頭に20%出資	中国水運報2021年2月1日付

（出所）各種新聞・雑誌により筆者整理／作成。

表 8-5　CLB を運行する中国各都市一覧

順位	発着都市	開通時期	順位	発着都市	開通時期	順位	発着都市	開通時期	順位	発着都市	開通時期
1	連雲港	1992 年	18	ウルムチ	2015 年	35	南通	2016 年	52	デリンハ	2018 年
2	重慶	2011 年	19	蘭州	2015 年	36	広州	2016 年	53	欽州	2018 年
3	成都	2013 年	20	濰坊	2015 年	37	西寧	2016 年	54	上饒	2018 年
4	鄭州	2013 年	21	アモイ	2015 年	38	ウランチャブ	2016 年	55	秦皇島	2018 年
5	蘇州	2013 年	22	浜松市博興県	2015 年	39	天津	2016 年	56	済南	2018 年
6	西安	2013 年	23	南昌	2015 年	40	ニレンホト	2016 年	57	唐山	2018 年
7	義烏	2014 年	24	徐州	2015 年	41	大慶	2017 年	58	バヤンノール	2018 年
8	武漢	2014 年	25	綏芬河	2016 年	42	贛州	2017 年	59	鷹潭	2018 年
9	寧波	2014 年	26	満州里	2016 年	43	盤錦港	2017 年	60	石家庄	2018 年
10	合肥	2014 年	27	東莞	2016 年	44	深圳	2017 年	61	景徳鎮	2018 年
11	営口	2014 年	28	保定	2016 年	45	日照	2017 年	62	通遼	2018 年
12	長沙	2015 年	29	銀川	2016 年	46	青島	2017 年	63	邯鄲	2018 年
13	ハルビン	2015 年	30	中衛市	2016 年	47	金華	2017 年	64	大同	2019 年
14	瀋陽	2015 年	31	黄驊港	2016 年	48	威海	2017 年	65	武夷山	2021 年
15	大連	2015 年	32	南京	2016 年	49	太原	2017 年	66	南寧	2021 年
16	長春	2015 年	33	刑台	2016 年	50	臨汾	2017 年	67	トルファン	2021 年
17	昆明	2015 年	34	包頭	2016 年	51	ゴルムド	2018 年	68	徳陽	2021 年

（出所）各種新聞・雑誌により筆者整理／作成。

表 8-6　インドシナ半島向け南下 CLB の運行都市

	発着都市	中国の出口	発地および経由地・到着地	開通時期
1	南寧	憑祥	南寧，ハノイ	2017 年
2	昆明	河口	昆明―ラオカイ―ハノイ―ハイフォン	2017 年
3	重慶	憑祥	重慶，南寧，憑祥，ハノイ	2018 年
4	広州	憑祥	広州，憑祥，ハノイ	2018 年
5	鄭州	憑祥	ハノイ	2018 年
6	武漢	憑祥	ハノイ	2018 年
7	煙台	憑祥	煙台，憑祥，ハノイ	2019 年
8	江蘇海安	憑祥	江蘇，憑祥，ハノイ	2020 年
9	義烏	憑祥	義烏，憑祥，ハノイ	2020 年
10	長沙	凭祥	長沙，憑祥，ハノイ	2021 年

（出所）各種新聞・雑誌により筆者整理／作成。

基準の設定が合意された。こうして 3 カ国を跨ぐ国際道路貨物輸送の可能性が大きくなった。2017 年 11 月には，ウズベキスタンの首都タシケントを発してキルギス経由で中国のカシュガルを結ぶ貨物輸送のテスト運行が行われた。

　国境を跨ぐ自動車貨物輸送の動きはその後もさらに増え，活発な動きをみせている。大連発シベリア行き（2018 年 5 月），ホルゴス発カザフスタン／ロシア経由ジョージア行き（2018 年 5 月），イルケシュタム発キルギス／ウズベキスタン行き（2018 年 7 月），昆明発ベトナムハイフォン行き（2018 年 9 月），深圳発憑祥経由ハノイ行き（2018 年 9 月）など，国際自動車貨物輸送はますます熱気を帯びる。

　国際長距離自動車貨物輸送実験も行われた。国際道路輸送連盟（IRU）のアレンジのもと[21]，2018 年 11 月に中国新疆ホルゴスからカザフスタン，ロシア，ベラルーシを経由し，ポーランドまでの自動車による国際貨物輸送のテスト走行が行われた。

　こうしたテスト走行の成功にもとづき，定期長距離国際貨物自動車輸送を行う動きも現れた[22]。2020 年 3 月，「天津浜海新区総合保税区」発の大型貨物自動車によるドイツ向けの「定期便」が出発し，14 日後に到着した。海上輸送より早く，航空輸送より安価で，鉄道輸送より小口貨物への対応が可能といったメリットがあり，第四の長距離国際輸送モードとして定着が図られつつある。

　国際貨物自動車輸送の潜在性は大きい。ウラジオストック発の貨物便が大連に到着するまで，これまで船社経由で約 3 週間かかったが，貨物自動車によるドア・ツー・ドア輸送なら 4 日で済む[23]。天津からウランバートルの場合も，鉄道輸送なら 10 日ほどかかるが，道路輸送では 3 日で到着する[24]。貨物の自動車輸送は，「軽薄短小」を中心とする高付加価値サービスとして，魅力的な輸送モードである。

　中国はこれまでに国際道路輸送ルート 356 本（2017 年 5 月まで）を開通させ[25]，うち最も多いのが 111 本を起点とする新疆自治区（旅客路線 54 本，貨物路線 57 本，2017 年 2 月まで）[26]である。国際貨物自動車輸送ルートの増加につれ，中国の中西部地域がその発着地として新たな物流の流れが生まれている。自動車貨物輸送は最も展開しやすい物流輸送モードであり，国家間相互の

車両乗り入れが合意されれば，そのポテンシャルは高い。

　なお，一帯一路による国際交通インフラの整備を推し進めるため，2014 年 11 月，中国政府は 400 億米ドルを拠出した「シルクロード基金」を創設し，ルート沿線諸国の交通インフラ整備に充てると宣言した。その他，2015 年に中国主導のアジアインフラ投資銀行（AIIB）を設立したが，現在の参加国・メンバーは 102 に上り（2020 年 12 月 17 日の時点），ここでも中国は最大の出資国となっている。

　中国は一帯一路構想を国策として進め，陸路を中心に東南アジア，中央アジア，南アフリカ，ロシアなどへ中国国内から道路・鉄道・パイプラインなどを延伸させている。アジア地域の交通インフラは中国を発着地として周辺国を経由して，ヨーロッパまで延長する構図である。

第 5 節　交通関連のさらなる覇権の争い　GPS Vs 北斗

　アジア地域の経済成長を背景に，中国を筆頭にアジア諸国における国内と国際交通インフラの整備が進む。同時に AI 技術の発達に伴い，車両の自動運転に向けた開発競争が激しくなっており，その実現では人工衛星による測位システムの樹立が欠かせない。そのため，交通インフラの整備に向けて新たに情報通信ネットワークの構築が不可欠となり，ここでもアメリカの GPS への一方的依存が課題となっている。

　日本は準天頂衛星システムによる「日本版 GPS」の実用化に乗り出している[27]。GPS システムは全地球をカバーするのに対し，日本の衛星システム「みちびき」[28] はあくまで日本を中心に運用されることから，アジアの一部の地域やオセアニアまでしかカバーしない。しかし，GPS システムと高い互換性を持ちながら，日本を中心により高精度の情報位置システムが得られる。そのため，「みちびき」の稼働により日本国内における自動車の無人走行への信頼性が格段に上がる。

　インドも 2013 年以降，「Indian Regional Navigation Satellite System（IRNSS）」[29] を稼働している。日本と同様に GPS システムとの互換性を持ちながら，自国

を中心にカバーする目的ですでに衛星7機が打ち上げられている[30]。

　日本とインドがアメリカのGPSと一体運営した，自国中心の局地運用を目的に衛星を打ち上げているのに対し，中国はGPSと同等の世界をカバーする「北斗衛星測位システム，BeiDou Navigation Satellite System」の開発・運営を行った。2020年7月1日にシステムを構成する最後の衛星が打ち上げられ[31]，合計30個の衛星で世界をカバーする測位システムを稼働させている。

　中国は2013年以降，自国の大型車両に北斗システムの装備を義務付けており[32]，国を挙げて当該システムの利用を広めようとしている。世界中で自動運転の試みが加速する中，独自の衛星測位システムでアメリカと対抗しながら，そのシステムをアジアに広めようとしている。北斗はすでに中東を含む30カ国以上が実際に使っている[33]。

　アジアでは経済発展によって，域内の交通インフラが急速に整備されている。国や地域によって格差こそあるものの，それぞれに適した輸送モードが選択されて交通状況が改善され，他の国や地域とのアクセスが確実に強化されている。他方，中国主導の急激な国際交通インフラの整備・拡張に対しては，域内外の多くの国々が警戒心を強く抱きはじめている。性急な一国主導による広域交通インフラの整備は頓挫のリスクが高い。この課題を解決するための知恵が求められている。

[注]
1　本節の一部は，日本物流学会第37回全国大会での報告内容にもとづいている。ただし修正した。
2　香港文匯報2020年6月11日付。
3　北京商報2019年1月17日付。
4　浙江日報2020年6月17日付。
5　「North Asia LCC market's 24 LCCs and active start-ups」https://centreforaviation.com/analysis/reports/north-asia-lcc-markets-24-lccs-and-active-start-ups-468257，2020年7月28日アクセス。
6　国土交通省「LCCの事業展開の促進」平成29年3月。
7　同上
8　百家号「順丰航空第60架货机上天，空运迎来发展良机」https://baijiahao.baidu.com/s?id=1672734651629434781&wfr=spider&for=pc，2020年7月28日アクセス。
9　百家号「12架飞机没白买！圆通快递上半年国际业务净利暴增1756%」https://baijiahao.baidu.com/s?id=1661028624700459700&wfr=spider&for=pc
10　全日本空輸株式会社HP「ANA財務・業績ハイライト」https://www.ana.co.jp/group/company/ana/scale/，2020年7月28日アクセス。

11　中国統計局 HP，2020 年 8 月 7 日アクセス。

12　総務省統計局「世界の統計 2020」

13　中国統計局 HP，2020 年 8 月 7 日アクセス。

14　環球網「中国与越南新増的 3 条国际道路运输线路将于 8 月开通」https://world.huanqiu.com/
article/9CaKrnJvMUv，2020 年 8 月 13 日アクセス。

15　中国共産党済南市委員会「中吉乌国际公路货运正式运行中亚再拓一带一路通道」http://www.
jnsw.gov.cn/content/gjdt/content-107-16787-1.html，2020 年 8 月 13 日アクセス。

16　CNN ジャパン「ロシア・中国間、越境道路橋が完成　来春開通へ」https://www.cnn.co.jp/
world/35146186.html，2020 年 8 月 13 日アクセス。

17　雲南日報 2019 年 12 月 1 日付。

18　Record China「世界最大の炭鉱から中国への石炭輸送鉄道の建設を可決、中国の線路幅を採用―
モンゴル」Record China「世界最大の炭鉱から中国への石炭輸送鉄道の建設を可決、中国の線路
幅を採用―モンゴル」https://www.recordchina.co.jp/b96405-s0-c10-d0042.html，2020 年 8 月 8 日
アクセス。

19　中国国務院国有資産管理委員会「【2015 年】中老铁路老挝段开工建设」http://www.sasac.gov.
cn/n2588025/n2649281/n10784966/c12906556/content.html，2020 年 8 月 8 日アクセス。

20　新華社「习近平在纳扎尔巴耶夫大学的演讲」http://news.xinhuanet.com/world/2013-09/08/c_
117273079_2.htm，2020 年 8 月 10 日アクセス。

21　百家号「门到门仅需 13 天！国际运输新模式“中欧卡车特快专线”开启」https://baijiahao.baidu.
com/s?id=1618276022683950793&wfr=spider&for=pc，2020 年 8 月 10 日アクセス

22　中国国門報 2020 年 3 月 6 日付。

23　百家号「俄企业家期盼中俄国际道路运输协定尽快落实」https://baijiahao.baidu.com/s?id=161716
1753463163938&wfr=spider&for=pc，2020 年 8 月 11 日アクセス。

24　第一財経「直击中蒙俄货运试运行：“点对点直达”比铁路更快」https://www.yicai.com/news/
5065497.html，2020 年 8 月 10 日アクセス

25　捜狐新聞「中蒙俄国际道路货运试运行：打通南北大通道，直达贝加尔湖」https://www.sohu.
com/a/111131132_260616，2021 年 11 月 10 日アクセス

26　環球網「新疆开通 111 条国际道路客货运输线路」http://w.huanqiu.com/r/MV8wXzEwMTM4
OTgyXzkwXzE0ODcyMDg0OTM=，2020 年 8 月 10 日アクセス

27　内閣府宇宙開発戦略推進事務局「みちびき（準天上衛星システム）」https://qzss.go.jp/，2020 年
8 月 12 日アクセス。

28　2021 年 3 月の時点で衛星 4 機稼働中。

29　Department of Space, Indian Space Research Organisation「Satellite Navigation Programme」
https://www.isro.gov.in/applications/satellite-navigation-programme，2020 年 8 月 12 日アクセス。

30　Department of Space, Indian Space Research Organisation「Indian Regional Navigation
Satellite System (IRNSS): NavIC」https://www.isro.gov.in/irnss-programme，2021 年 3 月 10 日ア
クセス。

31　新浪軍事「北斗三号最后一颗全球组网卫星成功定点地球同步轨道」http://mil.news.sina.com.cn/
2020-07-01/doc-iircuyvk1361084.shtml，2020 年 8 月 12 日アクセス。

32　重型車網「强制安装 交通部要求 9 省车辆装北斗导航」http://www.zhka.com/zixun/policy/
2013/0115/1200.html，2020 年 8 月 12 日アクセス。

33　日本経済新聞 2019 年 8 月 20 日。

[参考文献]

町田一兵・大下剛・金澤敦史・菊池一夫（2020）「中国国際貿易における航空貨物輸送の動向分析」日本物流学会第 37 回全国大会。

平川均・石川幸一・山本博史・矢野修一・小原篤次・小林尚朗編著（2016）『新・アジア経済論』文眞堂。

平川均・町田一兵・真家陽一・石川幸一編（2019）『一帯一路の政治経済学』文眞堂。

（町田一兵）

第9章

アジアにおけるサービス経済化
—課題と可能性—

はじめに

　アジア地域の数十年来の経済成長は歴史的に見ても稀有なものであるが，それゆえ過去の経験が当てはまらない状況も見受けられる。そのひとつが，本章で取り上げるサービス経済化とその影響である。経済成長に伴って産業構造の重心が第一次産業から第二次産業，そして第三次産業へと移行していくことは，「ペティ＝クラークの法則」として知られており，多くの先進国では，この法則に沿う形で産業構造が転換してきた。急速な経済成長を遂げたアジア地域においてもサービス経済化の動きが見られるが，先進国とは異なる形で進展している。その背景には，近年のICTの発達とデジタル化が世界経済の構造変化とサービス産業自体の変革をもたらしていることがある。以下，本章では，アジアのサービス経済化の特徴とその課題ならびに可能性を考察していく。

第1節　アジア経済の現段階

　東アジアには人口規模や経済水準，社会習慣などが異なる多様な国々が存在し，成長に伴う所得の上昇はいずれの国においても消費活動を活発化・多様化させている。とりわけ，各国の主要都市では日本と変わらない消費生活が営まれている。巨大なショッピングモールが各地に点在し，高級ブランド店が立ち並ぶ街並みは，すでにアジアの主要都市ではありふれた景色になっている。週

末ともなれば大勢の人々がショッピングモールを訪れ，ウィンドウ・ショッピングやフードコートでの食事，シネマコンプレックスでの映画鑑賞などを楽しんでいる。

　拡大するアジアの消費市場を目指し，日本企業の進出も加速している。アジアに進出する日本企業の多くは輸出向け製品の生産を目的としている。だが，現在では非製造業による現地市場向けの直接投資も伸びている。吉野屋や大戸屋といった外食産業をはじめ，公文やベネッセといった教育産業などもアジアへの進出を加速させている。また，インターネットを通じた消費者向け電子商取引（Business to Consumer Electronic Commerce，EC）市場の成長も著しい。中国のEC市場は世界最大を誇り，2019年の日本からの購入額は1兆6558億円にのぼった（経済産業省 2020: 106）。

　新型コロナウイルスが世界的に拡大するまでのアジア・太平洋地域は，国際観光においても急成長を遂げる地域であった[1]。タイは2018年の国際観光収入額が630億ドルにのぼり，アメリカ，スペイン，フランスに次ぐ世界第4位の観光大国である。一方，国際観光収入額で世界第10位（400億ドル）に位置する中国は，世界最大の観光出国大国でもある。人口14億人の約10％が海外旅行に出掛けるとされ，2018年の国際観光支出額は2770億ドルを記録した[2]（国連世界観光機関 2019）。

　言うまでもなく，消費の拡大や海外旅行者数の増加は人々の生活に余裕が生まれたことの反映である。そこで，現在のアジアの経済水準を確認するために作成したのが図9-1である。2019年時点のアジア各国の一人当たりGNI水準が，日本のどの時代に相当するかを示したものである。アジアNIES（香港，韓国，シンガポール，台湾）はすでに高所得国（1万2536ドル以上）に位置するが，その他の国々は下位中所得国（1036〜4045ドル）と上位中所得国（4046〜1万2535ドル）の段階にあり，日本の1970年代初頭から1980年代初頭の水準にある[3]。同時期の日本は1955年から始まり，20年近くにわたって続いた高度経済成長期を経て，安定成長期と呼ばれる段階に達していた。1970年代に入ると日本の産業構造の重心は製造業からサービス産業へと移行していったが，現在のアジア中所得国でも同様の産業構造の変化が生じているようである。そこで以下では，中国とインドネシア，マレーシア，フィリピン，タ

図 9 - 1　アジア各国の一人当たり所得と日本の比較

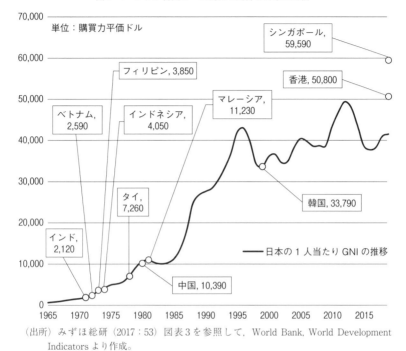

（出所）みずほ総研（2017：53）図表 3 を参照して，World Bank, World Development Indicators より作成。

イの東アジア中所得国（East Asia Middle Income Countries，以下 EAMICs）に焦点を当て，サービス経済化の課題と可能性を検討していく。

第 2 節　EAMICs のサービス経済化とその特徴

1．EAMICs のサービス経済化

　サービス経済化について明確な定義は存在しないが，一般的には GDP や雇用者数など一国の経済活動においてサービス部門の割合が増加することを指している。そこで以下の 2 つの基準でサービス経済化を捉えると，サービス経済化の段階的な変化が識別できそうである。ひとつは，第三次産業の就業者シェ

アが経済全体の就業者の50％を超えた段階であり，もうひとつは第二次産業
の就業者シェアの減少と第三次産業の就業者シェアの上昇が同時に進行するよ
うになった段階である。前者を基準1，後者を基準2として，2つの基準を満
たした国が本格的なサービス経済化の段階に入ったものと考える（内閣
府 1983）。

　図9-2と図9-3は，EAMICsの雇用者に占めるサービス産業と工業部門
のシェアを示したものである[4]。2つの基準を満たしているマレーシアは，す
でにサービス経済化の段階にあると考えられる。また，基準1のみを満たして
いるフィリピンと，基準2のみを満たしている中国は，サービス経済化への移
行期にあると考えられる。他方，インドネシアとタイはいずれの基準も満たし
ていない。ただし，工業部門の雇用者シェアが25％以下の低い水準にとどま
る一方，サービス産業の雇用者シェアは増加傾向にある。両国では天然資源や
農林水産業が経済活動の重要な位置を占めることから，今後サービス経済化に
向けた動きが一直線に進展していくかは見通せない。しかし，経済成長に伴う
国内消費市場の拡大や観光産業の成長は，サービス経済化をさらに促進してい
くものと考えられる。

　視点を変えて，EAMICsのサービス産業と製造業のGDPシェアの推移を示
したものが図9-4と図9-5である。両図からは，より明確にEAMICsにお
けるサービス経済化の進展を見て取れる。基準1と2の雇用者シェアをGDP
シェアに置き換えると，インドネシア以外の各国はすでに2つの基準を満たし
ている。サービス産業のGDPシェアは緩やかながらも上昇を続けて50％を上
回り，製造業のGDPシェアは減少傾向に転じている。産業構造の変化をあわ
せて考えた場合，程度の差はあれ，EAMICsはすでにサービス経済化の段階
にあるといえる[5]。

2.　EAMICsにおけるサービス経済化の特徴

　一般にサービス経済化の要因は，主に経済活動における需給構造の変化から
説明される。需要面から捉えると，経済成長に伴う所得の上昇を通じて食料や
衣服などの財に対するシェアが相対的に低下する一方，教育や医療，金融保険

図 9-2　EAMICs サービス産業の雇用者シェア

（出所）World Bank, World Development Indicator より作成。

図 9-3　EAMICs の工業部門の雇用者シェア

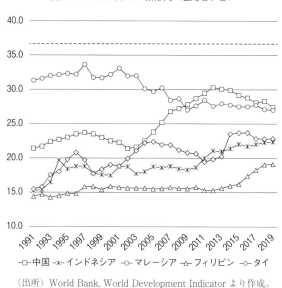

（出所）World Bank, World Development Indicator より作成。

図 9 - 4　EAMICs のサービス産業の GDP シェア

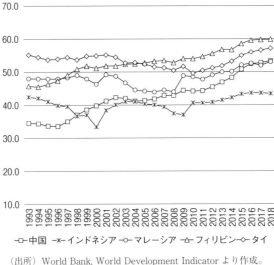

－□－中国 －×－インドネシア －○－マレーシア －△－フィリピン －◇－タイ

（出所）World Bank, World Development Indicator より作成。

図 9 - 5　EAMICs の製造業の GDP シェア

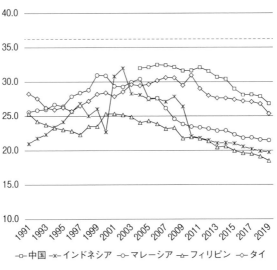

－□－中国 －×－インドネシア －○－マレーシア －▷－フィリピン －◇－タイ

（出所）World Bank, World Development Indicator より作成。

や旅行・レジャーなどのサービスに対するシェアが増加する。いわゆる，消費のサービス化がサービス需要の増加を引き起こし，一国の産業構造もサービス産業の比重を高める。

　他方，供給面から捉えると，サービス経済化は製造業に比べてサービス産業の生産性成長率が低いことから説明される。その前提として，サービス取引が時間的空間的同時性を成立要件とすることがある。理容室における散髪というサービスの提供は，理容師と客が同じ時間に同じ場所にいる必要がある。多くの場合サービスの提供は，消費者に対する労働力の直接的な働きかけを必要とする。そのためサービス産業では，製造業に比べて機械などの資本で労働を代替できる割合が限られる。さらに，労働に体化しているサービスは在庫しておくことが困難であるため，需要の変動に応じて供給を柔軟にコントロールすることも難しい。

　その結果，サービス価格よりも財の価格が相対的に低下し，GDP に占めるサービス産業のシェアが増加する。また，生産性の向上が製造業における雇用者数の低下をもたらす一方，サービス産業では資本による労働の代替性が低いため，雇用者シェアにおいてもサービス産業の割合が増加する。つまり，サービス経済化は必ずしも製造業の重要性が低下したことを意味するのではなく，むしろ製造業とサービス産業の特性の違いによって生じるものといえる。

　このようなサービス経済化の要因は，欧米や日本などの先進国によく当てはまる。たとえば，日本では所得増加に伴うサービス関連消費の拡大がサービス産業の成長を促した。財に対する需要の飽和，そして財とサービスとの相対価格差が消費のサービス化を促し，供給面でのサービス化を引き起こしたのである（内閣府 1977; 高阪 2020: 300）[6]。当時は，今日以上に多くのサービスが国内市場を対象としていたことから，先進国におけるサービス経済化の要因は国内の需給構造の変化にあった。

　一方，EAMICs におけるサービス経済化は，国内の需給構造の変化とは異なるメカニズムも作用していると考えられる。EAMICs は先進国企業が構築した国際分業ネットワークに加わることで成長を遂げてきたからである。つまり，EAMICs の成長メカニズムは世界経済との結びつきのなかで構築されてきたものであり，サービス経済化への移行も世界経済の構造変化と関わってい

ると考えられる。そして，その構造変化とは国際分業ネットワークの深化と，先進国の製造業企業において進展している製造業の「サービス産業化」（servicification, servitization）と呼ばれる動きである。

第3節　グローバル・バリューチェーンの深化と製造業のサービス産業化

　今日，製品の生産・販売プロセスは，工程ごとに細分化された付加価値創出活動の連鎖（グローバル・バリューチェーン：Global Value Chain）として国境を越えた工程間分業ネットワークを形成している。EAMICs は先進国企業が構築してきた，この付加価値創出プロセスにおける生産工程を担うことにより経済成長を遂げてきた。

　先進国企業がアジア地域にこうした生産ネットワークを構築した目的は，域内各国の異なる技術水準と労働コストの差異を利用し，生産性の改善を図ることにあった。所得水準が上昇した現在は当該国市場へのアクセスが最大の目的となってはいるが，今日でも生産性の改善が工程間分業ネットワークの目的の一つであることに変わりはない[7]。そのため，GVC の枠組みにおいて生産工程が生み出す付加価値は，全般的に切り詰められる傾向にある。その具体的な事例としてしばしば取り上げられるのが Apple 社の iPhone である。

　iPhone はアメリカに所在する Apple 本社が開発・設計し，生産の委託を受けた台湾企業が世界中から調達した部品を中国本土の工場で組み立てている。少し古いデータにはなるが，2009 年に発売された iPhone3G（小売価格 500 ドル）の組み立て工程の付加価値は 6.5 ドルに過ぎなかった（Xing and Detert 2010: 3）。また，2005 年に HP 社（Hewlett-Packard）が販売したノートブック PC（小売価格 1399 ドル）においても，組み立て工程の付加価値は 23.76 ドルに過ぎなかった（Dedrick, Kraemer and Linden 2009: 91, 115）。さらに近年，こうした生産工程における付加価値の低下傾向を促進する動きも進展している。それが，製造業の「サービス産業化」と呼ばれるものである。

　製品の付加価値創出活動にはデザインやマーケティング，輸送，アフターサービス等々，多様なサービス活動が含まれる。これまでも製造業企業は製品

を生産・販売するため，そうしたサービスを中間投入として企業内外から調達してきた[8]。ところが近年は，サービス中間投入を増やすだけでなく，事業収益の基盤として自らサービスを生産して販売する製造業企業が増えている。任天堂が提供している Nintendo Switch Online や，自社で販売するダンプカーなどに GPS とコンピューターを搭載し，それらを遠隔管理する小松製作所の KOMTRAX といったサービスは，典型的な事例といえるだろう。製造業企業のビジネスモデルが製品の販売によって収益を上げるモデルから，販売した製品を媒介として顧客との継続的な関係を構築し，「持続的なサービス提供から収益を獲得するビジネスモデル」に変化している（諸富 2020: 132）。コンピューターとインターネットの世界的普及という ICT 革命が，国際的な製造業の「サービス産業化」を促している。

このような GVC の深化と製造業の「サービス産業化」が，具体的に EAMICs のサービス経済化にどの程度の影響を及ぼしているかは必ずしも定かではない[9]。ただし，ボールドウィンは1985年から2005年の EAMICs の輸出財に占める産業別付加価値シェアの変化率を推計し，後半の10年間（1995〜2005）に製造業の変化率が大きく低下していたことを明らかにした。つまり，GVC の深化と ICT 革命の世界的波及が進展していた時期に，EAMICs の輸出財に占める製造業の付加価値シェアが低下していたのである。このことからボールドウィンは，EAMICs におけるサービス経済化の要因として，GVC の深化と製造業の「サービス産業化」の影響を指摘している（ボールドウィン 2018: 195-198）。

このように，EAMICs のサービス経済化には国内の需給構造の変化だけでなく，世界経済の構造変化も作用している可能性が高い。その結果が，先進国よりも早い速度で進展している EAMICs のサービス経済化であると考えられる。前掲図9-5の点線は，日本の製造業の GDP シェアがもっとも高かった1970年の水準（36.0％）を示しているが，EAMICs の製造業シェアはいずれも日本の水準に達することなく減少に転じている。日本との比較だけでなく，アジアで製造業の GDP シェアが先進国の平均水準を上回ったのは，すでに高所得国に移行したアジア NIES に限られている（IMF 2018: 134）。

同様の傾向は雇用面においても確認できる（図9-3）。日本で工業部門の雇

用者シェアがもっとも高かったのは 1973 年の 37.2 ％だが[10]，マレーシア（33.7 ％：1997 年）や中国（30.3 ％：2012 年）は日本の水準に達する前に減少に転じており，インドネシアやフィリピン，タイは 25 ％以下の低い水準にとどまっている。つまり，EAMICs では製造業における雇用と産出が早い段階でピークアウトしてしまった可能性がある[11]。

　経済成長に伴って産業構造が転換することは，先進国の歴史的な経験則である。しかし，先進国以上に早い速度で産業構造の転換を遂げつつある EAMICs は，先進国の経験よりも 1 人当たり所得が低い水準で本格的なサービス経済化の段階を迎えようとしている。その結果，EAMICs の今後の成長に懸念が生じている。いわゆる「中所得国の罠（Middle Income Trap)」と呼ばれるものである。

第 4 節　サービス経済化の課題と可能性

1.「中所得国の罠」と「早すぎる脱工業化」

　「中所得国の罠」という表現を最初に用いたのは，世界銀行が 2007 年に刊行した報告書『東アジアルネッサンス（An East Asian Renaissance)』であった。東アジア先進 5 カ国（日本と NIES）が中所得国に達してから数十年のうちに高所得国へと移行したのに対し，一世紀近くにわたって中所得国から抜け出せないでいたラテンアメリカ諸国の歴史経験を，「中所得国の罠」と評したのである（Gill and Kharas 2007: 54）。

　一方，ラテンアメリカ諸国における産業構造の転換を分析したロドリックが当該諸国の停滞要因として指摘したのが，「早すぎる脱工業化（Premature Deindustrialization)」であった（Rodrik 2015)[12]。ロドリックによれば，現在の先進国が産業化を展開していた時期，労働力人口の 3 割あるいはそれ以上が製造業で雇用されていた。ところが，ブラジルでは 16 ％，メキシコでは 20 ％にとどまった。そして，製造業から退出した労働力の多くが生産性の低いサービス業やインフォーマルセクターに移動したことで，ラテンアメリカ諸国は

「中所得国の罠」に陥ったのである。「早すぎる脱工業化」とは，十分な産業化を経ることなくサービス経済化に移行するプロセスともいえる（ロドリック 2019: 108）。

　そして，「早すぎる脱工業化」が「中所得国の罠」の原因となり得るのは，サービス産業では高所得国へ移行するために必要な付加価値の産出が難しいと考えられているからである。中所得国から高所得国への移行は一人当たり所得の上昇に他ならない。そして，一人当たり所得の上昇は技術革新や設備投資の拡張，労働者の熟練度の高まりなど生産性の向上を通じて実現される。生産性の向上が労働者一人当たりの付加価値産出額を引き上げるからである。ところが，労働者が消費者に直接サービスを提供するサービス業では，生産性成長率が低いため，労働者一人当たりの付加価値は製造業のようには上昇しない。先進国では産業構造の重心がサービス産業へ移行していく過程で，国民経済全体の成長率が低下した。

　ただし，このことは必ずしもEAMICsが先進国と同様の経路を辿ることを意味しない。このままサービス経済化が進展して「早すぎる脱工業化」に陥ったとしても，EAMICsが「中所得国の罠」を回避する可能性は十分にある。

　EAMICsのサービス経済化は世界経済の構造変化の影響を受けたものである。そして，その構造変化の原動力であるICT革命は，サービス産業自体にも変革をもたらしている。ICT革命のもとでの技術進歩は製造業だけでなくサービス産業へも波及し，生産性の向上をもたらす転機となった。今日，近代的サービス業と呼ばれる情報通信業や金融仲介業，対事業活動向けサービス業等では，製造業と同等かそれ以上の生産性成長率が確認されている（IMF 2018: Chapter 3）。先進国がサービス経済化へ移行していた時期のサービス産業と，ICT革命を経た現在のサービス産業とでは，その特性に変化が生じている。それゆえ，サービス経済化への移行がEAMICsにとって成長の阻害要因になるとは限らない。

2.　サービス主導型経済成長の可能性

　伝統的なサービス産業は対人的な接触を伴う業種が中心であり，多くのサー

ビスは国内市場を対象とする非貿易財であった。ところが，ICT 革命はサービスの提供と消費における時間的空間的同時性の「分離と分裂」を引き起こし，サービスが製品と同じように国境を越えて取引されるようになった（Bhagwati 1984）。ICT 革命はサービスを非貿易財から貿易財に転化したのである（貿易可能化革命）。限られた国内市場だけでなく，世界市場の無限に近い需要を対象とするようになったことで，サービス産業においても「規模の経済」を通じた生産性の向上が可能になった（World Bank 2009: 11）。

　一方，サービス産業には依然として機械による代替が難しく，多くの労働力を必要とする業種が存在している。AI が導入されるようになったコールセンターなどでも，多くのサービスは労働者によって提供されている。2000 年代に入るとこのような労働集約的なサービス業務において，安価な途上国の労働力を活用する動きが先進国企業を中心に広がった（サービス・オフショアリング）。今日では保険金の請求処理や医療記録の転記，コールセンターなどのサービスが途上国から先進国へと輸出されている[13]。また，ICT の飛躍的普及はプログラミングやアフターサービスなどの高度技術人材が提供するサービス業務の需要を増大させた。そのような業務を提供できる人材を多く抱えるインドは，ICT 関連のサービス輸出において圧倒的な存在感を誇示している（第6章参照）。

　世界の輸出総額（財・サービス輸出合計）に占めるサービス輸出の割合は1991 年に2割に達した後，今日までほぼ同水準にある。その中で途上国の輸出シェアは 20％台から 30％台へと上昇している。サービス産業は途上国の主要輸出産業に成長したのである。2009 年に発行された世界銀行の報告書『南アジアのサービス革命（*The Service Revolution in South Asia*）』は，2000 年代のインドをはじめとする南アジアのサービス主導型成長を，途上国における新たな成長モデルとして高く評価した（World Bank 2009）。

　製造業主導型の成長を遂げてきたEAMICsでも，サービス主導型の成長の可能性は存在している。たとえば，フィリピンでは 2000 年代に入ってからBPO（Business Process Outsourcing）と呼ばれる対事業活動向けサービス輸出が急増し，コールセンターなどの労働集約的サービス業務では世界最大の輸出国となっている。サービス輸出額が財の貿易赤字を上回り，雇用面でも労働

力人口の1割強を吸収するなど，BPO産業は同国経済の発展を支える主要産業に成長した。

さらに，ICT革命はデジタル化の進展と表裏をなし，経済活動の変革を推進している。EAMICsでは莫大な初期投資を必要とする固定通信回線よりも相対的に安価な移動通信回線の整備が先行し，携帯電話やスマートフォンが急速に普及した。すでにアプリを使った配車サービスやスマホ決済をはじめとするネット関連サービスは，日本以上に広く浸透している。

中国では世界最大のIT企業GAFA（Google，Amazon，Facebook，Apple）に比肩するBATH（Baidu，Alibaba，Tencent，Huawei）に注目が集まるが，TikTokを開発したByteDanceや2020年のスマホ出荷台数世界シェアで第4位に躍り出たシャオミ（小米）など，新興企業が次々と誕生して新たなネット関連サービスを生み出している。東南アジアでもインドネシアのゴジェック（Gojek）やマレーシアのグラブ（Grab）が域内全域で配車サービスやスマホ決済サービスを展開するなど，デジタル化の推進役となっている（伊藤 2020: 94-95）。

デジタル化がEAMICsの経済活動にもたらしている重要な変化の一つは，スマホ決済の普及にあるだろう。インドネシアやフィリピンでは，銀行口座やクレジットカードの保有率が依然として人口の半分以下の水準にとどまっている。銀行口座を保有することができずに消費機会を制限されてきた人々に，スマホ決済は新たな消費機会を提供することになったのである[14]。また，スマホ決済はライドシェアやシェアリングエコノミーといった新しいサービス業との親和性も高く，新たな消費スタイルの浸透はEAMICsにおけるサービス消費をさらに刺激し，経済成長を促進することも期待されている。ICT革命とデジタル化のもとで胎動する新たなサービス産業は，EAMICsが「中所得国の罠」を回避する可能性を示している。

むすびに代えて

ICT革命とデジタル化による世界的変革はすでに不可逆的なものである。

サービス産業では情報通信や金融仲介などの近代的サービス業だけでなく，医療や教育，運輸といった伝統的業種においても遠隔でのサービス提供やAIの導入が始まっている。時間的空間的同時性というサービス取引の成立要件が大きく緩和されたことにより，今日では多くのサービスが貿易財として国境を越えて取引されている。また，スマホ決済をはじめとするネット関連サービスやシェアリングエコノミーといった新しいサービスの提供は，人々の消費パターンに変化を生み出している。ICT革命とデジタル化は，サービス産業に変革をもたらし，サービス主導型経済成長の可能性を広げている。

　一方，製造業とサービス産業との間の垣根が大きく揺さぶられ，従来の概念では両者を明確に区別することが難しくなっている。製造業からサービス産業への産業構造の転換も，これまでの経済の発展法則とは異なる視点から捉えることが必要になっている。EAMICsにおけるサービス経済化も「早すぎる脱工業化」のプロセスとしてではなく，いわば「圧縮された」脱工業化プロセスとして捉えることも可能である。その際，問題になるのは脱工業化それ自体ではなく，変容を遂げるサービス産業がもたらす影響の中身である。

　「世界の成長センター」あるいは「世界経済の牽引役」とも評されるEAMICsだが，所得格差や都市農村間格差などの旧来の課題は依然として積み残されている。このような課題に対してサービス経済化への移行がどのような影響を及ぼすことになるのかを明らかにするためにも，変化するサービス産業を精査することがアジアの発展では求められている。

[注]

1　2018年の国際観光客到着者数と国際観光収入は世界でもっとも高い前年比7％の伸びを記録した。また，日本を除くアジア地域の国際観光収入額は2018年に2864億ドルにのぼり，世界全体の国際観光収入額（1兆4510億ドル）に対するシェアは19.7％を占めた（国連世界観光機関 2019）。
2　中国は国際観光客到着者数でもフランス，スペイン，アメリカに次ぐ第4位に位置する（国連世界観光機関 2019）。
3　所得水準による各国の分類は世界銀行の定義にもとづく。
4　資料の制約からEAMICsのデータは「就業者」ではなく「雇用者」である。雇用関係の統計では「就業者」は雇用全体を指し，「雇用者」は企業に雇われている人を指す。
5　サービス経済化は雇用や産業の構造だけでなく，消費構造の変化からも捉えられる。データが入手可能なEAMICsの家計最終消費支出に占めるサービス関連支出（保健，輸送，通信，娯楽・文化，教育，レストラン・ホテル）シェアの変化（2000-2017）を確認すると，マレーシアが31.0％から42.0％，フィリピンが23.5％から27.2％，タイが39.2％から44.7％への増加であった（United

Nations, National Accounts Official Country Data）。これは日本がサービス経済化へ移行していた時期の変化（1975年27.4％→1987年31.7％）を上回るか同水準になる。ただし，「教育」や「保健」に対する支出水準は各国の教育制度や社会保障制度によって異なってくる。そのため上記の数値から各国のサービス経済化水準を比較することは難しい。たとえば，日本でサービス経済化が進展していた時期に大きく支出が伸びた「娯楽・文化」に限定すると，マレーシアが4.3％から6.3％，フィリピンが2.1％から1.8％，タイが5.0％から5.5％の増加であり，日本の水準（8.8％→11.0％）を大きく下回っている。供給面ではサービス経済化が進展しているが，需要面では本格的なサービス経済化の段階には達していないとも考えられる。

6　ただし，先進国においてもサービス経済化の進展速度やサービス産業就業者比率などで様々な相違が指摘されている（内閣府 1983）。

7　日本の製造業企業を対象としたアンケート調査によれば，EAMICs を今後の有望な事業展開先国として挙げている理由としては，当該国市場の「今後の成長性」あるいは「現在の市場規模」が最多の回答になっている。一方，「産業集積」が形成されていることや「安価な労働力」など，生産性の改善を目的とした回答も一定数を占めている（国際協力銀行 2021）。

8　IMF によると，1995年から2011年に掛けて，世界全体で製造業が産出した付加価値に占めるサービス中間投入シェアの増加率は平均6％ポイントであった。ただし，中間投入はサービス部門が生み出す付加価値全体の12％に過ぎず，大半は中間投入としてではなく，最終需要としてのサービスによるものだった（IMF 2018: 152, Box 3. 1）。

9　IMF は，入手可能なデータでは製造業の「サービス産業化」の正確な効果を計測することは困難であるとしている（IMF 2018: 139）。

10　日本の工業部門の雇用者シェアは，総務省統計局「労働力調査 長期時系列データ」より算出。工業部門の産業内訳は World Bank の定義に拠る。

11　ただし，このような産業構造の転換は EAMICs に限らない。IMF は，ほとんどの途上国で製造業の雇用と GDP シェアが1990年代にピークに達していたことを明らかにしている（IMF 2018: 133）。

12　ロドリックが分析対象としたラテンアメリカ諸国は，「東アジアルネッサンス」における8カ国（アルゼンチン，ブラジル，チリ，コロンビア，メキシコ，ペルー，ウルグアイ，ベネズエラ）からウルグアイを除き，ボリビアとコスタリカを加えた9カ国である。また，ロドリックによれば「早すぎる脱工業化」という言葉を最初に用いたのはインドの産業構造の変化を分析した Dasugupta and Singh（2006）である。その中では，ロドリックとは対照的に「早すぎる脱工業化」に直面したインドにおいても，サービス産業による経済成長の可能性が指摘されている。

13　このような国境を越えたサービス取引は，GATS（General agreement on Trade in Service: サービスの貿易に関する一般協定）」におけるサービス貿易の第1モードに該当する。GATS はこの他の形態のサービス貿易として，海外旅行と国際輸送を第2モード，海外支店の開設を通じたサービス提供を第3モード，自然人の移動による海外でのサービス提供を第4モードとして分類している。

14　日本とは異なり，アジアでのスマホの利用はプリペイド方式も広く普及している。スマホ決済の場合も利用者は街中の至るところで営業している代行業者や配車サービスのドライバーに現金を渡し，自身の携帯電話番号に紐づけられた通信会社のアカウントに電子マネーをチャージする。チャージされた電子マネーは QR コードを利用した対面での決済や，同じ通信会社を利用していれば，銀行口座と同じようにアカウント間での決済も可能である。また，チャージされた電子マネーを現金に換金することもできる。

［参考文献］

伊藤亜聖（2020）『デジタル化する新興国　先進国を超えるか，監視社会の到来か』中公新書。

経済産業省（2020）「令和元年度 内外一体の経済成長戦略構築にかかる国際経済調査事業（電子商取引に関する市場調査）報告書」商務情報政策局情報経済課。

高阪章（2020）『グローバル経済統合と地域集積　循環，成長，格差のメカニズム』日経BP，日本経済新聞出版社本部。

国際協力銀行（2021）「わが国製造業企業の海外事業展開に関する調査報告」株式会社国際協力銀行企画部門 調査部。

国連世界観光機関（2019）「International Tourism Highlights（日本語版）」国連世界観光機関（UNWTO），スペイン，マドリッド。

末廣昭（2014）『新興アジア経済論　キャッチアップを超えて』岩波書店。

ボールドウィン，リチャード（2018）『世界経済　大いなる収斂　ITがもたらす新次元のグローバリゼーション』遠藤真美訳，日本経済新聞出版社。

みずほ総研（2017）「特集 成長市場ASEANをいかに攻略するか―多様性と変化がもたらす事業機会を探る―」MIZUHO Research & Analysis，No.12。

森川正之（2016）『サービス立国論　成熟経済を活性化するフロンティア』日本経済新聞出版社。

諸富徹（2020）『資本主義の新しい形』岩波書店。

（英語）

ダニ，ロドリック（2019）『貿易戦争の政治経済学　資本主義を再構築する』岩本正明訳，白水社。

Bhagwati, Jagdish N. (1984) "Splintering and Disembodiment of Services and Developing Nations" *The World Economy*, Vol.7 (2): pp. 133-144.

Dasgupta, Sukti and Singh, Ajit (2006) "Manufacturing, Services and Premature Deindustrialization in Developing Countries", *Research Paper*, No. 2006/49, UNU World Institute for Development Economics Research, Helsinki, Finland.

Dedrick, Jason, Kraemer, Kenneth L. and Linden, Greg (2009) "Who profits from innovation in global value chains?: a study of the iPod and notebook PCs", *Industrial and Corporate Change*, Volume 19, Number 1, pp. 81-116.

Gill, Indermit and Kharas, Homi (2007) *An East Asian renaissance: ideas for economic growth*, The World Bank, Washington DC.

IMF (2018) *World Economic Outlook, April 2018*, International Monetary Fund, Washington DC.

Rodrik, Dani (2015) "Premature Deindustrialization", *Journal of Economic Growth*, vol.21, November, pp. 1-33.

World Bank (2009) *The Service Revolution in South Asia*, The World Bank, Washington DC.

Xing, Yuqing and Detert, Neal (2010) "How iPhone Widens the US Trade Deficits with PRC", *GRIPS Discussion Paper*, 10-21, National Graduate Institute for Policy Studies, Japan.

インターネット

国際貿易投資研究所「国際比較統計」。http://www.iti.or.jp/index.htm，最終アクセス日：2021年6月24日。

総務省統計局「労働力調査　長期時系列データ　第10回改定日本標準産業分類別就業者数」。https://www.stat.go.jp/data/roudou/longtime/03roudou.html，最終アクセス日：2021年5月9日。

内閣府「年次経済報告（経済白書）」各年版。https://www5.cao.go.jp/keizai3/keizaiwp/index.html，最終アクセス日：2021年6月22日。

The World Bank, World Development Indicators. https://databank.worldbank.org/home.aspx.

United Nations, National Accounts Official Country Data. https://data.un.org.

（森元晶文）

第 10 章

アジアの繊維・アパレル産業と多国籍企業のサプライチェーン
—バングラデシュを事例に—

はじめに

　日々の暮らしのなかで世界との繋がりを感じるのはどんな時だろうか。普段，それを意識しないが，身にまとっている洋服のタグにふと目をやると，そこには「Made in ○○」と外国の名前をみつけることができる。

　洋服がどのようなプロセスを経て生産され，最終的に消費者の手に届くのかを紐解いていくと，私たちの普段の生活と世界との太い繋がりを理解することができる。本章では繊維・アパレル産業における生産から販売に至るサプライチェーンを確認する。

　アパレル・サプライチェーンは多国籍企業が主導的な役割を担いながら，国境を超えて構築されている。アジアはこのサプライチェーンで生産拠点の位置にあって世界のアパレル生産高の半分以上を占めている。その生産ネットワークのなかで重要な役割を果たしているのが中国である。アジア諸国のアパレル産業は中国から原材料・機械類を輸入し，主に低価格帯の大衆向け製品を生産し，世界に輸出している。

　南アジアの国，バングラデシュもそのひとつで，中国に次ぐ世界第2位のアパレル生産国である。バングラデシュでは2013年にラナ・プラザという縫製工場が入った複合型ビルが倒壊し，1100名以上の縫製工員が犠牲になった。歴史に残るこの大事故を契機にバングラデシュでは建物の安全性確保を含めて労働環境改善に向けた取り組みが進んだ。今では環境に配慮した生産体制の強化が先進的な取組として注目されている。しかし，解決すべき労働・環境に関わる問題は数多く存在している。

第 1 節　アジアにおける繊維・アパレル産業の変遷

1.　主要生産国の変遷

　現在アパレル製品の一大輸出国といえば中国だが，戦後の歴史を振り返ると
アジアの輸出国は移り変わってきた。たとえば，1950〜60 年代は日本であっ
た。70〜80 年代にそれに続いたのが香港，韓国，台湾などのアジア NIES で
あった。90〜2000 年代になると ASEAN や中国，南アジア諸国となった。

　上記のアジアの国々では工業化の初期段階に繊維・アパレル産業の成長がみ
られた。繊維・アパレル産業の発展とアパレル製品輸出の増加は，そうした
国々に外貨獲得と産業高度化・多角化の機会を提供し，経済発展の足掛かりを
作った（康上 2016）。繊維・アパレル産業が工業化の初期段階で拡大した背景
には，いくつか理由があげられる。

　まず，アパレル産業は労働集約型産業であり，低賃金労働者を多く雇用す
る。そして，労働者の技術力はそれほど要求されず，また生産に必要な設備投
資も比較的抑えられる。さらに，近隣アジア諸国からの直接投資や技術移転が
あげられる。経済の発展に伴って産業の多角化・高度化が進み，賃金の上昇が
始まったアジア諸国では，当該産業の企業が生産費用を抑えるために近隣諸国
へ生産工程の一部を移転していった。

　アパレル製品の貿易に関する国際的な協定も外部環境として作用した。アメ
リカやヨーロッパなど主要市場では地場産業の保護を求める声が高まり，アジ
アの輸出国に対して輸出を制限する国際協定が設けられた。たとえば 1972 年
の GATT の多国間繊維取決（Multi-Fiber Arrangement：MFA）はそのひと
つで，アジアのアパレル製品輸出国からの輸入数量制限（数量割当）を行っ
た。MFA はアジアの主要輸出国からの輸入を抑える一方で，アジア内で数量
割当に余裕がある国へ生産拠点の移転を後押しする要因にもなった。

2. アパレル製品のサプライチェーン

　サプライチェーンは，国際的に展開される分業体制のネットワークを意味する。アパレルであれば，「研究調査」，「デザイン」，「資材手配と調達」，「製造」，「販売」，「サービス」などの工程に分けられる。現在のアパレル産業では先進国の多国籍企業が主導的な役割を果たしてこれらの工程を管理している。

　本章では自社ブランドを持ち生産を管理しつつ小売りまでを手掛ける，いわゆる SPA（Specialty Store Retailer of Private Label Apparel：製造小売業）をアパレル多国籍企業と考える。日本ではユニクロ，欧米であれば ZARA やH＆M，GAP などが例としてあげられる。これらの多国籍企業は，デザインやマーケティングを管理する高付加価値の工程を担っており，世界中の契約工場で生産し，グローバルに供給を行っている。

　アパレル・サプライチェーンで低付加価値となるのは，「製造」にあたる縫製工程である。この工程は主に低賃金を競争優位とするアジアの発展途上地域の国々が担っている。

　サプライチェーンの「製造」工程に原料を供給しているのが，繊維産業である。繊維産業のサプライチェーンは主に「紡績」，「製糸」，「製織・編み立て」，「染色・加工」などの工程から構成される。

　中国では 1980 年代に繊維・アパレル産業が成長していった。現在までに中国は裾野産業を発展させ，あらゆる生地と価格帯のアパレル製品を生産できるようになっている。他方で経済成長に伴い，賃金が上昇し，生産環境は変化し，他のアジア諸国への生産工程の移転がみられた。2019 年時点での日本の全アパレル製品輸入に占める中国の割合は約 62％，東南アジア諸国が約 26％，南アジア諸国が約 7％となっている（日本繊維輸入組合ホームページ）[1]。

3. 中国とその他アジア諸国のアパレル生産

　中国のアパレル製品輸出は 1990 年代から急増し，1994 年に輸出総額で初めて世界一位となった。2018 年の世界アパレル輸出額に占める中国の割合は約31％である（WTO ホームページ）[2]。中国は完成品に限らず，アパレル製品の

原材料や製造機械を世界に供給している。たとえば，中国は世界最大の生地輸出国であると同時に，ミシンなど機械類の輸出も顕著である。

　中国を筆頭に，アジアには多くのアパレル生産国が存在する（表 10 - 1 を参照）。世界の輸出トップ 20 をみると，中国，バングラデシュ，ベトナム，インド，トルコ，香港，インドネシア，カンボジア，パキスタン，マレーシア，スリランカなどの 11 カ国が名を連ねる。これらアジア諸国が世界の総輸出に占める割合は約 59％となる（WTO ホームページ）。

　アジアのアパレル生産国にとって中国が重要な位置づけにあるというのは，原材料・機械の多くを依存しているからである。これを確認するために，中国とアジアの主要なアパレル製品輸出国との貿易を ITC（International Trade Centre）の貿易統計を使ってみてみよう[3]。

　アパレル製品の主な原材料は綿花，綿糸，綿織物などの天然原料，化学繊維から成る化学原料である。それらを HS（Harmonized System）コードにもとづきみていこう。各国の綿・綿織物の 52 類の総輸入額に中国が占める割合は平均約 30％，人造長繊維・織物および製品の 54 類は約 52％，人造短繊維・織物の 55 類については約 46％となっている（表 10 - 2 を参照）[4]。

　次にアパレル製品生産に必要となる 84 類の 44 項（紡績機など）や 45 項（製紡機など），46 項（織機），47 項（編機など），48 項（各種補助機械），49 項（フェルトや不織布製造機械など），51 項（プレスなど），52 項（ミシンなど）などについて確認したい。各国の該当項目の総輸入額に中国が占める割合はそれぞれ平均 49％，30％，32％，47％，28％，66％，31％，47％となる。このように，アジア諸国はアパレル製品に関連する原材料や機械を中国からの輸入に頼っていることがわかる[5]。

　中国にとっても，これらアジア諸国は原材料・機械類輸出の主な輸出先である。中国の 52 類，54 類，55 類の総輸出額に占めるアジア諸国への総輸出額は，それぞれ約 43％，35％，47％である。同様に，84 類 44 項〜52 項に対する割合もそれぞれ約 51％，100％，83％，73％，39％，44％，37％，36％となっており，中国にとってアジア諸国はアパレル関連製品の重要な市場である。

　ただし，中国のアパレル製品輸出は 2010 年をピークに減少している。世界

表10-1　世界アパレル・繊維輸出入ランキング（2018年）

（単位：百万USD、割合）

順位	アパレル輸出 国名	額	割合	アパレル輸入 国名	額	割合	繊維輸出 国名	額	割合	繊維輸入 国名	額	割合
1	中国	158,212	31.2%	アメリカ	95,091	20.6%	中国	118,575	37.1%	アメリカ	31,883	11.2%
2	バングラデシュ	32,927	6.5%	ドイツ	40,131	8.7%	インド	18,115	5.7%	中国	17,880	6.3%
3	ベトナム	28,896	5.7%	日本	30,298	6.6%	ドイツ	14,854	4.6%	ベトナム	16,543	5.8%
4	イタリア	25,716	5.1%	イギリス	26,504	5.7%	アメリカ	13,822	4.3%	ドイツ	13,714	4.8%
5	ドイツ	24,250	4.8%	フランス	26,372	5.7%	イタリア	12,802	4.0%	バングラデシュ	11,506	4.1%
6	インド	16,552	3.3%	スペイン	20,143	4.4%	トルコ	11,874	3.7%	日本	8,891	3.1%
7	トルコ	15,645	3.1%	オランダ	18,846	4.1%	韓国	9,814	3.1%	イタリア	8,454	3.0%
8	スペイン	14,914	2.9%	イタリア	17,818	3.9%	台湾	9,218	2.9%	フランス	7,475	2.6%
9	香港	13,860	2.7%	香港	12,672	2.7%	ベトナム	8,228	2.6%	イギリス	7,420	2.6%
10	フランス	13,232	2.6%	韓国	10,796	2.3%	パキスタン	8,004	2.5%	香港	6,910	2.4%

（注）額の小数点以下は四捨五入した。
（出所）WTOホームページより作成。

表10-2　中国からの原材料輸入

（単位：割合）

類	バングラデシュ 2015	ベトナム 2017	インド 2018	トルコ 2018	インドネシア 2018	カンボジア 2016	パキスタン 2018	マレーシア 2018	スリランカ 2017	タイ 2018	ミャンマー 2018
52（綿・綿織物）	29.2%	28.3%	3.7%	14.6%	22.8%	82.1%	4.9%	17.0%	39.3%	17.7%	72.3%
54（人造長繊維・織物）	46.9%	48.1%	44.9%	29.8%	55.3%	62.1%	74.3%	60.9%	33.7%	33.2%	77.2%
55（人造短繊維・織物）	52.5%	52.5%	32.9%	11.8%	44.9%	74.2%	37.1%	29.9%	47.0%	37.5%	87.2%

（出所）Fukasawa (2020) より作成。ITCデータベースで得られる各国の最新の数値を使用しているため、年数は国によって異なる。52類、54類、55類の定義の詳細は章末脚注4を参照されたい。

の需要が伸び続けるなかで，中国を除くアジアの国々が中国からの原材料や機械を用いて，アパレル製品の輸出を伸ばしているのである。

　中国からの生産拠点の分散にはいくつかの理由がある。中国では経済成長に伴い労働者の賃金が上昇し，また環境規制も強まっている。さらに，トランプ政権が始めた米中貿易戦争や新型コロナウイルスの感染拡大が中国への一極集中的な生産へのリスクを改めて露呈させたことも大きい。

　中国は世界最大のアパレル製品生産・輸出国という顔を持つが，同時にその産業が他のアジア諸国に移転されてその関連産業の原材料・関連機械類の供給国になり始めているという顔も持っている。これによりアジア諸国はアパレル製品を製造し，世界に輸出するという，中国を中心としたサプライチェーン構造が生み出されているのである。

第 2 節　バングラデシュ繊維・アパレル産業

1.　アパレル多国籍企業と地場産業

　アパレル多国籍企業は，一般的に自社製造工場は極一部にして，世界の生産国のアパレル企業を契約工場とする戦略的経営を行っている。たとえば，H＆Mの契約工場は図 10 - 1 に示されるように世界中に存在し，東アジア地域では主に中国，南アジア地域ではバングラデシュ，ヨーロッパ・中央アジア地域ではトルコに集中している。そのひとつ，バングラデシュにおいては縫製工場のほとんどは地場資本で構成される。バングラデシュの縫製工場では，主に大衆向けの低価格帯製品が生産され，欧米市場を中心に輸出されている。

　バングラデシュではH＆Mやウォルマート，GAPなどが製品を買い付ける代表的な企業であるが，世界中のブランドや小売企業，商社がやってくる。公式の数字では同国には縫製工場が約 4500，縫製工員は約 400 万人存在する（BGMEA 2021）。しかし，あるアパレル産業の調査レポートでは，工場数は約 7000，縫製工員は約 510 万人が実際の数字だとしている（Labowitz and Baumann-Pauly 2015）。

図10-1　H & M のサプライヤー（2018 年）

（単位：サプライヤー，工場数）

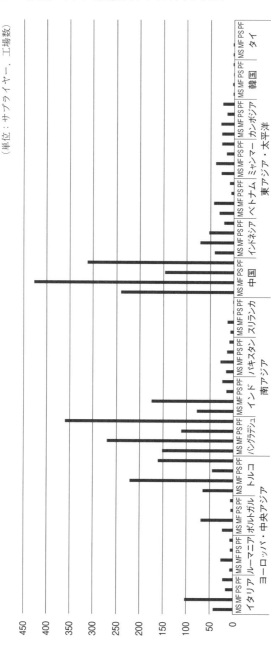

（注）MS は Manufacturing Supplier（サプライヤー），MF は Manufacturing Factory（工場），PS は Processing Supplier（部分工程サプライヤー），PF は Processing Factory（部分工程工場）の略。サプライヤーはそれぞれ自社経営の工場と契約工場を持つ。これら工場はプリントなどの工程の一部を部分工程サプライヤーにアウトソースし，同サプライヤーは自社工場および契約工場で作業を行う（H & M ホームページ参照）。ヨーロッパ・中央アジア地域からはトルコ，イタリア，ボルトガルなど主要国のみを選抜し作成した。
（出所）H & M ホームページの情報をもとに編集・作成。

　アパレル製品は輸出の約 80% を占め，バングラデシュ経済の柱である。アパレル産業は実質的にバングラデシュ唯一の工業であり，雇用を生み出す産業として重要な位置づけにある。

　各国のバイヤーはバングラデシュでどのようにアパレル製品を調達するのだろうか。バイヤーは直接工場に注文する場合もあれば，「バイイングハウス」という仲介業者を利用することもある。工場の規模は労働者数 1 万人以上の大規模工場から 500 人程度の小工場まで様々である。製造能力でも大きな幅がある。また，受注した工場が，生産にあたって工程の全部あるいは一部を他の工場に委託するという慣行も存在している。

　アパレル・サプライチェーンはバイヤー優位型と言われており，一般的に受注した工場側は交渉で不利な立場にある。バングラデシュのアパレル産業は主に低付加価値製品の受注に特化しており競争相手が多く，またバイヤーの持つ販路に大きく依存している。

　バングラデシュのアパレル産業のこうした構造の下で，ラナ・プラザの工場倒壊事故が発生したのである。この事故が発生した 2013 年 4 月 24 日の前日に，ビルのオーナーは建物の危険性を認識していた。しかし，オーナーは安全だと言い張り，工場経営者は納期を守るために縫製工員に対して通常通り働くよう命令し，事故が起った。労働者保護の法律も規則も実質的な効果は乏しく，1100 人以上の縫製工員がビルの崩壊で命を落とすこととなったのである。その多くは年も若い女性であった。しかもこの事故は，前年の 11 月 24 日にダッカ近郊で 100 人以上の犠牲者を出した工場火災が発生し，その調査報告書が出された矢先のことであった。

　この惨事をきっかけに，国内外の NGO・労働団体が中心となり，建物の安全性を確保するための運動が燃え上がった。工場の瓦礫からはファスト・ファッションブランドのタグが多くみられたことから，欧米などでは不買運動が盛んになり，世界のアパレル多国籍企業が対応を迫られたのである。

2.　工場倒壊事故への対応と課題

　ラナ・プラザの事故を契機に，バングラデシュの政府，労働組合，NGO に

国際労働組合や国際 NGO が協力して工場の安全性を高める運動が進められた。これは，国境を越えてサプライチェーンを張り巡らす多国籍企業と交渉の場を持つための現代的な手法と言える。CCC（Clean Clothes Campaign）など国際 NGO の立ち会いのなか，国際・国内労働組合とアパレルブランド企業の間に「バングラデシュにおける火災予防及び建設物の安全に関する協定」（The Accord，以下，アコード）が締結された。同協定は安全性遵守に法的な拘束力を伴っており，ブランド企業側は，検査官の指摘項目について工場側と話し合いの上，資金調達方法も含めた改善案を策定しなければいけなくなった。

　アコードは欧州資本を中心とした協定だが，北米資本を中心とした Alliance（バングラデシュ労働者の安全のための同盟）という協定も生まれた。H & M や Inditex（ZARA の親会社）を筆頭に 20 カ国を超える国々の 200 以上のアパレルブランド企業がアコードへの署名を行った。

　工場の安全性向上と並行して，労働環境改善の取り組みもみられた。ラナ・プラザの縫製工員に労働組合員がいなかったことから，2013 年 7 月に労働法が改正された。以前に比べて労働組合の組織化が容易になり，2020 年までに 591 の組合が新しく組織された（Solidarity Center ホームページ）。最低賃金については，2013 年 12 月の 3000 タカから 5300 タカに増額され，2018 年 12 月には 8000 タカとなった[6]。

　ラナ・プラザ事故後の取り組みは，バングラデシュアパレル産業に変革の糸口をもたらしている。しかし，改善状況の実態をみると，まだまだ問題が山積している。アコードの期限は 5 年であったため，2018 年には「2018 アコード」に移行したが，その前年の数字では登録工場数は全工場の約 3 分の 1 に過ぎなかった。基準を完全に満たす工場は 1 割にも満たなかった（アコードホームページ）[7]。

　アコードでは専門的技術者による検査の実施，防火扉や火災報知器の設置などが必要となるが，そのコストは工場側の負担であった。アコードはバイヤーとの修繕費交渉が規定に入らないなど，現場に基準を遵守させるためのメカニズムが欠けており，アコードの基準や体制について多くの疑問が投げかけられた（Khan and Wichterich 2015）。ラナ・プラザ以前から問題視されていた受注工場が他の工場に非公式に生産を委託する構造も未だに存在する（Labowitz and Baumann-Pauly 2015)。

　労働組合は以前より増加したが，バングラデシュの全工場数からみればわず
かでしかない。実際に機能している組織はさらに限られている。組織化にあた
り経営者側の介入は未だに問題となっており，労働者側が工場側と交渉を行え
る土台は固まっていない。最低賃金は上昇したが，生活賃金を考えれば十分で
はない状態にある（Rahman 2020）。時間外労働の削減や退職金の支払い，そ
の他の手当てなどを含めた包括的な労働環境について考えたとき，バングラデ
シュアパレル産業にはステイクホルダー間で改善すべき問題がまだまだ多く存
在する（Huq 2020）。

3.　ラナ・プラザ後の繊維・アパレル産業の変化

　ラナ・プラザの悲劇から約 8 年（2021 年 5 月時点），アコードの仕事はバン
グラデシュ政府が主導する縫製産業持続可能性評議会（Ready-Made Garment
Sustainability Council：RSC）に引き継がれ，同評議会が工場の安全性確保か
らより広範な労働環境の改善に向けて，監視と監督の責を負っている。

　既述の通り，アコードなどの基準がすべての工場に行き渡り，バングラデ
シュの縫製工場で一般的に労働者の権利や安全性が守られるようになったわけ
ではない。ただし，資本に余裕のある大規模工場では改善がみられたことは事
実である。工場の中で「労働・環境に関する国際基準」の適用が進む層と，そ
れが困難な層との二極化が進んでいるのである。資本に余裕があった工場への
新たなルールの浸透は可能であったが，中小の工場の労働環境の改善には特に
時間がかかることが予想される。

　工場建設では，新たな基準を満たすための初期投資が高くなった。加えて，
欧米企業が求める環境基準に対応する必要性から，アパレル産業への新規参入
のハードルが高まった。基準を満たすための資金は基本的に工場側が負担しな
ければならない。そのため，バングラデシュで過去数十年に渡って右肩上がり
に増加してきた工場数と縫製工員数は現在ピークを迎え，優良工場が選別され
る新たな段階に入ったと言えるだろう。

　大規模工場を運営する地場企業の中には，繊維をはじめとする裾野産業を整

え，デザインやブランディングまでも手がける企業が少数だが生まれてきている。たとえば，ベキシムコ（BEXIMCO）はその代表例である。ベキシムコは世界中にデザイン研究の拠点を置き，バングラデシュ本社に自社デザイナーを雇い「デザインハウス」を設けており，イエロー（YELLOW）というブランドを国内で展開している。

　このように，国内ではアパレル・サプライチェーンのより付加価値の高い工程へのアップグレードを行い，また裾野産業の発展を実現する企業も現れている。バングラデシュには「生地さえ手に入れば高級価格帯の商品も作れる」と言われるほど技術や品質を向上させた大規模工場を持つ多国籍企業も生まれてきている。

第3節　アパレル製品輸出国としての展望

1. 環境問題，労働問題への対応

　近年，「持続可能な開発目標（SDGs）」が注目されるようになった。アパレル産業は環境汚染を引き起こす産業のひとつに数えられ，大量生産，大量消費，大量破棄などが問題視されるようになっている。

　アパレル産業に関連するサプライチェーンを見渡すと，温室効果ガスの大量排出，水資源の大量利用，有害化学物質やマイクロプラスチックを含む汚染水の流出など多くの問題が指摘される。これらに加えて，危険で不衛生な労働環境，児童労働，長時間労働などの人権問題もあげられる（UN News ホームページ，CCC ホームページ）。アパレル産業はまさに，持続可能性の観点から改善が必要とされる産業なのである。

　環境問題への対応としては，2018 年にアパレル多国籍企業や物流企業，NGO の協力でファッション業界気候行動憲章（Fashion Industry Charter for Climate Action）が国連で策定され，温室効果ガス排出削減の合意がなされた。（UN News）。労働環境への対応では，イギリスが 2015 年に現代奴隷法を制定し，企業がサプライチェーン上で人権侵害を行わぬよう倫理的基準が示され

た。同様の法律はフランス，オランダ，オーストラリアなど各国に広がっている。残念ながら，日本における取り組みは遅れをとっている。

　世界の消費者はますます「エコ」や「エシカル」な商品を求めるようになってきており，時にデモや不買運動といった行動に出る。NGO は，アパレル多国籍企業の環境や倫理的な基準の順守により一層監視の目を光らせるようになっている。ラナ・プラザの事故が消費者や NGO のこのような動きに影響を与えたことは言うまでもない。事故をきっかけに組織されたイギリスの NGO，ファッション・レボリューションはファッション業界透明性指数（Fashion Transparency Index）を開発して，アパレル多国籍企業の持続可能性に向けた取り組みについて毎年評価を行っている。

　アパレル多国籍企業に対して持続可能なサプライチェーンを促す，様々な国際的また国内の枠組みが生まれ始めている。アパレル多国籍企業の側も，年次レポートで工場や労働環境などサプライチェーン上の情報を開示するようになってきている。

2.　バングラデシュにおける工場のグリーンファクトリー化

　バングラデシュのアパレル産業は，建物の安全性の確保から労働環境までこれまで以上の対応が求められるようになった。

　アパレル多国籍企業は，工場側により厳しく「持続可能な生産体制」の確保を要求するようになり，注文の条件とするようになった。工場側は建物の安全性を示す認証だけでなく，環境配慮型工場の認証など，様々な国際認証を取得して生産契約の維持・獲得を目指すようになった。こうして，2021 年現在，バングラデシュは生産の持続可能性が保証された「グリーンファクトリー」が世界で最も集積する国のひとつとなった。

　たとえば，LEED（The Leadership in Energy and Environmental Design）証明書はアメリカの USBC（US Green Building Council）による審査を経て発行される国際的に認知された証明書である。これは工場のエネルギー効率と低環境負荷，安全な労働環境を保証している（Dhaka Tribune 2020.1.13）。この LEED 認証で最高基準と認定された世界のトップ 10 工場の内，9 工場

がバングラデシュの工場である。また，同国の144工場が2020年までに認証
済で，その他500を超える工場が認証獲得に向けて取り組んでいるとされる。
（BGMEA ホームページ；Financial Express 2020.10.3）

　しかしながら，世界の潮流に対応し，設備投資や認証獲得に取り組めるの
は，大工場に限られている。工場のグリーン化に関連するコストも基本的に負
担は工場側である（Textile Today 2020.11.1）。先進国の基準を満たすことの
できる大工場とそれが難しい中小工場との格差の拡大が懸念され，両者の
ギャップをどのように埋めるかが今後の課題である。

3. パンデミックによるアパレル産業の停滞と今後

　2020年に始まった新型コロナウイルス感染症（COVID-19）パンデミックは
アパレル・サプライチェーンにも多大な影響を及ぼしている。世界の消費市場
では外出が制限され，製品購入の動機が下がり，店舗での販売が激減した。巣
ごもり需要などを取り込んでインターネット販売を介して逆に売り上げを伸ば
す企業もあったが，日本のレナウンやアメリカのブルックス・ブラザーズの経
営破綻にみられるように，名門とされる多くのアパレル企業が苦境に陥った。
　生産国側のバングラデシュをみると，ロックダウンで工場は閉鎖され生産が
止まった。バイヤーからの注文キャンセルや発注量の減少，支払いの遅延が大
きな問題となり，解雇や賃金未払いが多発の事態となった（ILO 2020a; Sen et
al. 2020）。
　再稼働の際には，工場の感染拡大状況の把握や感染防止対策などが不十分の
まま，労働者は生産に従事させられたという報告も多数ある（Kabir et al.
2020, ILO 2020b）。ラナ・プラザ同様，パンデミックでも，弱い立場の労働者
にしわ寄せがいく構造が改めて浮き彫りとなった。2020年度のバングラデシュ
の輸出は前年比で約17%減となった（BGMEA ホームページ）。
　パンデミック後の世界を見通すことはまだ難しい。だがこれまで確認してき
たような国際的な潮流や生産国の状況を踏まえれば，アパレル産業では今後も
持続可能性の観点からサプライチェーンの見直しが進められていくだろう。中
国の新疆ウイグル自治区での労働者の人権侵害の疑いから，多国籍企業が当地

からの原料調達を停止したことは記憶に新しい。

　アパレル多国籍企業は，製造の下請け先の環境や労働に関連するコストをど
の程度負うべきか，という議論が重要性を増す。しかし，この問題は多国籍企
業とその工場の間だけで解決するものではない。多国籍企業が工場側と一体と
なって環境に配慮した施設の整備や賃金の保障を行うかは，私たち消費者の選
択の問題でもある。

　倫理的な製品の生産に取り組んでいると言われるアパレル多国籍企業におい
ても，どのような原材料が使われているのか，誰がどこでどのように作ったも
のなのか，労働・環境の観点から突き詰めていけば解決すべき点はまだまだ多
い。完全に倫理的基準に適合したグローバル製品を定義することは難しい。

　バングラデシュのアパレル産業からみえることは，正当な対価を払うという
ことに関して，消費者や多国籍企業，政府や NGO，工場経営者や労働者など
のステイクホルダー間で絶えず対話と試行錯誤を続けるというコミットこそ
が，持続可能な未来の実現に近づく一歩となるということだろう。持続可能な
世界・社会は，持続可能性の視点から世界と繋がろうとする消費者のマインド
無しには実現できるものではないのである。

［注］

1　https://www.jtia.or.jp/（2021 年 5 月 10 日閲覧）を参照。
2　https://www.wto.org/（2021 年 5 月 11 日閲覧）を参照，以下 WTO を出所とするデータは同様。
3　主なアパレル製品輸出国として，既述のトップ 20 に入る国々にタイ（23 位）とミャンマー（26
　位）を加え，データを整理した。なお，香港は再輸出の割合が高いため除外した。
4　52 類「綿及び綿織物」，54 類「人造繊維の長繊維並びに人造繊維の織物及びストリップその他こ
　れに類する人造繊維製品」，55 類「人造繊維の短繊維及びその織物」（税関ホームページ参照）。
5　50 項を除く。84 類 44 項〜84 類 52 項の詳細は次の通り。8444「人造繊維用の紡糸機，延伸機，
　テクスチャード加工機及び切断機」，8445「紡績準備機械並びに精紡機，合糸機，ねん糸機その他
　の紡織用繊維の糸の製造機械並びにかせ機，糸巻機（よこ糸巻機を含む。）及び第 84.46 項又は第
　84.47 項の機械に使用する紡織用繊維の糸を準備する機械」，8446「織機」，8447「編機，ステッチ
　ボンディングマシン，タフティング用機械及びジンプヤーン，チュール，レース，ししゅう布，ト
　リミング，組ひも又は網の製造機械」，8448「第 84.44 項から第 84.47 項までの機械の補助機械（た
　とえば，ドビー，ジャカード，自動停止装置及びシャットル交換機）並びに第 84.44 項からこの項
　までの機械に専ら又は主として使用する部分品及び附属品（たとえば，スピンドル，スピンドルフ
　ライヤー，針布，コーム，紡糸口金，シャットル，ヘルド，ヘルドフレーム及びメリヤス針），
　8449「フェルト又は不織布（成形したものを含む。）の製造用又は仕上げ用の機械（フェルト帽子
　の製造機械を含む。）及び帽子の製造用の型」，8450「家庭用又は営業用の洗濯機（脱水機兼用のも
　のを含む）」，8451「洗浄用，清浄用，絞り用，乾燥用，アイロンがけ用，プレス（フュージングプ

レスを含む。）用，漂白用，染色用，仕上げ用，塗布用又は染み込ませ用の機械（紡織用繊維の糸，織物類又は製品に使用するものに限るものとし，第84.50項の機械を除く。），織物類その他の支持物にペーストを被覆する機械（リノリウムその他の床用敷物の製造用のものに限る。）及び紡織用繊維の織物類の巻取り用，巻戻し用，折畳み用，切断用又はピンキング用の機械」，8452「ミシン（第84.40項の製本ミシンを除く。），ミシン針並びにミシン用に特に設計した家具，台及びカバー」（税関ホームページ参照）。

6　2021年5月時点では1タカ＝約1.3円。

7　バングラデシュ縫製品製造業・輸出業協会（BGMEA）に登録された公式の工場数は2012〜2017年にかけて5876工場から4482工場に減少した。

［参考文献］

康上賢淑（2016）『東アジアの繊維・アパレル産業研究』日本僑報社。

深澤光樹（2015）「南アジア―多国籍企業とバングラデシュ縫製産業」福田邦夫・大津健登編著『現代アジア・アフリカ政治経済論―韓国，バングラデシュ，ケニア，チュニジアの地平―』明治大学軍縮平和研究所（西田書店）。

深澤光樹（2017）「資本がもたらす闇―労働問題　ラナ・プラザと縫製産業―」大橋正明・村山真弓・日下部尚徳・安達淳哉編著『バングラデシュを知るための66章』明石書店。

BGMEA (2021) *Sustainability Report 2020*, Bangladesh Garment Manufacturers and Exporters Association.

Fukasawa, Mitsuki (2020) "A Study on International Trade and the Economy of Developing Countries: China's influence on the Apparel Global Value Chain in Asia," *The Bulletin of the Faculty of Commerce, Meiji University*, Volume 102, No 3, 明治大学商学研究所。

Huq, Chaumtoli (2020) "Opportunities and limitation of Accord, Need for a worker organizing model," in Saxena, Sanchita Banerjee eds., *Labor, Global Supply Chains and the Garment Industry in South Asia*, Oxon and New York: Routledge.

ILO (2020a) *The supply chain ripple effect: How COVID-19 is affecting garment workers and factories in Asia and the Pacific*, ILO Brief. October 2020.

ILO (2020b) *What next for Asian garment production after COVID-19?*, International Labour Organization.

Kabir, Humayun, Myfanwy Maple, and Kim Usher (2020) "The Impact of COVID-19 on Bangladeshi readymade garment (RMG) workers," *Journal of Public Health*, Oxford University.

Khan, Mohd Raisul Islam and Christa Wichterich (2015) "Safety and Labour Conditions: The Accord and the National Tripartite Plan of Action for the Garment Industry of Bangladesh," *GLU Working Paper*, No 38, Geneve: Global Labour University.

Labowitz, Sarah and Dorothée Baumann-Pauly (2015) "Beyond the Tip of the Iceberg: Bangladesh's Forgotten Apparel Workers," New York: NYU Stern Center for Business and Human Rights.

Rahman, Shahidur (2020) "Post-Rana Plaza responses, Changing role of the Bangladeshi government," in Saxena, Sanchita Banerjee eds., *Labor, Global Supply Chains and the Garment Industry in South Asia*, Oxon and New York: Routledge.

Sen, Shuvro, Neel Antara, Shusmita Sen, and Sunny Chowdhury (2020) "The Unprecedented Pandemic "COVID-19" Effect on the Apparel Workers by shivering the Apparel Supply Chain," *Journal of Textile and Apparel Technology and Management*, Volume 11, No 3, Wilson College of Textile.

（深澤光樹）

第III部

アジアの課題と展望

第 11 章

日韓経済関係を巡る動向と課題
―韓国の行方―

はじめに

　1965 年の日韓基本条約によって，日本と韓国との「経済交流」が進展して半世紀以上が経った。この間，両国は，世界市場を基盤に急速な経済成長を遂げ，貿易や投資を通じてアジア経済をリードしてきた。

　1998 年には，過去の日韓関係が総括された「日韓共同宣言 21 世紀に向けた新たな日韓パートナーシップ」のもと，「文化交流」が本格化した。韓国においては，日本の大衆文化開放の段階的措置が採られることになり，日本の様々な文化コンテンツ産業が公式にもたらされ，韓国では日流として，日本の漫画やアニメ，料理や食事が好まれるようになった。

　2000 年初めには，日本においてもドラマ「冬のソナタ」をきっかけに，韓国の文化が韓流として受容されるようになった。韓流のアイドル音楽も人気となり，昨今では「BTS（防弾少年団）」と呼ばれるグループが，日本だけにとどまらず，アメリカからヨーロッパの人たちを熱狂の渦に巻き込み，世界市場で消費されている。また，2016 年に韓国で刊行され社会現象となった小説『82 年生まれ，キム・ジヨン』の邦訳が，2018 年に発売されたころから，大型書店では，韓国文学のコーナーが設けられるようになった。文化的な価値観は，大衆の間で積極的に共有されているようである。

　日本と韓国の往来も急増した。図 11 - 1 と図 11 - 2 をみると，韓国から日本への入国者数が数年で倍増していることが分かる。一方で，日本から韓国への出国者数は，時期によって増減があるものの，比較的順調に伸びている。図中には示していないが，在留資格別の内訳では，観光だけではなく，留学から仕

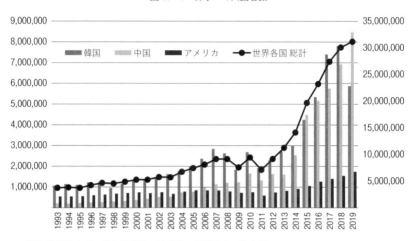

図 11 - 1　日本への入国者数

（注）単位は人で，折れ線グラフは右軸，棒線グラフは左軸。
（出所）法務省出入国在留管理庁（http://www.moj.go.jp/）参照，作成。

図 11 - 2　韓国への入国者数

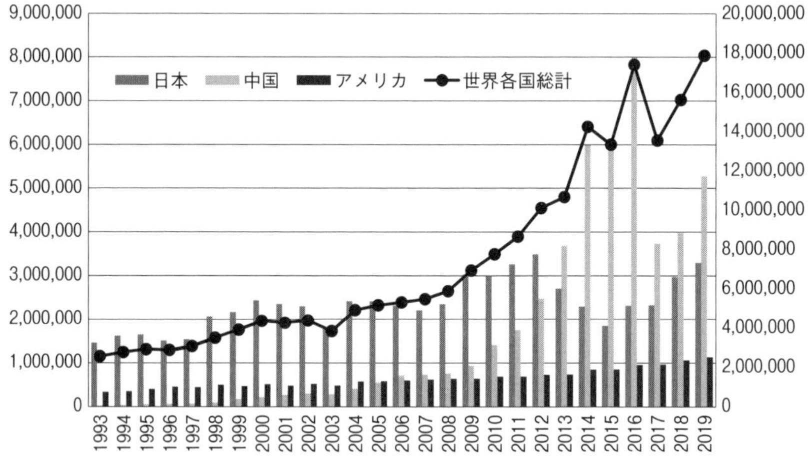

（注）単位は人で，折れ線グラフは右軸，棒線グラフは左軸。
（出所）統計庁（https://kosis.kr/）参照，作成。

事まで，幅広い目的で往来していることが分かる。

　しかし，最近の日韓関係は，竹島・独島領有権問題，従軍慰安婦問題，歴史教科書問題，靖国神社参拝問題，徴用工問題など，歴史や政治の面から語られることが多い。日韓関係の悪化については，韓国のエリートたちが対日関係を重要視しておらず，国家の「建前」で「現場」をおさえるメカニズムが崩壊している（木村 2020: 261-83），との指摘もされている。また，交流が増え相互理解が進み，日韓関係が非対称から対称の関係に変容したことによって，競争が相互利益に帰結することもあれば，激化して妥協し難くなることがある（木宮 2021: 181-220），とも述べられている。

　コロナ禍にあっても日韓の対立が深まるなか，経済力のある両国の関係が断絶してしまっては，アジアにおける地域的な結びつきは未来を描けない。本章では[1]，韓国の動向から，日韓経済の歴史・現状・課題を考える。

第1節　1965年からはじまる日韓経済関係

1．日韓基本条約の認識と背景

　戦後における日韓経済関係のはじまりは，日韓基本条約および諸協定で形成された「1965年体制」であると言われている。

　条約の妥結に向けては，国交回復のために，日本の植民地支配に対する清算として，国家と国家の間で生じる「賠償」や，国家と個人で生じる「補償」，ここに横たわる「請求権」の交渉が幾度となく重ねられてきた。結果，同条約の第二条では，1910年の韓国併合条約以前の日本と韓国との間で「締結されたすべての条約および協定は，もはや無効である」とされ，「韓国との請求権・経済協力協定」において，請求権の問題は「完全かつ最終的に解決された」とされた。

　同条約と諸協定で有償2億ドル，無償3億ドル，民間借款3億ドル（のちに追加）のあわせて8億ドルの資金提供が，「韓国の経済発展に役立つものでなければならない」経済協力として確認および実行された。分断国家ゆえに経済

社会の安定が急務な韓国と，植民地支配の正統性を守りたい日本との間の利害の一致が，経済協力という形での日韓基本条約であった。また，冷戦体制ゆえに，アメリカも日韓関係における経済協力の実現に関心を示し，妥結に向けた圧力を強めていた。アメリカは，緊迫するベトナム戦争の情勢によって，軍事的にも経済的にも疲弊しており，日本や韓国の後方支援を必要としていたのである。

　冷戦状況におけるそれぞれの思惑が交錯するなか，日韓をめぐる歪な関係と体制がつくられていった。

2.　日韓基本条約を画期とする市場の開放

　日韓基本条約によって，日本から提供された資金は，国家予算の約2倍であった。また，途上国の開発と協力の資金を融資する目的で設立された政府の金融機関である海外経済協力基金（現在は国際協力銀行）との間では，「韓国との請求権・経済協力協定」のなかで，貸付けに関する取り決めが具体的に明記された。そこでは，貸付けの実行について，合理的に各年均等に配分して行うことや，元金の償還期間を20年（7年の据置期間を含む）とすること，金利を年3.5％とすることなど，支払い方法や諸条件が定められた。加えて，両国の財政事情と海外経済協力基金の資金事情によっては，償還期間が延長される場合も示された。さらに，貸付けとそれらに関連して課される韓国の租税その他の課徴金の免除が盛り込まれた。貸付けに関する規定の実施と運用が進み，日韓基本条約および諸協定の締結以後，日本やアメリカ，国際金融機関からの援助は，借款（貸付け）が主力となった。

　借款は，財閥が直接的な事業契約で利用することが多く，半導体や自動車をはじめとする重化学工業の設備の導入と工場の建設など，経済発展に関わる様々な産業に使われることになった。技術協力も積極的に行われ，相当数の技術者が日本から派遣された。このような資金や借款の使い途として，代表的な事例では，粗鋼生産で同国の経済成長に寄与した浦項総合製鉄所（現在はPOSCO），都市用水や水力発電で首都圏広域の生活を支える昭陽江ダム，ソウルから釜山をつなぐ京釜高速道路，ソウルの街を横断する地下鉄1号線などが

挙げられる。こうした事業の背景には，両国における財界と政界の癒着も問題
となったが，現在の経済社会において欠かせないインフラとなっている。

　日韓基本条約に関わる交渉過程や締結内容の解釈を巡っては，日本の植民地
支配そのものに対する考えや，請求権の定義と概念が明らかにされていないと
いった議論があるなか，歴史の認識や政治・外交の動向を踏まえつつ精緻かつ
慎重に検討しなければならないが，この条約は経済成長の基盤を整える契機で
あった。

第2節　輸出主導型の経済成長と重化学工業化

1. 輸出主導型の経済構造と保護貿易

　1960〜1970年代の対内直接投資額および技術導入件数はアメリカと日本だ
けで80〜90％を占め，1970年代の貿易額では同じく両国だけで50〜70％を占
めた[2]。冷戦体制のなか，韓国は，アメリカの軍事力を誇示するために必要な
半導体などの電気・電子部品や自動車・造船などの輸送機械に生産と輸出を特
化する構造であった。国内の市場が成熟していないこともあり，資本や技術，
資本財・中間財は日米からの輸入に頼っていた。いわゆる輸出主導型における
経済成長の構図である。

　日本の資本が流入したことによって，三星（サムスン）と三井，ラッキー
（LG）と日立，現代（ヒョンデ）と丸紅といったように，財閥・企業間で連携
が深まり，借款を通して国内資本も台頭した（李 2004: 523-528）。日本から原
材料や部品，機械および技術の供給がもたらされたことによって，貿易赤字は
増大しつづけたが，垂直的分業構造のなか，韓国の輸出主導型の経済成長には
日本からの輸入が重要な要素であった（同上: 523-28）。アメリカや日本との
密接なつながりは，韓国にとって，歴史的・政治的理由から受け入れ難くて
も，輸出主導型成長モデルの経済において欠かせないものだった（ブ
ゾー 2007: 172-85）。それでは，こうした政策・戦略は，どのように採られた
のだろうか。

　貿易管理における制度と政策の法的根拠の柱は，1967年に制定された「貿易取引法」であった。その第一条には，「輸出を振興し，輸入を調整し，対外貿易の健全な発展を促進することにより，国際収支の均衡と国民経済の発展に寄与することを目的とする」[3]と示されている。急速な経済成長の実現には，保護的な政策が必要だったのである。国家記録院の通商・貿易政策関連資料には，国内の経済基盤が脆弱だったため，自由貿易と市場原理だけでは，国際競争に打ち勝つことが難しく，政府主導の保護貿易政策によって，輸出産業の競争力が確保されてきたことが言及されている[4]。

2.　開発独裁と重化学工業化の明と暗

　韓国は，分断国家として政権が成立した1948年から1987年まで開発独裁体制だった。開発独裁ゆえに，輸出主導型の経済成長と重化学工業化が強力に推進された。政府は，輸出額や経済成長率などの目標を定めた経済開発5カ年計画を掲げ，具体的な取り組みも示した。たとえば，上述した浦項総合製鉄所の建設は，第二次5カ年計画（1967～1972年）の中核的事業であった。1962年から始まった経済開発5カ年計画は，経済発展の進捗度合いを可視化するための重要な指針であった。この指針によって，鉄鋼や化学，自動車，造船，電子部門などの産業や財閥の育成につながったのである。開発独裁として国家を長らく運営していた朴正熙政権の時期（1963～1979年）は，GDP成長率が10％を超える年も多く，経済成長の驚くべき勢いが評価された時代であった。

　しかし，成長産業や企業が都市に集中したことで，仕事を求めて地方から都市に移り住む人たちが急増した。農業の衰退と地域格差が問題となった。また，開発が進んだことで，都市における貧困や格差があらわとなった。今となっては，市民の憩いの場となっているソウルの清渓川も，当時は悪臭を放つどぶ川で，周辺の地区には物乞いや物売りがひしめき，連なるようにスラムが形成されていた（文 2015: 124-31）。奇跡的な経済成長は，開発独裁のもと，大衆が身を粉にして働いていたからである（カミングス 2003: 553-62）。しかし，利益の大部分を得ていた人たちは，開発独裁の政権関係者や少数の財閥であった（池 1995: 153-58）。

抑圧と抵抗の歴史を伴った経済発展だったが，韓国の1人当たりGDP（2015年基準，名目）は，1965年108ドルから1993年1万383ドルに飛躍した[5]。富の集中が論じられるなか，ソウルから地方まで全国規模に至る大衆の反独裁民主化運動が1987年の民主化宣言に結実した意味は大きかった。所得水準の上昇など，様々な経済指標で語られる高度成長が，市民社会の成熟につながっていたからである。2017年には，1人当たりGDPが3万ドルを超えた。とはいえ，国内に目を向ければ，若年層の失業率は改善されず，自殺率が高く，少子高齢化も進行する（2020年の合計特殊出生率は0.84)[6]など，様々な社会問題が噴出している。今もなお，韓国の経済成長は，輸出主導型によってもたらされていることから，対外経済関係における変化と特徴を次に検討する。

第3節　対外経済関係の変容と進展

1. 日米依存から中国依存へのシフト

　戦後における日韓関係の醸成も，韓国の劇的な経済成長も，冷戦という国際政治経済環境の枠組みのなかで実現された。韓国経済においては，国家や財閥の大きな影響力が特徴でもあるが，発展するための鍵は言うまでもなく輸出であり輸入である。冷戦が終焉し，再編された世界のなかで，日本やアメリカとの関係性に変化はあったのだろうか。

　ポスト冷戦期の最大の変化は，1997年アジア通貨経済危機に対処したIMF構造調整政策と政府の経済改革を画期とした貿易赤字から貿易黒字への転回である。対外経済政策では，為替自由化（自由変動為替レート制への移行），資本自由化（外国人の投資における制限の撤廃や緩和），貿易自由化（保護貿易に関わる制度や補助金の廃止）が進められた。「漢江の奇跡」や「東アジアの奇跡」と称賛された1965～1990年においても，貿易赤字の時期が多かったため，その後の輸出（1990年650億ドル→2019年5422億ドル，以下カッコ内同期間）は際立つ[7]。

　貿易相手国の変化を検証すると[8]，輸出の比率については，中国（0.9％

→ 25.1％）を含むアジア（34.8％ → 60.9％）だけでその多くを占めていることが分かる。アメリカ（29.7％ → 13.5％）と日本（19.4％ → 5.2％）の落ち込みは激しい。輸入の比率についても，資源国・地域である中東を除けば，中国（3.2％ → 21.3％）を含むアジア（40.8％ → 47.0％）の役割は大きく，アメリカ（24.2％ → 12.3％）と日本（26.6％ → 9.5％）の低下が著しい。対米従属や対日依存が論じられていた経済関係から対中依存へシフトした。品目別輸出では，サムスン電子や現代自動車に代表される産業の一般機械部門と電気電子部門（30.7％ → 41.4％）および輸送機械部門（9.8％ → 15.6％）が割合を高めている[9]。量的に見れば，中国を中心とするグローバルなサプライ・チェーンに組み込まれていると言える。

2.　低い国内付加価値水準

　国際分業の深化とともに今では，「付加価値貿易イニシアティブ（Trade in Value Added Initiative ［TiVA］」による分析が試みられている。いわゆる付加価値貿易の視点からは，複数国間に跨る商品やサービスの貿易において，どの国で加えられた価値なのか，その価値がどの国と貿易されているのかを知ることができる[10]。

　付加価値の観点からまとめられた OECD の貿易統計によれば[11]，韓国の輸出に占める国外付加価値の割合は，2016 年 30.4％となっており，OECD 諸国の平均 25.3％と比較すると高い水準となっている。言い換えれば，国内付加価値が相対的に低い水準である。表 11‒1 で検証されているように，2016 年の韓国 69.6％，日本 88.6％，アメリカ 91.0％，中国 83.4％という数値から明らかである。電気電子部門といった主力輸出産業においても，同様である。2005年からの推移では，① 高度な技術が確立しているアメリカと日本は高止まりしていること，② 中国が上昇していること，③ 韓国はあまり変わっていないことが分かる。

　表 11‒2 より，韓国の貿易相手国を貿易額基準と付加価値貿易の差異から析出すると，中国がどちらでも最大の貿易相手国ではあるものの，付加価値基準では同国の割合は少なくなり，アメリカの割合が増えていることを観察でき

表 11 - 1　輸出品における国内付加価値の割合

（単位：％）

輸出品における国内付加価値の割合											
	2005	2006	2007	2008	2009	2010	2011	2012	2013	2014	2015	2016
韓国	67.3	65.8	65.6	58.8	62.9	61.8	57.6	58.0	60.5	62.7	67.4	69.6
日本	89.8	87.8	86.8	84.8	89.1	87.8	85.7	86.1	84.8	84.2	86.8	88.6
アメリカ	89.2	88.6	88.3	87.1	90.6	89.0	87.3	87.6	88.5	88.8	90.5	91.0
中国	73.7	74.1	75.2	77.1	80.5	78.9	78.3	79.2	79.7	80.5	82.7	83.4

コンピューター・電子・光学機器の輸出品における国内付加価値の割合											
韓国	62.7	62.9	64.0	58.7	60.7	61.5	58.3	59.2	61.4	62.5	64.1	65.0
日本	86.6	85.2	84.9	83.4	86.7	86.0	84.5	84.8	84.1	82.8	84.4	86.9
アメリカ	87.4	87.3	87.4	87.2	91.4	91.5	90.6	90.8	90.8	91.3	92.2	91.8
中国	56.9	57.3	59.1	62.9	68.0	66.4	66.5	66.5	66.6	67.7	69.5	71.7

電気機器設備の輸出品における国内付加価値の割合											
韓国	67.2	65.8	65.8	60.8	64.3	63.0	59.4	59.8	62.1	64.7	68.4	70.3
日本	87.6	85.2	84.5	83.4	87.0	85.4	83.3	83.5	82.1	81.4	82.7	85.7
アメリカ	83.3	83.0	82.2	82.6	86.5	84.4	81.1	81.4	83.0	81.9	83.5	84.6
中国	70.9	70.8	71.9	73.9	77.0	75.4	74.5	76.7	78.1	78.9	81.2	82.4

（出所）OECD（https://www.oecd.org/）参照，作成。

表 11 - 2　韓国の貿易相手国の検証（2015）

（単位：％）

	中国		アメリカ		日本	
	輸出	輸入	輸出	輸入	輸出	輸入
金額基準	33.6	21.6	13.4	13.5	5.1	9.0
付加価値基準	25.3	18.7	18.3	16.8	5.7	8.7

（出所）OECD（http://www.oecd.org/）「TRADE IN VALUE-ADDED：KOREA」
（https://www.oecd.org/industry/ind/TIVA-2018-Korea.pdf，2019 年 11 月 4
日アクセス）参照，作成。

る。これは，韓国での付加価値が，中国を含む第三国に輸出されて間接的にア
メリカへ行き着いていることを意味する[12]。輸入については，アメリカの優れ
た技術や知識が韓国にもたらされていることを意味する。こうしたなか，韓国
の付加価値による業種別の輸出シェアは，高い順に情報通信・電子 15.2％，自
動車 8.7％，化学・医薬 5.3％であり[13]，付加価値貿易でも主要な産業となって

いる。そして，韓国の製造業部門における輸入のうち，韓国の付加価値が内在
している国別の輸入シェアは，高い順に中国 60.5％，ベトナム 9.9％，日本
5.8％となっている[14]。自国の付加価値の再輸入である。つまり，自国の経済
（成長に関わる製造業部門）を自国の付加価値で，かつ中国との貿易によって
動かしている側面をもつ。

　質的に見ても，中国とは最大の貿易パートナーの関係であること，他方で，
アメリカとは未だ不可欠な関係にあること，一方で，大きな変化が見られない
日本とは硬直的な関係でありつづけていることが分かる。韓国の輸出主導型成
長は，世界市場のなかでも国内付加価値の高いこれら 3 国との貿易によって成
立しているため，同国の国内付加価値は相対的に低い水準にある。

第 4 節　今日の日韓経済関係について

1.　変わらない資本財・中間財の対日依存構造

　今日，韓国の成長モデルは，「財閥主体で，グローバル調達をし，日本から
は高付加価値・核心的な資本財・中間財を輸入し，完成品・中間財を中国・新
興国，アメリカ，EU，日本等に輸出する」（佐野 2014: 9）という「グローバ
ル化志向の輸出主導型成長モデル」である（佐野 2013）。このようななか，韓
国の輸出主導型成長の課題とは，慢性的な対日貿易赤字であり，最先端ハイテ
ク技術における国産化の遅れである。

　日韓の貿易・投資の特徴は，図 11 - 3 を見れば一目瞭然である。対日貿易赤
字は縮小する気配がなく，日本からの直接投資は活発である。対日輸入品目で
は，一般機械部門と電気電子部門の輸入額は 2019 年 34.6％となっており[15]，
資源を除くと圧倒的割合を占める。韓国の輸出主導型成長モデルに必要な資本
財・中間財が日本から輸入されているのであり，半導体製造用装備に関連する
部品・素材が多い[16]。これら品目に関わる対日輸入依存度は，「原子炉，ボイ
ラーと機械類，およびこれら部分品」（HS84）という大きいくくりであれば
2010 年の 31.4％から 2019 年 16.6％と減少しているが，「半導体ボールまたは

図11-3　日本との貿易額と海外直接投資額の推移

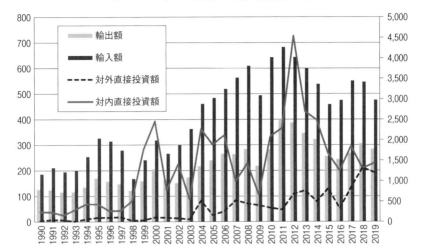

(注)　単位は，貿易額は1億ドル，海外直接投資額は100万ドル。なお，貿易額は左軸，海外
　　　直接投資額（実行基準）は右軸である。
(出所)　韓国貿易協会（http://www.kita.net/），韓国輸出入銀行（http://www.koreaexim.
　　　go.kr/），産業通商資源部（http://www.motie.go.kr/）を参照，作成。

半導体ウエハー製造用機械と機器」（HS848610）という細かいくくりであれば
2010年の39.1％から2019年86.7％と増大している[17]。

　韓国では，高度な技術が必要な部品・素材の開発・生産を目指し，外国企業
を積極的に誘致してきた。法人税や所得税における減額や免除の優遇措置，設
立認可やビザ発給に係る規制緩和・迅速化などを行ってきた。韓国に進出して
いる外資系企業のうち，半導体分野では，日本のアドバンテスト，アメリカの
オン・セミコンダクター，ラムリサーチ，ドイツのインフィニオンが，ディス
プレイ分野では，日本のアルバック，住友化学（東友ファインケム），アメリ
カのコーニングが，韓国企業との連携や成長に貢献した事例として紹介されて
いる[18]。先進国の技術や知識が導入され，これらの国産化（代替）も分野に
よっては可能になった。しかし，量的かつ質的な財の生産と輸出が不可欠な韓
国は，日米中との関係を中心に，中間財の供給地としてグローバルな最適地で
なければ成長がもたらされないことから，日本から輸入される資本財・中間財
の依存を一挙に打開するほどには至らないだろう（大津 2020a: 50）。現状で

は，日本とは埋められない技術差がある。この点を次に検討しよう。

2. 輸出規制三品目を巡る日韓の対応

　2019年7月1日，日本政府は，「大韓民国向け輸出管理の運用の見直しについて」を掲出し，①輸出管理優遇措置対象国「ホワイト国」から韓国を除外する手続きを始めること，②フッ化ポリイミド，レジスト，フッ化水素の品目およびこれらに関連する製造技術の移転（製造設備の輸出に伴うものも含む）を包括輸出許可から個別輸出許可に切り替えたことを表明した[19]。日本政府は，韓国との「信頼関係を下に輸出管理に取り組むことが困難になっていることに加え」，韓国に「関連する輸出管理をめぐり不適切な事案が発生したこともあり，輸出管理を適切に実施する観点から」今回の運用を行うとした[20]。ホワイト国の見直しは，貿易されたものが武器への転用が考えられるときなど安全保障上に問題がある場合だが，日本政府からの具体的な説明はない。その後，韓国も日本をホワイト国から除外した。

　このような対応によって，輸出品目の規制に関わる措置の強化で輸出時の審査や許可に時間が掛かることになった。その余波は限定的だとの見方もあるが，韓国の貿易と日本の投資に与える影響は無視できないように思われる。日本の輸出規制三品目は，半導体やスマートフォンの製造に使われる重要な材料である。

　図11-4において，上記の輸出規制三品目の対日輸入額と一般機械部門・電気電子部門の対世界輸出額を長期的な推移で検証すると，これら三品目の増減が電気電子部門の輸出に影響している。また，2012年にはレジストをはじめとする輸入の激しい落ち込みが見てとれる。この時期は，ウォン高であり，為替面では，輸入は不利ではなかったはずである。他方で，日韓関係においては，当時の李明博大統領が竹島・独島に上陸するなど緊張が激化していた。日韓貿易をめぐる情勢には，やはり政治問題が深く関わっている。今回の輸出管理の運用の見直しについては，2018年10月，韓国の最高裁判所が，戦時中に強制労働をさせられたとした「徴用工訴訟」において，新日鉄住金に賠償を命じる判決を確定した時期と重なる。

図 11 − 4　輸出規制三品目の対日輸入額と一般機械部門・電気電子部門の対世界輸出額の推移
（1990〜2019）

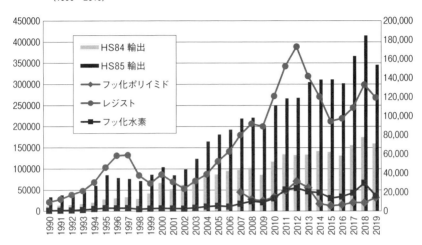

（注）単位は，貿易額は 100 万ドル，輸出規制三品目は 1000 ドル。なお，貿易額は右軸，輸出規
　　制三品目は左軸である。
（出所）韓国貿易協会（https://www.kita.net/）参照，作成。

図 11 − 5　輸出規制三品目の対日輸入額と一般機械部門・電気電子部門の対世界輸出額の推移（月毎）

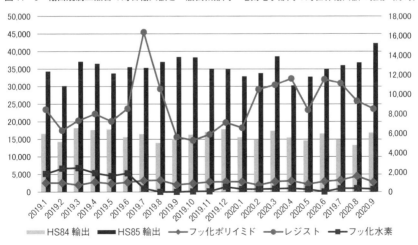

（注）単位は，貿易額は 100 万ドル，輸出規制三品目は 1000 ドル。なお，貿易額は右軸，輸出規
　　制三品目は左軸である。
（出所）韓国貿易協会（https://www.kita.net/）参照，作成。

　図 11 - 5 から，輸出規制三品目の対日輸入額と一般機械部門・電気電子部門の対世界輸出額において，今回の措置による大きな影響は見られない。しかし，長期的に見れば，今後，少なからず問題が生じてくると考えられる。なお，図 11 - 5 からは，フッ化水素の輸入が 2019 年 8 月〜11 月にかけてまったくなくなったことが分かる。このことに関して，日本の経済産業省によると，許可の対象となるフッ化水素は 8 月も韓国に輸出されており，「日本から輸出されるフッ化水素については，貿易統計上，国内における加工・製造の工程等によって，『フッ化水素（HS2811.11-000）』以外にも『再輸出品（HS0000.00-190)』として計上される場合もある」[21] としている。2020 年 6 月，韓国の SK マテリアルズは，海外依存度が 100％にも達するフッ化水素の量産を始めたと発表した[22]。純度は超高純度の 99.999％（ファイブナイン）である[23]。しかし，日本のそれは 99.999999999％（イレブンナイン）で超高純度を上回る。この間，韓国のいくつかの企業では，フッ化水素の国産化と量産化を実現しているが，日本で加工された「再輸出品」が今なお必須の模様である。また，生産設備の増強など莫大な投資は課題である。

　一方で，日本は韓国製品への依存度がさほど高くないとされるが，図 11 - 3 から，日本企業は韓国に積極的に進出しており重要な市場である。日本企業は，現地で生産し，韓国企業に部品・素材を供給している。最近の動向では，住友化学が先端半導体の生産に使う感光材（フォトレジスト）を韓国で生産するために，現地で新たな工場を建設することが発表されている[24]。

　輸出管理の見直しをめぐる現下の対立と衝突は，WTO の紛争解決で審理されることになった。しかし，この判断は経済的な解決であって，政治的に対峙する日韓関係は不安定で危うい。輸出規制三品目を巡る日韓の対応は，政治の問題である。経済的には密接につながる両国だが，日韓経済連携協定の話し合いも中断して十年あまり経っている。二国間の問題は，日韓とも関わりのある国・地域が数多く参加する RCEP のような広域的枠組みのなかで，解決を模索すべきである。

むすびに代えて

1965 年の日韓基本条約締結以降，韓国は日本との貿易関係を強化し，発展を実現してきた。しかし，今世紀に入るとその構造は大きく変化した。韓国の貿易構造は，日米依存から中国を軸とするアジア依存に変わっている。

ただし，韓国の対日関係には一貫する課題がある。日韓基本条約締結時，日本に解決済みとされたが，韓国では未解決のまま残された日本の植民地支配の清算の問題である。それが，今日においても日韓経済関係に影響を与えている。

韓国の輸出構造は，今世紀に入って先端技術に支えられる製品が圧倒的部分を占めるようになった。韓国の産業構造は総合的にみれば確実に高度化している。ところが，最先端技術部門での日本への依存はいまだに大きい。それが，日本による対韓輸出管理の見直し措置によってあらわになった。それをどう乗り越えるか，が課題になっている。

韓国は，「中所得国の罠」を乗り越えて高所得国になった数少ない経済とみなされている。IMF の統計（世界経済見通し 2021）によれば，2020 年の韓国の 1 人当たり名目 GDP は 3 万 1500 ドル，日本は 4 万 150 ドルである[25]。2021 年の推計は韓国が 3 万 4870 ドル，日本が 4 万 2930 ドルである[26]。両国の成長も，アジアの発展も驚くほどの勢いである。地域が相互依存して競争力を維持し，豊かな社会を創り上げる時代に入っている。日韓の経済関係を辿るなかで見えてきたのは，対立よりも協力の次元で切り拓くことのできる未来があるということである。

[注]
1　第 3 節と第 4 節は，大津健登（2020b）「ポスト冷戦期の韓国と対外経済関係の新たな課題」『東アジア研究』東アジア学会，第 28 号第 1 分冊，23〜27 頁をもとに，大幅に加筆している。
2　数値は，統計庁（http://kosis.kr/）を参照。
3　法制処国家法令情報センター（https://www.law.go.kr/）を参照。
4　行政安全部国家記録院（https://www.archives.go.kr/）を参照。なお，資料は 2006 年に記載のキム・ハクミンおよび 2008 年に記載のイ・ヨンホのものを参照。執筆内容は，国家記録院の公式見解とは異なる場合があるとしている。

5 数値は，統計庁（http://kosis.kr/）を参照。

6 同上，参照。

7 本項の数値は，韓国貿易協会（http://www.kita.net/）を参照。

8 貿易の数値に関わる「アジア」の対象国および地域は，アルファベット順に「アフガニスタン，アルメニア，アゼルバイジャン，バングラデシュ，ブルネイ，ブータン，中国，香港，インドネシア，インド，日本，キルギスタン，カンボジア，カザフスタン，ラオス，スリランカ，ミャンマー，モンゴル，マカオ，モルディブ，マレーシア，ネパール，フィリピン，パキスタン，シンガポール，タイ，タジキスタン，東ティモール，トルクメニスタン，ティモール，台湾，ウズベキスタン」である。同上，参照。

9 本文および図を含め，一般機械部門はHS84，電気電子部門はHS85，輸送機械部門はHS86〜89でくくっている。HSコードとは，貿易される商品の分類・名称を番号であらわしたものであり，国際条約で取り決められている。関税に関わる番号のため，数多くの国が，HSコードを採用している。

10 付加価値基準の貿易は，国際産業連関表から算出されている。国際産業連関表では，たとえば，韓国の商品がつくり出される工程で，投入されたある素材・部品が国産のものなのか，どの国から輸入されたものなのかを生産額で知ることができる。その割合（投入係数）から，各国・各産業の生産の付加価値額に割り振ることで，付加価値の源泉となる国や産業が明らかとなり，付加価値基準の貿易額が導き出される。

11 OECD（2018）「TRADE IN VALUE-ADDED: KOREA」（https://www.oecd.org/industry/ind/TIVA-2018-Korea.pdf，2019年11月4日アクセス）を参照。

12 同上，参照。

13 同上，参照。

14 同上，参照。

15 数値は，韓国貿易協会（http://www.kita.net/）を参照。

16 ホン・ジサン（2020）「日本の輸出規制1年，3大規制品目の輸入動向および対日依存型非敏感戦略物資の点検」『Trade Focus』韓国貿易協会（http://www.kita.net/，2020年10月23日アクセス）2020年25号を参照。

17 数値は，韓国貿易協会（http://www.kita.net/）を参照。

18 KOTRA（2020）「Investment Opportunities Korea 半導体・ディスプレイ」（https://www.investkorea.org/file/ik-jp/Semiconductor&Display_2020_jpn.pdf，2021年9月10日アクセス）を参照。

19 経済産業省（https://www.meti.go.jp/）「大韓民国向け輸出管理の運用の見直し」（2019年11月3日アクセス）を参照。

20 同上，参照。

21 経済産業省（https://www.meti.go.jp/）「8月の大韓民国向けフッ化水素輸出量について」（2020年10月31日アクセス）を参照。

22 SK（http://www.sk.co.kr/）「SKマテリアルズ，フッ化水素ガスの量産開始」（2021年9月10日アクセス）を参照。

23 同上，参照。

24 『日本経済新聞』2021年9月1日朝刊。

25 数値はIMF（https://www.imf.org/）を参照。

26 同上，参照。

［参考文献］
李憲昶（2004）『韓国経済通史』須川英徳・六反田豊監訳，法政大学出版局。

大津健登（2019）『グローバリゼーション下の韓国資本主義』大月書店。

大津健登（2020a）「韓国の輸出主導型の変調」『経済』第292号，新日本出版社。

大津健登（2020b）「ポスト冷戦期の韓国と対外経済関係の新たな課題」『東アジア研究』第28号第1分冊，東アジア学会。

大津健登（2021）「対韓国援助―経済発展の軌跡と開発経験の共有」重田康博・太田和宏・福島浩治・藤田和子編著『日本の国際協力アジア編―経済成長から「持続可能な社会」の実現へ』ミネルヴァ書房。

カミングス，ブルース（2003）『現代朝鮮の歴史―世界のなかの朝鮮―』横田安司・小林知子訳，明石書店。

木村幹（2020）『歴史認識はどう語られてきたか』千倉書房。

木宮正史（2021）『日韓関係史』岩波書店。

佐野孝治（2013）「グローバリゼーションと韓国の輸出主導型成長モデル―グローバリゼーションに対する強靱性と脆弱性―」『歴史と経済』第219号，政治経済学・経済史学会。

佐野孝治（2014）「韓国の成長モデルと日韓経済関係の変化―日韓関係悪化の経済的背景―」『商学論叢』第83巻第2号，福島大学経済学会。

鄭章淵（2007）『韓国財閥史の研究――分断体制資本主義と韓国財閥』日本経済評論社。

池明観（1995）『韓国 民主化への道』岩波書店。

平川均（1992）『NIES――世界システムと開発――』同文舘。

吉澤文寿（2005）『戦後日韓関係――国交正常化交渉をめぐって』クレイン。

文京洙（2015）『新・韓国現代史』岩波書店。

文京洙（2018）『文在寅時代の韓国――「弔い」の民主主義』岩波書店。

ブゾー，エイドリアン（2007）『世界史の中の現代朝鮮―大国の影響と朝鮮の伝統の狭間で』李娜兀監訳・柳沢圭子訳，明石書店。

（大津健登）

第12章

経済発展と民主主義
―デジタル化の光と影―

はじめに

　冷戦期以来，開発論では，楽観的に，あるいは戦略的意図から，経済発展は民主化を伴うものとされてきた。

　アジア NIES の成長を背景とする開発独裁論では，新興国は民主主義を抑え込み，強権的手法で開発を進めざるを得ないが，開発に成功すれば，中間層が生み出され，その政治的要求とさらなる発展への渇望によって民主化に向かうとされた。旧社会主義国の市場移行をめぐっては，既得権益に邪魔されぬよう一気に民営化，自由化を進めるビッグバン戦略と普通選挙のセットでうまくいくという，空想的資本主義とも，空想的民主主義とも言いうる言説が際立っていた。

　だが21世紀の世界では，経済発展の一方，民主化が進まなかったり，衰弱化したりする事態が様々な国で生じている。

　世界第2の経済大国になった中国は，成長してますます民主化を抑圧する。多くの新興国が北京コンセンサスを模倣し，中国もそれを支援している。冷戦期のアメリカが反共独裁政権を守ったのと同じく，中国は欧米の批判から強権国家を守っている（山本 2019: 29; 平川 2019: 212）。

　こうした事態は，新興国に限らない。冷戦終結後，ICT（情報通信技術）の発展で勢いを増したグローバル化は，格差を拡大し，先進社会を分断する一因となった。自分たちの意思が反映されないまま，エリートによる決定が押しつけられる「民主主義の赤字」への大衆的不満は，EU を越え先進各国で広がった[1]。便利な SNS は，ポピュリズム，ヘイトクライムを煽るエコーチェン

バーにもなり，民主主義を揺さぶっている。

　民主主義は，世界全体で退潮傾向にある。スウェーデンの調査機関 V-Dem が算出する自由民主主義指数が，2010 年以後低下し，ヨーロッパは 30 年間で最悪となった。2020 年現在，世界では「非」民主国家が多数（民主主義国 87 に対し 92 カ国）を占めている（『日本経済新聞』2020 年 10 月 3 日および 10 月 26 日朝刊。以下，日経 20.10.3; 20.10.26 と略記）。

　香港に対する中国の国家安全維持法の賛否を問う国連人権理事会が 2020 年 6 月 30 日に開かれたが，結果は反対 27，賛成 53 となり，中国支持国が不支持を上回った。COVID-19 のパンデミック当初，チェルノブイリ原発事故からのソ連崩壊になぞらえて，中国の「偉大な夢」がかすむとか，「王朝の危機」とまで言われたが，今やリーマンショック後と同じく，感染拡大を抑制した中国が世界経済を牽引する様相を呈している（日経 20.2.14; 20.3.12; 20.10.15）。

　そして，巷間ささやかれている。民主主義には経済発展が必要でも，経済発展には民主主義は不要だ。決められない民主主義より，上から即断即決される権威主義のほうが合理的経済政策の実施も感染症対策も早いし，ビジネス環境も整いやすい……。

　各国それぞれの事情があるのは確かだが，こうした風潮を生み出す原因の少なくとも一部は，世界経済の構造変化に根ざしている。本章では，権威主義の短期的成果にたじろぐことなく，デジタル化を切り口に，経済発展と民主主義の関係がぎくしゃくする現状を概観するとともに，民主主義復権に向けた課題を考察したい。

第 1 節　エレファントカーブと大収斂

1．冷戦終結後のニュー・グローバリゼーション

　図 12-1 は，ベルリンの壁崩壊前の 1988 年からリーマンショックのあった 2008 年まで，グローバリゼーションが高度化した時期に，世界の所得分布にもたらされた変化を示している。横軸は所得分布の百分位（各ドットは二十分

図 12 - 1　グローバルな所得水準でみた 1 人当たり実質所得の伸び率比較（1988〜2008 年）

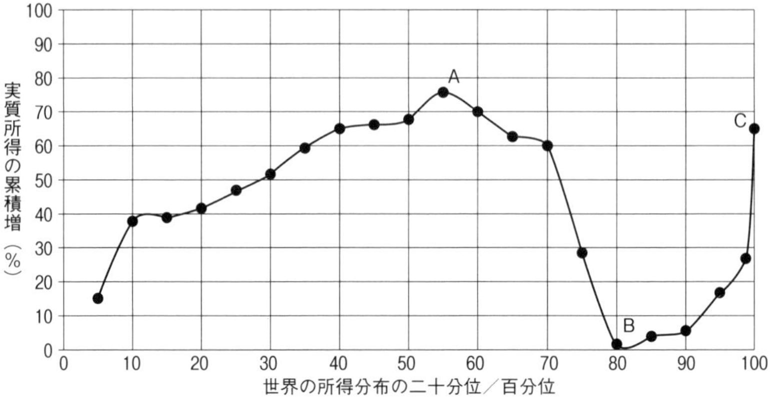

（出所）ミラノヴィッチ（2017: 13）

位）を表し，左端は世界の最貧層，右端は超富裕層である。縦軸は当該期間における実質所得の増加率を表す。エレファントカーブと呼ばれるこの図から，グローバルな所得水準の相対的推移について，以下の 3 点が読み取れる（ミラノヴィッチ 2017: 11-18）。

　第 1 に中国をはじめとする新興国民の所得増加（図中 A 付近），第 2 に先進諸国中間層（国内的には中の下の階層）の所得停滞（図中 B 付近），そして第 3 に「象の鼻」の先端が表す超富裕層の所得拡大（図中 C）である。

　エレファントカーブが示すのは，まずは冷戦終結後における南北格差の縮小である。この世界史的「大収斂」の一端を説明するのがリチャード・ボールドウィンのニュー・グローバリゼーション論である（ボールドウィン 2018）。

　人類史を振り返ると，モノ・アイデア・ヒトの移動コストがグローバル化を制約してきたが，19 世紀から 20 世紀の後半，蒸気革命，コンテナ輸送，開放的国際経済体制などによってモノの移動コストが下がり，貿易が拡大して，グローバル化が進んだ。そして 1990 年以降，本格化した ICT 革命によってアイデアの移動コストが劇的に低下し，先進国のアイデア／技術と途上国の低賃金労働力の結合が可能となって，ニュー・グローバリゼーション時代に突入した。企業は生産工程の細分化（フラグメンテーション）とともに，各工程の国境を越えた移転（オフショアリング）が可能となった。ICT の飛躍的発展に

よって，先進国企業主導のグローバル・バリューチェーン（GVC）が急拡大し，中国をはじめアジア各国は，GVC への参入によって経済成長を享受した[2]。

　GVC が拡大すれば，低賃金労働力への需要が高まり，新興国民の所得は上昇する。かたや先進国では，製造業が高付加価値のサービス業と一体化する一方，オフショアリングによって旧来の現業労働者の雇用，賃金が減少し，下位中間層の実質所得が停滞した。

2. ニュー・グローバリゼーションの政策的含意

　ボールドウィンによれば，21 世紀型の貿易は「貿易 - 投資 - サービス - 知的財産」の集合体であり，先進国・新興国とも 20 世紀型の政策を変更せざるを得ない。

　先進国は，企業の海外移転を阻止したり，輸入障壁を設けたりするのではなく，高度サービス業化した製造業の担い手を育成せよ。ICT の恩恵と痛みを分かち合うために，労使間で「新たな社会契約」を結べ。自国企業が有形・無形の資産価値を最大化できる貿易協定を策定せよ。

　新興国は，輸入代替工業化の条件が遠のいた今，保護主義政策を採るなどありえない。GVC への参入可能性は新興国にとって朗報だ。ひとつの部門よりひとつの工程を構築するほうが楽で，ビッグプッシュは不要になる。最終製品で競争力を持つ必要がなく，市場の問題は回避できる。新興国には企業のサプライチェーンとオフショアリングを保証する政策が必要だ（ボールドウィン 2018: 271, 285-298, 318-334）。

　ボールドウィンは，主流派貿易論と整合的に，多国籍企業が主導するグローバル化の重要な側面を描くとともに，デジタル化に対応する政策を提示した。だが，その政治的帰結について，さほど深刻にはとらえていないようである。

　徴税能力が低下し労働組合が弱体化する先進国に対して「人的資本投資」「新たな社会契約」を求めるものの，具体的プロセスは明らかでない。また歴史を俯瞰しながらも，GVC がターゲットとする世界の低賃金構造は「与件」となっている。先進国による植民地支配の歴史が低賃金を構造化したこと，新

興国のリーダーが独立後一貫して，植民地支配の正当性を問うとともに，装い新たな植民地主義を警戒してきたことなどは議論から抜け落ちている[3]。

　ボールドウィンの示唆する政策は，経済発展と民主主義がうまく接合しない現状の理解，さらには民主主義復権への課題模索という観点からすれば，額面通りには受け入れがたい。デジタル技術の革新，グローバル化は，民主主義の退潮傾向と無関係でなく，多国籍企業の自由を拡大するだけの貿易協定では，この傾向に歯止めはかからないだろう。

第2節　「経済発展と民主主義の乖離」とデジタル化

1. 先進国における格差拡大

　第二次世界大戦後の先進国では，「埋め込まれた自由主義」にもとづく制限的国際金融秩序と福祉国家体制のもと，高度成長と格差の相対的縮小が実現し，経済発展と民主主義の好循環に向けた条件が一時的にせよ成り立っていた[4]。ただし，自由に利益を追求したい資本からすれば，民主主義との不本意かつ窮屈な「強制結婚」であったと評されるように，その条件は永続しなかった（シュトレーク 2016: 30, 56-58; 矢野 2016）。

　1970年代半ばから80年代にかけ，サッチャリズム，レーガノミクスに代表される新自由主義政策が席巻し始めると，「小さな政府」のもと福祉は低下し，所得と富の不平等が急拡大した。金融が自由化・グローバル化に向かうと，通貨・金融危機が頻発するとともに，格差が拡大し「象の鼻」ができあがった。

　格差が顕著なアメリカでは，1980年に上位1％の富裕層の所得は国民所得の10％強，下位50％は約20％を占めたが，2018年には富裕層20％強，下位層12％と逆転した。資本逃避を招くと言われ，累進課税どころか，富裕層は逆進的な税制で優遇された。2018年には所得上位400人にかかる税率は23％と，下位50％層の税率を「下回る」までになった（サエズ他 2020: 28-40）。

　富裕層のカネの威力は，露骨な制度変更で増強された。アメリカでは2010年，連邦最高裁判決によってスーパーPACが誕生し，「表現の自由」の名の

下で政治献金の上限が撤廃された。2014 年には，複数候補者・団体に資金提供する際の総額規制もなくなり，アメリカは「1 人 1 票制」から「1 ドル 1 票制」に近づいている（ミラノヴィッチ 2017: 192; 日経 20.10.23）。そのうえ，アメリカの独占禁止法（反トラスト法）は，1980 年代以降，緩和され寡占が進んだ。今ではデジタル化に伴うデータ，アイデアの独占が影響し，GAFA に代表される勝者総取り社会となっている[5]。

　アメリカのように格差が拡大すれば，ポピュリズムと富裕層の金権政治によって，民主主義が危機に見舞われる。ポピュリスト政治家たちは「我々」と「奴ら」を分断すべく，神話的過去を持ちだし，プロパガンダを駆使して，人種，宗教などアイデンティティに訴える（スタンリー 2020）。自分の声は届いていないと多くの人が感じれば，議会制民主主義を見捨て，どれだけ荒唐無稽であれ，強力な指導者に救いを求めるようになる（宇野 2020: 212）。

　デジタル化と金融緩和のもたらす株価高騰が「絶望死」と表裏一体の先進国において，社会の分断を修復し，経済発展と民主主義を整合させるには，まずは「象の鼻」をへし折らなければならない[6]。格差拡大は，自国第一主義と反グローバルの動きを助長し，グローバルな諸課題の解決も遠ざけることになる。

2. 新興国における権威主義の優位性

　中国を筆頭に，グローバル化の波に乗り成長を果たしても民主化が進まず，あるいは後退し，権威主義優勢となっている新興国が少なくない[7]。こうした統治体制はそれなりの正統性を有し，欧米的価値観から高踏的に批判するだけでは崩壊しない。

　認識すべきは，たとえば，反植民地主義や民族自決といった歴史的大義である。第三世界運動以来，個人の人権より上位に置かれがちで，1955 年のバンドン会議においても，世界人権宣言など「世界」と「人権」を用いて国家の文化的統合を損なう新植民地主義の武器だと非難された（マゾワー 2015: 287）。

　また，決められない政治と異なり，国民の声を直接取り込み，即時実行する「賢人政治」を掲げた現代版開発独裁論もある。上からの経済成長実現も，治

安維持・安全保障を名目とする民主化運動・少数民族の弾圧も，（たとえ虚構であれ）伝統的価値の守護者たる賢人のなすべきこととされる（宇山 2019: 92-94）。

　そして，デジタル技術の発展が権威主義支配の強化につながっている面がある。中国は，治安維持・安全保障を名目に監視システムを張り巡らし，「デジタル・レーニン主義」体制を構築しつつある。中国のシステムは国外に輸出され，測位衛星「北斗」の配備は，主要195カ国中165カ国でアメリカのGPSを上回っている。カーネギー国際平和基金によれば，民主化指数の低い国ほど中国製を採用している（日経 20.10.14; 20.11.25）[8]。

　通説と異なり，経済成長によって中間層が拡大しても，民主化が進むとは限らない。アジアでは中間層が増えたものの，下層階級への再分配には消極的であり，利害対立が激しい。中間層が保守化し，政治的自由より安全・安心・便利を優先するのなら，中間層の存在は民主化の十分条件とはならない（日経 18.7.31; 20.5.10）[9]。

　一定の正統性のうえに，その他諸要因が絡み，権威主義体制には，ある程度の持続力が備わっているとみてよい。新自由主義的グローバル化と権威主義は親和しやすく，人権，プライバシーの制約も小さいとなれば，デジタル化によって権威主義的近代化は容易になっているとさえ言える（宇山 2019: 91; 矢野 2016: 205）[10]。

　ただし一般的に，個人崇拝と権力集中の体制は政策の軌道修正，権力の安定的継承という点で民主政治に劣る。中国では，2021年11月に「歴史決議」が採択され，習近平の長期支配体制が確立されつつある。だが，デジタルで武装した権威主義であれば，かつて数千万人の餓死者を出した「大躍進」政策の悲惨な結果を繰り返さないとは言えないだろう。

第3節　民主主義復権への課題

1. デジタル化と格差是正

　経済成長の一方，民主主義が後退する状況を真剣に危惧するなら，喫緊の課題は格差是正である。格差拡大が民主主義の危機を招くとする議論は，左派に限らず広がっている。

　格差大国アメリカでは，経営者団体さえ，勝者総取り批判を回避すべくステークホルダー資本主義への転換，ガバナンス改革を標榜せざるを得ない。独禁法や税制の改正に向けた機運も高まっている。

　反トラスト法は消費者利益が担保されるかぎり寡占支配に寛容だったが，バイデン大統領は，連邦取引委員会（FTC）の委員や国家経済会議（NEC）の大統領特別補佐官に巨大 IT 企業の規制・解体論者を起用し，改正の動きを見せている。近年，FTC や司法省反トラスト局，各州司法長官は厳しい姿勢を強めており，どこまで実現するかは不透明だが，莫大な利益を享受してきた GAFA への規制・分割論が現実味を帯びている（日経 20.9.23; 20.12.28; 21.3.24）。

　税制改正の動きも本格化している。GAFA をはじめとしたデジタル企業への課税に向け，「恒久的施設」を要件とする従来ルールの改正が模索されている[11]。パンデミック対応で巨額の財政支出を強いられたアメリカは，バイデン政権下，高所得者の所得税率やキャピタルゲインへの税率の引き上げを図るだけではなく，1980 年代以来続く国際的な法人税引き下げ競争の転換，最低税率の協調設定を G20 で訴えていたが，2021 年 10 月，一応の合意に至った（日経 21.4.7; 21.10.9; 21.10.10）[12]。

　格差是正，財源確保は，一見盤石な新興国権威主義体制の課題でもある。エレファントカーブが示唆するとおり，南北間の所得格差は縮小したが，中国でも「共同富裕」のスローガンを掲げざるを得ないように，再分配能力の劣る新興国内の格差は拡大している。東アジアの工業化は，「平等化を伴う経済成長」をもたらしたとされるが，今後一層の発展が見込まれるデジタル化の雇用創出

力は限定的で，格差を拡大させる可能性がある（伊藤 2020: 46-48）。

　セーフティネット未整備のまま格差が拡大し「未富先老」が現実となるとき，中国を筆頭に東アジアの新興国は「早すぎる脱工業化」の諸問題（ロドリック 2019: 107-109）をどう克服するだろうか。民主化を強権的に抑圧できても，中所得国の罠や高齢化，インフラ不足，パンデミックなどは簡単に乗り越えられる問題ではない。

2. マルチラテラリズムの再建

　民主主義復権を格差是正から着手するうえで必要なのが，近年，超大国の自国第一主義によって揺らいできたマルチラテラリズム（多角主義）の再建である。とはいえ，多国籍企業の自由，資産価値最大化を保証する一方，脆弱かつ不均等な国際的トリックルダウンをもたらすだけのメガFTAならば，再建の柱としては期待できない[13]。民主主義の復調につながる多角主義の制度としては，まずは適正な国際課税ルール，タックスヘイブン規制の実現が求められる[14]。

　現在は「世界経済の政治的トリレンマ」（「グローバル化 - 国民国家 - 民主主義」の鼎立不可能性）に直面している（ロドリック 2014）。ガバナンス主体を欠いたグローバル化が進展し，先進国では，政府が再分配を含めたガバナンス機能を十分に果たせず，民主主義が揺らいでいるだけではなく，反グローバルの動きもくすぶっている。新興国では，政府が民主主義を抑えつつグローバル化に適応しているが，格差は広がり，民主化を求める動きがやまない。

　権威主義体制の早期民主化が期待できない状況下，民主主義復権に向けてまず重要なのは，民主的政府が重要なガバナンス機能を保持できるような多角主義，すなわち現代版「埋め込まれた自由主義」の制度化である。財源確保に向け，個別国家による税の奪い合い（租税国家間の闘い）を回避しつつ，税収ロス防止（多国籍企業との闘い）を実現しようとすれば，税制の多角的調整を求めざるを得ない（中村 2021: 278）。その意味で，実現可能性と実効性に不安があるものの，最近の動向には一筋の光を見いだせる。

　民主国家主導の多角主義再建を展望するうえで，さらに検討すべきは国際関

係そのものをより民主化することである。さもなければ新興国の信頼は勝ち得ず，「パックス・シニカ」（中国による平和）を現実的代替案ととらえる動きも出てくるだろう[15]。中国の一帯一路や戦狼外交が脅威なら，植民地支配の歴史的責任を認識したうえ，民主的な国際関係の構築に向けて，先進国から動き出さなければならない。新興国にインフラ投資の巨大需要があるなか，債務の罠などと中国主導の多国間・二国間融資を批判するなら，先進諸国が国際公共投資を後押ししなければならない（矢野 2019）。

　パンデミック下で懸念される新興国の債務問題への対応を誤れば，1980 年代の累積債務同様，先進国は，環境破壊，麻薬蔓延，移民増大，地域紛争などの「債務ブーメラン」に苛まれるだろう（ジョージ 1995）。グローバル化とは，地球上のどこで発生した困難も他人事ではない世界ができあがったということである。新興国のサプライチェーンがパンデミックで寸断されれば，先進国も打撃を受ける。先進国が人口比以上にワクチンを買い占めていては，パンデミックは終息しないし，中国のワクチン外交を批判できない。

　経済発展と民主化が連動せず，両者の乖離，分断が現実になりつつある中，それでも民主主義の重要性，優位性を主張するのであれば，格差是正と多角主義再建に向けた先進諸国の本気度こそが問われる。先進国内の格差是正によってポピュリズム，自国第一主義を抑制したうえ，より民主的な国際関係のもと，民主国家主導で多角主義を支える必要がある。GVC がまさに鎖となって潜在的な敵対国とも一蓮托生なのだとすれば，経済的合理性の実現，決定的対立回避のためにも，多角的交渉のテーブルを用意しておかなければならない。

おわりに

　アマルティア・センによれば，本来，民主主義は経済発展にとって不可欠の要件である。経済発展の目標は人々の「潜在能力」向上であり，そこには政治的・社会的参加が含まれる。また，民主主義は人々の経済的ニーズを表明する手段でもあり，多種多様な情報にもとづく開かれた対話によってニーズを明確化し，政府に適切な行動をとらせることができる。だからこそ，中国の「大躍

進」時代とは異なり，民主主義下では大飢饉は起こらない（セン　2000: 56-57, 167-180）。

　デジタル化は，この民主主義を危うくもすれば，支えもする。監視社会をもたらすこともあれば，弾圧をかいくぐる手段を提供することもある。SNS が思慮に欠ける「脊髄反射」を呼び起こし社会の分断をあおることもあれば，より直接的な民主主義を促す可能性もある。デジタル化が拡張した GVC によって劣悪な労働環境の改善，児童労働・人権侵害・環境破壊の抑制につながるかもしれない（宇野　2020: 259-262; 日経　20.10.30; 20.11.8）[16]。

　多数派の暴走，ファシズムの台頭をも招きかねない危うさを常に孕み，いまだ未完成の民主主義について，イギリスの宰相チャーチルは，いくつかの言葉を残している。「民主主義とは，頭をかち割る代わりに，頭数を数えることだ」もそのひとつである。

　旧イギリス植民地のミャンマーでは，2020 年 11 月の選挙結果を受け入れない国軍が自国民の「頭を撃ち抜く」非人道的蛮行に及び，クーデター後，強権的支配を続けている。最大の援助国は，国軍創設に貢献した過去を持つ日本である。民主主義と多角主義を重視するという日本の本気度と力量が試されている。

[注]
1　ヨーロッパにおいて市場・通貨統合が実現する一方，財政統合に至らず，「社会的ヨーロッパ」が頓挫しポピュリズムの台頭を招いていることについては，シュトレーク（2016），矢野（2018）を参照。
2　猪俣（2019）は，GVC の本質たる付加価値貿易を「見える化」し，中国を出荷口とする東アジアの国際生産システムの実態，サプライチェーンの高度化や米中対立の持つ意味を明らかにしている。GVC 関連の議論は，本書第Ⅱ部の各章でも扱われている。
3　アリス・アムスデンは，W. A. ルイスに依拠しながら，非白人植民地では農地収奪が低賃金を構造化したことを指摘し，貧困削減には相対的高賃金を実現する農業の近代化と工業化が不可欠と説いた（アムスデン　2011: 45-48）。ボールドウィンは，ビッグプッシュや輸入代替をアナクロニズムとするが，初期開発経済学では，工業化だけではなく，農業生産性の向上を目指す農業・農村政策に着目していた。新興国でもサービス経済化のほうにより多くの注目が集まるが，農業への視点は今もって重要である。
4　大戦間期のように，グローバル化のもたらした危機によって自国第一主義の動きが高まり，ブロック化しては元も子もない。「埋め込まれた自由主義」とは，開放性を維持するためにも，雇用拡大，所得再分配に向けた国内政策の自律性を同時追求しなければならないとする考え方である（ロドリック　2014; 矢野　2016; 2021）。

5　経済のデジタル化と巨大 IT 企業によるデータの独占状況については，中村（2021: 150-168）を参照。

6　アメリカでは，声を届ける術のない人々の絶望死，すなわちアルコール・薬物依存による死亡，自殺が激増している（ケース他 2021）。バブル崩壊やリーマンショックの後，あるいは COVID-19 パンデミック下の日本の自殺者数を見れば，アメリカ固有の事態とは言えない。

7　川中豪によれば，新興国について一般に「民主主義の後退」と括られがちな状況は，軍事クーデターなどによる「民主主義の崩壊」，権力者の権限強化による「民主主義の侵食」，競争的権威主義からの「権威主義の強化」，国政と地方での「民主主義と権威主義の相互依存」の 4 つに区分される。後半 2 類型は「疑似民主主義」からの変態にすぎず，本当に民主主義の「後退＝崩壊」にある新興国は限られ，世界全体で民主化が後退しているわけではないと言う。だが，けっして民主主義の行方を楽観しているわけではない（川中 2018: 28-35, 256-257）。

8　アメリカ国家安全保障局の実態をエドワード・スノーデンが暴露したとおり，監視は中国など新興国に限ったことではない。政治体制を問わず，権力には人々を監視しようとする誘因が常にある。制度的な仕組みや市民社会によって権力が監督されない場合，デジタル化は容易に監視国家化につながる（伊藤 2020: 179）。

9　前述の川中が「民主主義の崩壊」例として挙げるタイの軍事クーデターも，きっかけは，成長によって既得権益を得た都市中間層と，いまだ恩恵に与れない農村民・都市下層民の激しい対立である。タイの格差と民主主義の崩壊について，詳しくは，本書第 13 章および重富（2018）を参照。
　　また外山他（2018）は，中間層が字義通りの民主主義よりも「ストロングマン」による強権政治の支持に傾く東南アジア各国の状況を分析している。

10　ラナ・フォルーハーが指摘したとおり，中国でのデータ収集の容易さを羨む企業人もいて，巨大 IT 企業が独裁国家と結ぶ危険性はゼロではない。2021 年 2 月に発生したミャンマーの軍事クーデターについても，即断即決と実行力の観点で，軍政は国民民主連盟（NLD）政権よりビジネスに好意的だと評価する向きさえある（日経 18.2.1; 21.2.28）。

11　後述の多角主義の議論とも関係するが，帰属利益の算定・配分方法，コンプライアンスコストの適正化，二重課税の防止など，デジタル経済への課税の論点について，詳しくは栗原（2020）参照。

12　各国が税収不足に悩む中，OECD では「税源浸食・利益移転」に関連しタックスヘイブン（租税避難地）への対応が議論されてきたが，パナマ文書の公開以後，狡猾な租税回避への批判がさらに高まった。富裕層・大企業への増税は非現実的との見方はあるが，デジタル化の進展に鑑みれば技術的には可能で，要は政治的意思の問題と言われている（サエズ他 2020: 217）。バイデン大統領はデジタル課税において自国 IT 企業への狙い撃ちを回避するため，OECD での議論には，一定の売上高・利益率が要件となる世界の 100 社程度を課税対象とする案を提示していた（日経 21.4.10）。

13　相対的に平等だったとされるアジアの発展を支えたのは，教科書的な自由貿易体制ではなかったことが再認識されるべきである（アムスデン 2011: 66-85）。

14　サービス経済が金融化・デジタル化・知財化し，サービス貿易が拡大するにともない，多国籍企業はタックスヘイブンを使って取引実態を見えにくくし，租税回避能力を高めてきた。詳しくは，中村（2021: 115-199）を参照。

15　国連の SDGs「ゴール 16」には，参加型民主主義の重要性が謳われているが，国際機関の意思決定方法を含め，国際関係の民主化が進まなければ，新興国は世界人権宣言同様，SDGs も実質的留保を決め込むだろう。

16　国連が「ビジネスと人権」に関する指導原則を採択して以後，今では先進各国がサプライチェーンにおける人権や労働環境の監視を求める法制度を整え，投資家の目も厳しくなっている。各企業は人権問題などのビジネスリスクが顕在化しないよう神経をとがらせている。中国による香港やチ

ベット，ウィグルでの民主化弾圧，人権侵害に対しては，アメリカが香港人権法，EU がマグニツキー法を制定するなど，制裁を盛り込んだ対応をしている。もちろん，どこまで実効性を持つかは不透明である。

［参考文献］

アムスデン，アリス（2011）『帝国と経済発展―途上国世界の興亡』原田太津男・尹春志訳，法政大学出版局。

伊藤亜聖（2020）『デジタル化する新興国―先進国を超えるか，監視社会の到来か』中公新書。

猪俣哲史（2019）『グローバル・バリューチェーン―新・南北問題へのまなざし』日本経済新聞出版。

宇野重規（2020）『民主主義とは何か』講談社現代新書。

宇山智彦（2019）「進化する権威主義―なぜ民主主義は劣化してきたのか」『世界』4月号。

川中豪編著（2018）『後退する民主主義，強化される権威主義―最良の政治制度とは何か』ミネルヴァ書房。

栗原克文（2020）「デジタル経済への課税―実施上・執行上の論点」『フィナンシャル・レビュー』第143号。

ケース，アン／アンガス・ディートン（2021）『絶望死のアメリカ―資本主義がめざすべきもの』松本裕訳，みすず書房。

サエズ，エマニュエル／ガブリエル・ズックマン（2020）『つくられた格差―不公平税制が生んだ所得の不平等』山田美明訳，光文社。

重冨真一（2018）「政治参加の拡大と民主主義の崩壊―タイにおける民主化運動の帰結」川中編著（2018）所収。

シュトレーク，ヴォルフガング（2016）『時間かせぎの資本主義―いつまで危機を先送りできるか』鈴木直訳，みすず書房。

ジョージ，スーザン（1995）『債務ブーメラン―第三世界債務は地球を脅かす』佐々木建・毛利良一訳，朝日選書。

スタンリー，ジェイソン（2020）『ファシズムはどこからやってくるか』棚橋志行訳，青土社。

セン，アマルティア（2000）『自由と経済開発』石塚雅彦訳，日本経済新聞社。

外山文子他編著（2018）『21世紀東南アジアの強権政治―「ストロングマン」時代の到来』明石書店。

中村雅秀（2021）『タックス・ヘイヴンの経済学―グローバリズムと租税国家の危機』京都大学学術出版会。

平川均（2019）「グローバリゼーションと後退する民主化―アジア新興国に注目して」山本編著（2019）所収。

ボールドウィン，リチャード（2018）『世界経済 大いなる収斂―IT がもたらす新次元のグローバリゼーション』遠藤真美訳，日本経済新聞出版。

マゾワー，マーク（2015）『国際協調の先駆者たち―理想と現実の200年』依田卓巳訳，NTT 出版。

ミラノヴィッチ，ブランコ（2017）『大不平等―エレファントカーブが予測する未来』立木勝訳，みすず書房。

矢野修一（2016）「新自由主義批判とアジア・コンセンサスのエチュード」平川均ほか編著『新・アジア経済論―中国とアジア・コンセンサスの模索』文眞堂。

矢野修一（2018）「グローバル化とガバナンスの岐路―『経済の脱政治化』の限界」『産業研究』第53巻第1・2号。

矢野修一（2019）「ブレトンウッズの開発経済学的基礎」『産業研究』第54巻第2号。

矢野修一（2022）「『埋め込まれた自由主義』の再検討と『多角主義』への示唆」『高崎経済大学論集』第64巻第2号。

山本博史（2019）「民主主義と経済発展—世界経済の政治的トリレンマとタイ」山本編著（2019）所収。

山本博史編著（2019）『アジアにおける民主主義と経済発展』文眞堂。

ロドリック，ダニ（2014）『グローバリゼーション・パラドクス—世界経済を決める三つの道』柴山桂太・大川良文訳，白水社。

ロドリック，ダニ（2019）『貿易戦争の政治経済学—資本主義を再構築する』岩本正明訳，白水社。

（矢野修一）

第13章

経済発展と格差問題
―タイを事例として―

はじめに

　産業革命は現在の先進国に富が集中する経済構造を創りあげたが，その構造が変化した。1990年前後から世界経済はボールドウィンが「大いなる収斂（The Great Convergence）」と呼ぶ新たなグローバリゼーションの段階に入った。それは，ポメランツが「大分岐」と呼んだ，現在先進国と呼ばれるG7に代表される国々へ世界の富が集中する200年にわたる豊かな国と貧しい国の経済関係が変化したことを意味している。先進国の経済的地位低下が進行している。その変化のエンジンは東アジアの途上国の多くが，戦後の開放的な経済・貿易環境で経済発展を遂げ，自らの所得を増進させたことであった。これらの国々は貧しさから次第に抜け出し始めている。

　本章が取り上げるタイはG7の経済的地位の下降と対照的に，世界経済における所得シェアを高めた国のひとつである。タイはGDPの増加という視点ではグローバリゼーションの恩恵を受けたが，経済成長の代償として国内格差の拡大という問題を抱えている。

　経済成長は政府による再分配政策が機能しなければ格差をもたらすものである。経済発展で世界経済のシェアを高めた先進諸国における戦前の格差も大きかった。しかしその格差は戦後の混合経済による政府の再分配機能によって福祉国家的な政策がとられたことで大きく改善した。今それら福祉国家も問題に直面している。1980年前後から新自由主義（Neoliberalism）的な政策がとられるようになったことで，多くの国で所得再分配機能が低下したため所得格差は大きくなり，中間層が崩壊し排斥主義を招いている。

　グローバリゼーションは先進諸国に格差問題をもたらし，一定の成長を達成
した新興国でも，新たな課題を引き起こしている。経済的地位を高めた国々に
おいては，権威主義体制の台頭が見られる。これらの国々の経済的台頭が民主
主義勢力の世界レベルでの拡大につながらず，民主主義を否定する動きが見ら
れる。民主主義を通じた大衆の声が届かないため，国内での格差の問題は深刻
であるにもかかわらず，格差解消のため戦後先進国がとった所得再分配による
福祉国家への歩みが見られない。世界における格差の現状と所得再分配が円滑
に進まないタイの現実を歴史的格差構造と民主主義をめぐる問題から考察す
る。

第 1 節　戦後経済秩序と格差

1.　混合経済

　戦後資本主義陣営の経済政策の基本はケインズ理論による混合経済であっ
た。混合経済とは市場経済をとりながら政府の役割も大きなある意味社会主義
的経済が混合している経済体制である。ケインズ主義は世界恐慌から立ち直る
ために乗数効果などで有効需要を政府自らが創造することで失業などに対処し
た。1980 年前後まで主要国ではこの理論の影響を強く受けた政策をとる国が
多かった。冷戦時代，社会主義的な大きな政府の考えは資本主義先進国におい
ても多数の支持者がいた。イギリスでは「揺りかごから墓場まで」という言葉
が示すように，生まれてから死ぬまで手厚い福祉政策が国民に提供されてい
た。他の西ヨーロッパの諸国でも，民主的な選挙を通じ「大きな政府」の政策
を志向する社会民主主義政党が政権を担い，自由競争の資本主義と国民福祉を
同時に実現していた。それらの国々では，恵まれない人々にも国家の再分配機
能が人間らしい生活を保障する優しい社会の構築が目指されていた。
　戦後ヨーロッパに現れた福祉国家の実現は，公平，平等の観点から共産主義
に対するアンチテーゼを打ち立てた。アメリカ社会でも，富裕層への課税は戦
後高率であった。1981 年まで所得税の最高税率が 70％であり，それなりに税

の再分配による公平，平等が機能した社会であった。

2．新自由主義の登場

　大きな政府によるケインズ的政策は1970年代の2度に及ぶ石油危機が引き起こしたスタグフレーション，すなわち景気の停滞と物価上昇が同時進行する状況下では，積極財政による乗数効果が低下し，既存産業構造を維持する財政支出の拡大がイノベーションを阻害し経済成長を妨げるようになった。ケインズの理論では失業対策として財政出動，インフレには歳出削減を行う必要があり，スタグフレーションへの対応が難しかった。

　この危機を乗り越えるための処方箋として，新自由主義が登場した。イギリスで1979年に政権をとったマーガレット・サッチャー，1981年に米大統領に就任したロナルド・レーガン，1982年に首相に就いた中曽根康弘らが新自由主義的な政策を採ったとされる。

　新自由主義はあいまいな概念でその意味するところは広いが，一般にはミルトン・フリードマンとフリードリヒ・ハイエクがこの経済思想を代表する経済学者とされる。新自由主義の基本的な政策は，結果の平等よりも機会の平等を重視し，小さな政府，規制緩和，国営企業民営化などであり，市場原理を重視した。新自由主義は後に経済危機を引き起こす国際資本移動の自由化を促進した。新自由主義が唱えたとされる小さな政府については異論も多い。サッチャーは高福祉政策を継続したし，政府支出は削減していない（任期後半ではGDP比では低下がみられる）。またレーガン政権が軍事費増加により政府支出を拡大し，公的債務を増大させたことからもわかるように，必ずしも小さな政府を目指しているとも言えない。政治的圧力を高めて要求を通そうとする労働組合運動に対しては，市場経済を阻害すると考え，好意的ではなかった。

　戦後欧米福祉国家が構築した経済社会政策は，新自由主義によって，それぞれの先進国の歴史的変遷や社会文化的制度に応じて修正された。しかし，所得再分配機構はかなりの程度維持されてきたことも事実である。

　サッチャー政権は労働組合をイギリス病の原因のひとつと考え，公営企業を民営化し，労働法制を変更して組合を無力化した。イギリスでは失業率が高

まったが，手厚い社会保障が，かなりの程度維持されたことに特徴がある。レーガン政権はケインズ経済学に代えて新自由主義の経済思想と親和性が高いサプライサイドの経済学を実施した。この政策はミルトン・フリードマンの主張したマネタリズムに影響を受けている。その結果，スタグフレーションのインフレと高失業の悪循環は終息した。

3. 新自由主義と格差

　地球規模でみれば，新自由主義的な市場メカニズムの徹底で経済の成長性は高まるが，不安定性も高める側面がある。結局，国際経済の安定性は損なわれアジア通貨危機やリーマンショックに見られる金融危機が世界を震撼させる事態を引き起こした。また，新自由主義的な政策は各国の国内における格差を拡大させる方向に経済構造を再編し，各国のジニ係数は大きく悪化し格差は拡大した（井上 2020: 8, 52）。

　新自由主義によるグローバリゼーションの加速により，東アジアの人々の所得は増加し，世界規模の格差緩和，先進諸国中間層の所得停滞と国内格差の拡大が引き起こされた。この状況を端的に示す指標にミラノヴィッチのエレファントカーブがある（ミラノヴィッチ 2017: 13）。ミラノヴィッチはベルリンの壁が崩壊する前年の 1988 年と 2008 年の 20 年間における購買力平価による実質所得が所得階層別にどれほど伸びたかを示した図 12 - 1（p.182）を発表し，多くの研究者の注目を集めた。この 20 年間で所得を向上させたのは，ミラノヴィッチが「グローバル中間層」と呼ぶアジアの貧困層および中間層，アジアの新興経済国の人たちであった。国で見ると中国を中心にインド，ベトナム，タイ，インドネシアなど経済発展した東アジア途上国の人々である。また，世界で上位 1％のグローバル超富裕層も「グローバル中間層」同様大きく所得を上昇させた。図 12 - 1 では象の背中 A の周辺部と鼻先 C にあたり，勝ち組となり大きな果実を手にした人々である。一方負け組は B 近くの「豊かな世界の下位中間層」である各国の所得下位 50％の人々で，大多数はアメリカ人，日本人，ドイツ人である（ミラノヴィッチ 2017: 15）。

　ミラノヴィッチと同様，世界における所得格差の研究で多くの経済学者に衝

撃を与えた著作が 2013 年に出版され世界各国で翻訳されたトマ・ピケティの
『21 世紀の資本』であった。クズネッツの統計的分析手法を，欧米を中心に全
世界に拡大した労作である。自由な資本主義市場経済では例外的な時期を除
き，「資本収益率（r）＞経済成長率（g）」が成り立ち，貧富の格差が拡大する
と主張した。ミラノヴィッチ同様に 1970 年代以降は先進諸国の国内所得格差
拡大を指摘している（ピケティ 2014: 17）。特にアメリカにおける所得上位
1％，10％への富の集中は顕著であった（ピケティ 2014: 26, 303）。1980 年以
降の豊かな世界の下位中間層すなわち先進国の所得順位 50％以下の人々の実
質所得は，日本は低下，ドイツは 0〜0.7％，アメリカは 21〜23％の上昇であっ
た（ミラノヴィッチ 2017: 15）。

　途上国においても，先進国以上の富の偏在が見られる。Credit Suisse の
Global Wealth Databook では，国内富裕者上位 1％，5％，10％が占める富の
主要 40 カ国の国際比較が可能である。上位 1％の富裕者の占有率は 1 位ロシ
ア（58.2％），2 位タイ（50.4％），3 位インドネシア（44.6％），インドとトル
コが同率 4 位（42.5％）である（Credit Suisse2019: 168）。先進諸国より途上
国の経済格差が厳しい状況であることがわかる。

　ミラノヴィッチのエレファントカーブは 2008 年までの状況を説明している
が，その後の状況はどうなったのであろうか。表 13−1 は世銀による先進国
（高所得国）と発展途上国（低所得国，下位中所得国，上位中所得国）の 1997
年から 2017 年までの世界経済に占める各グループの割合を示した表であるが，
エレファントカーブが示した「グローバル中間層」の上昇と，先進国の所得の
相対的低下が 2008 年以降も継続している。

表 13−1　世界の GNI 所得グループ（低所得，下位中所得，上位中所得，高所得）別の世界比率

所得区分	1997 年	2002 年	2007 年	2012 年	2017 年
低所得国（1035 ドル以下）	−	−	0.5％	0.7％	0.7％
下位中所得国（1036〜4045 ドル）	4.1％	4.1％	5.5％	7.1％	8.0％
上位中所得国（4046〜1 万 2535 ドル）	13.1％	13.0％	18.6％	26.3％	27.5％
高所得国（1 万 2536 ドル以上）	82.8％	82.9％	75.3％	66.0％	63.7％

（出所）World Bank（2019）から作成。

第 2 節　グローバリゼーションとタイの経済発展

1. タイの工業化と経済発展

　グローバリゼーションによる「大いなる収斂」の下，タイは大きく変容した。タイ経済は前節のミラノヴィッチのエレファントカーブでは勝ち組として分類される。確かにタイは外資に対し開放的な経済政策をとり工業化と GVC（グローバル・バリューチェーン）の一翼を担うことで，国内ジニ係数や貧困者の絶対数の減少に成功した。しかし，今のタイ社会を見て多くの人はタイの庶民を幸福な人々と思わないであろう。そこは，極端な経済格差と暗黙の階級制が支配する世界である。

　タイにおける格差は歴史的な背景をもっている。植民地主義時代においても，タイは伝統的な支配システムを近代的な政治体制へ転じることに成功した。1855 年バウリング条約による開国はイギリスによる自由貿易帝国主義の強制であったが，王家を中心としたタイ支配階層は新たな国際環境に順応し，国家の生き残りに優れた適応を見せた。当時，国を支えた経済基盤は一次産品の輸出であり，特に重要なのがコメであった。

　コメ経済とも呼ばれたタイ経済は豊富な荒蕪地を稲作地へ開墾することにより輸出を増大させた。しかし国民一人当たりの GDP の増加はなく，国の GDP が人口増によって増加する「経済発展」であった。その結果，一般大衆の生活の改善が見られない状況が，サリットによる輸入代替工業化が始まる 1950 年代末まで継続した。

　クーデターから首相に就いたサリットはその独裁政治のため批判も多いが，その輸入代替工業化政策はタイの経済発展という意味では画期的であった。彼は「開発の時代」という標語の下，新時代を切り開いた。緩慢であったが国民生活は向上し始める。この 1960 年代からの工業化はバンコク周辺の首都圏が拠点であり，農村部には恩恵が及ばなかった。しかも，政府は工業化に必要な歳入を農業分野から徴収せざるを得なかった。ライスプレミアムと呼ばれる輸出税を米の輸出に課す政策はその代表である。農民の籾米売却価格は大きく抑

えられ，税負担の多くは農民に転嫁された。ただでさえ貧しい農民を長期にわたり経済的に苦しめた。政府はライスプレミアム以外にも輸出制限や，輸出業者に在庫を義務づけることで，国内の白米価格を統制していた（重富 2010: 5）。その結果，農民より豊かな都市部の国内米消費者は国際価格より格安の米を購入することで生計費を安くすることができ，労働集約的工業化に貢献した。一方，初期の工業化では多数派の農民への恩恵は限定的であった。

　近隣諸国よりインフラを整えていたタイは 1985 年のプラザ合意による日本からの直接投資，1989 年の NIES に対するアメリカの一般特恵関税（GSP）廃止という幸運に遭遇し，1980 年代末から投資ブームと高度経済成長を実現した。

2. タイの経済成長と格差

　近年中所得国の罠にとらわれ低成長になっているが，1997 年通貨金融危機に遭遇した時期を除いて，タイの経済発展は比較的順調で，発展途上国の優等生と言われてきた。一方で貧富の格差が激しい国であると指摘されることも多い。経済発展による恩恵がどのように分配されたか，時系列でこの 30 年の貧困・格差指標をまとめたのが表 13 - 2 である。

　タイでは世銀と協力し NESDB（国家経済社会開発庁）が毎年貧困ラインを決定し，その所得を下回る人々を貧困人口としている。プラザ合意による円高の進展によって日系企業の投資ラッシュが始まった 1988 年には，貧困人口は 65％にも達していたが，2019 年には 6％にまで低下した。中進国化で底辺の人々も恩恵を受けたことがわかる。ジニ係数は 1981 年 0.43 であり，1990 年代まで上昇傾向を示した後，この 20 年間低下傾向がみられる。最も豊かな上位 10％と最下位の 10％の格差は 17 倍から 2013 年には 35 倍と格差が拡大し，以後低下し始めた。2019 年は 16 倍である。この 16 倍という数字はどの程度の格差を物語っているのだろうか。すでに述べたようにタイの上位 1％の富裕層は国富の 50.4％を所有しており，世界で 2 番目という富占有格差を示している。アメリカですらこの数値は 35.4％であることを考えると，いかに少数の富裕層が富を独占しているかがわかる。タイの上位 10％は 76.6％の富を保有し

表 13-2　タイの貧困・格差関係数値

年次	貧困ライン（バーツ）	貧困人口（%）	ジニ係数（全国）	所得最上位 10%のシェア（%）	最上位 10%の最下位 10%倍率
1981	−	−	0.4308	34.1	17.0
1988	879	65.2	0.487	37.2	20.9
1992	1086	50.0	0.536	42.2	27.7
1996	1306	35.3	0.513	40.0	24.6
2000	1555	42.3	0.522	40.4	26.8
2004	1719	26.8	0.493	38.3	21.9
2006	1934	21.9	0.514	40.0	29.9
2009	2174	17.9	0.490	38.4	23.8
2011	2415	13.2	0.484	39.3	25.2
2013	2572	10.9	0.465	36.8	34.9
2015	2644	7.2	0.445	35.0	22.1
2017	2686	7.9	0.452	35.3	19.3
2019	2763	6.2	0.430	33.2	15.9

（出所）池本（2000: 71），末廣（2020: 416），NESDB（各年版）から作成。

ており，タイは極端な格差社会である。また，土地所有実態を見ると上位10％は下位10％の878倍の土地を所有している（NESDB2015年版）。後述するが，土地への課税制度が土地占有の大きな格差を助長している。

　21世紀にはいるとタクシン政権の登場と民主化の進展で農村部への政策的な支援が増加したことと余剰労働の枯渇による工業部門の賃金の上昇が，格差の縮小をもたらしたが，貧富の格差は依然大きなものがある。

　このような格差社会はなぜ形成されたのであろうか。豊かな民主主義国の人々は現在享受している，人権，平等，自由などの価値観を当然と考えがちであるが，タイの人々が直面しているような様々な分野での理不尽な格差社会が戦前の日本においても通常であった。日本だけではなくG7の国々でも戦前ほとんどの国の格差は現在とは比べものにならないほど大きかった。タイはその構造が維持されているだけということもできる。格差は歴史的に創造された構造に由来する。次項で述べるライスプレミアム制度はそのひとつの例証である。

3. コメ経済にみる創りだされた格差の構造

　2006 年のクーデター以降，都市下層と農民の連合である旧赤シャツと，バンコクの中間層とエリート層の同盟である旧黄シャツの対立の終息は現在も見通せない。その背景にあるのは都市（バンコク）と農村の対立である。ライスプレミアム制度はこの都市と農村のこれまでおかれてきた関係を端的に示す制度であった。

　領域国家形成以降，バンコクが農村を一方的に支配するという構造は強固で，国民の多数を占める農民は権力にほとんど関与できなかった。反乱は千年王国運動にみられるように存在したが，チャクリー改革で整った近代軍の敵ではなかった。1932 年立憲革命で主権在民となったものの，農民は政治的権力をもたなかった。1973 年の学生革命以後，一時農民運動が盛んになったが，合法，非合法の手段で鎮圧された。

　しかし経済発展はこの構造を次第に変容していく。タイは本格的な工業化に乗り出した 1960 年には国民の 8 割，1980 年代前半でも 7 割が農業に従事する国であったが，表 13 - 3 にみるように急速に一次産業（そのほとんどは農業）の就業人口が縮小している。

　所得の上昇は，1990 年代以降農民層の教育面での改善をもたらし（池本 2000: 63），農民の政治的覚醒につながっていく。さらに，農村に政治的基盤を見出したタクシンの登場により，農村の政治状況は一変した。「30 バーツ国民皆保険制度」による医療アクセス権の確立にみられるように，選挙における一票が自らの生活の質を変えることを農民は実感した。以後，特権を維持しようとする都市と農村の対立は終わりが見えない内乱の様相を呈している[1]。

　専制君主制国家は税負担を国民に求めるのみで，国民の厚生を軽んじるが，タイも同様であった。1938 年に廃止されるまで，唯一の直接税であった地租

表 13 - 3　タイ国における全従業者に占める農林水産業従事者比率

年	1960 年	1970 年	1980 年	1990 年	2000 年	2010 年	2020 年
農林水産業%	82.4%	79.3%	72.2%	64.0%	48.8%	41.3%	34.8%

（出所）末廣（1998: 93）（NATIONAL STATISTICAL OFFICE）から作成。

と人頭税は1910年から1926年まで歳入の20％から25％を占め，廃止の年1938年でも12.8％であった（Ingram 1971: 178, 185）。この両税は現金収入が少ない農民にとって負担が重く，人頭税は税の逆進性が高く経済格差を拡大させた。1986年に廃止されるまで続いたライスプレミアム制度も農民の経済的厚生を無視している点では民主主義的な近代国家では考えられない税制であった。ライスプレミアムなどのコメ輸出関連税が輸出価格に占める割合は，1956年以降20〜30％台（辻井 1975: 358），1960年から1981年までは21％〜63％，1982年以降は低下し14％〜7％であった（Ammar and Suthad 1989: 44）。ライスプレミアムが歳入に占める割合も1965年以前は9％〜17％と高かった（辻井 1975：368）。

　多くの研究者によればライスプレミアムは農民の所得を低下させた農業部門からの収奪的な政策であったとしている。一方で辻井のようにライスプレミアムの負担を農民よりも輸出先の消費者の負担として強調する研究もある（辻井 1975）。辻井の論考の12年後，ランサンが行ったライスプレミアムに関する詳細な研究（Rangsan 1987）はライスプレミアム制度がどの程度農民の負担であったのかを先行研究から比較検討し，タイ経済の背骨であったコメ経済が都市と農村にとってどのような規定要因であったかを明らかにしている。

　辻井が農民窮乏化政策を否定するのに対し，ランサンは農民を窮乏化させる税であると糾弾している。ランサンがまとめた研究成果を表にしたものが表13-4である。

　ジニ係数やTFP（全要素生産性）などと同じく，計量経済学は取り扱い方

表13-4　1980/81年度の政府によるコメ輸出課税の負担と便益の比率

研究者	輸出課税による負担		輸出課税による受益者	
	輸出先の消費者	農民	政府税収	国内消費者
アムマーン・サヤームワーラーほか	8.1％	91.9％	38.7％	61.3％
オーラーン・チャイプラワット	0.0％	100.0％	33.3％	66.7％
サラン・ワッタナットチャイヤー	40.0％	60.0％	60.0％	40.0％
Chung Ming Wong	23.8％	76.2％	49.2％	50.8％
カイシー・コンチン	23.3％	76.7％	48.9％	51.1％

（出所）Rangsan（1987: 163-165）から作成。

により結果が異なる問題点はあるが，複数の研究の数値から，一定の信頼性を
もって1980/81年度のライスプレミアムの課税負担の大部分が農民に転嫁さ
れ，農民の収入減につながったということはできよう。同様に，受益者は政府
への税収より国内の消費者への便益が大きいことを示唆している。アムマー
ン・サヤームワーラーはタイでは経済学界の泰斗であり，この年のライスプレ
ミアムの9割以上が農民負担であり，国内消費者が6割以上の便益を受けてい
るという彼の分析の意味は重い。他の研究者も農民のライスプレミアムの負担
割合を6割以上としており，ライスプレミアムは米作農民の収入を減少させる
農民窮乏化政策といっても無理はないであろう。

　ランサンは「政府は米作農民に罰を下すような政策をとっている。彼らが必
要な工業製品は輸入代替工業化政策による関税障壁で高く設定される一方，ラ
イスプレミアムで本来得るべき所得よりも低所得となっている」と述べている
（Rangsan 1987: 200）。さらに「ライスプレミアムに関係する経済政策立案者
の見解を集めたところ，その多くはライスプレミアムに好意的である。これら
の人々は稲作農民がどれほどの負担をしているかまったく考慮していない。田
舎でコメを栽培する農民より都市大衆の利益ばかり重んじる（Rangsan 1987:
326）」と官僚が都市の利益の奉仕者であると分析している。官僚のこのような
意識も格差を維持した要因の一つであった。その結果，長くタイ経済を支え続
けたコメ経済において，農村の厚生は放置され，都市のみが便益を受ける歪な
構造が国内格差を拡大した。

4.　格差を固定拡大する税制

　ライスプレミアムも経済的格差拡大を引き起こしてきた税制であるが，1986
年に廃止されて久しい。しかし，現在，なお，タイにおける格差を拡大し，固
定化する力として，富裕層の経済的優位を維持する方向で作用している税制が
ある。相続税，贈与税，固定資産税である。これらの税は最近まで存在しな
かった（相続税は1944年に廃止された）。この3税が存在しなかったことが格
差構造の再生産に寄与し格差拡大をもたらした大きな要因であったことは明ら
かである。

　プラユット軍事政権のほとんど唯一の「仁政」が相続税，贈与税，固定資産税の導入であった。これらの税はこれまで何度か導入が試みられたが，支配層の既得権益を侵食するため立法化は成功しなかった。プラユット政権は相続税と贈与税をクーデター政権で立法化し，2015 年 8 月 5 日官報で公示した。両税の導入は喜ばしいが，その内容をみると格差解消には程遠いことがわかる。相続税の内容は課税控除額が 1 億バーツ（約 3.5 億円）で，1 億バーツを超えた部分の税率は直系尊属，直系卑属の場合は 5％，その他の相続人は 10％である。課税対象は，土地家屋，銀行預金，株式や債券，自動車で，金や美術品などは課税対象外となっている。金行による金売買が蓄財機能をもつタイでは金を課税対象から外したことは問題であろう。生前の財産分与を防ぐ目的で，贈与税も導入され，直系尊属，直系卑属の場合，課税控除額は 2000 万バーツで税率は 5％，それ以外の者への控除額は 1000 万バーツで 10％の税となっている。

　固定資産税がなかったことも富裕層優遇と長く批判されてきた。固定資産税法（タイ語を直訳すると土地家屋税法）は 2019 年 3 月官報に公示され，当初 2020 年 1 月から施行される予定であったが，コロナ禍のため 10 分の 1 への減免で 2020 年 8 月から課税が始まった。固定資産税は，地方税である。税率は上限が示されるだけで地方自治体が毎年決定することになっている。宅地は建物と合わせて，評価額の 0.3％，農地は 0.15％，その他の家屋と未使用地は 1.2％が上限である。自宅は 5000 万バーツ（約 1 億 7500 万円）まで無税である。この課税基準ではよほどの豪邸でないと税負担は生じない。ちなみに，日本の固定資産税率は評価額の 1.4％で，評価額は市場価格よりかなり低いが，それでも東京都の収入の 27％が固定資産税からの収入で総額は 1 兆 5000 億円を超え富裕層はそれなりに税を負担している。

　このように，都市エリートである富裕層が税を負担しない構造が温存され続けている。そのため，政府が本格的な所得再分配政策のよる福祉政策をとることができる余地が限られ，格差が放置され続けているのがタイの格差問題の現状である。

おわりに

　欧米先進国の混合経済による再分配機能を重んじる民主主義国家の誕生は，社会主義国の「格差のない平等な社会」に対抗する側面があった。その結果，戦後の先進国では歴史上もっとも人権が尊重される自由で経済格差の少ない平等な社会が実現した。その先進国の多くで，新自由主義がケインズ主義にとって代わり，グローバリゼーションが進展したことで抑えられていた格差の拡大が問題となっている。

　時を同じくして，ソビエト連邦とその同盟国の社会主義放棄と中国の改革開放による世界資本主義への包摂が進行した。中国やベトナムは政治の共産党一党独裁，経済の資本主義化である市場経済というシステムで急速な発展を遂げた。社会の経済的底上げに成功したが，貧富の格差は先進国以上に深刻である。「議会制民主主義」を掲げる東アジアの多くの国々もグローバル化の進展で恩恵を受け，中所得国へと昇華した。東アジアの経済発展は世界的規模での格差解消を実現し，貧困の解消と先進国との格差縮小という世界規模での経済厚生を高めた。しかし，それらの多くの国々の経済的成功はS. P. ハンチントンが「第三の波」で詳述した1974年から1990年に起こった民主主義の波を継承しなかった。経済発展はあったが，エリート層が既得権益の放棄を拒み民主主義が蔑ろにされ，政府による国富の再分配が機能せず経済格差解消が進まない。

　タイで所得再分配機能が働かない原因は，歴史的に構築された社会構造にある。この構造に変更を加えようとすると，エリート層は頑強に抵抗し，既得権益を死守しようと手段を択ばない抵抗を試みる。その構造は歴史的な規定要因を大きく反映しており，容易に変更できない価値体系さえもっている。今回は紙幅の関係で取り上げることができなかったが，タイ最大の資産保有者が国王であることは示唆的である。

　本章が取り上げたタイのライスプレミアム制度をみると格差の構造が歴史的に生成されてきたことが見てとれる。国民の大多数である農民が政治的に無力化され，支配層が権力基盤である都市の利益を優先し，多数派の農民に対する

経済的不利益を固定，拡大させ，社会公正に反する貧民窮乏化政策すらとってきた。民主主義が機能することが解決策だが，この 15 年間のタイ政治をみれば，権力者側は既得権を守るため非合法な軍事クーデターすら躊躇せず，選挙で選ばれた政権を葬り，軍事政権が自己に都合の良い法制度を構築し民主主義を破壊してきた。タイの固定資産税や相続税の枠組みを見ても明らかなように，エリート層は自分たちに都合の良い法制度を維持し，格差の解消どころか格差を拡大させる政策を継続させている。

　タイだけでなく，ビルマ（ミャンマー）や中国でも人権が脅かされ，民主主義の価値観が尊重されないことが格差拡大をもたらす要因となっている。国家がどれほど繁栄しようともそこに暮らす個々人に自由が無く人権が侵害されるなら経済発展の意味はない。アマルティア・センの言う潜在能力を低下させるからである。

　現在国際社会が直面している多くの問題は，グローバル化と深く関り，もはや国民国家を単位として問題に対応することができない側面もある。クーデター，少数民族弾圧，人権や自由の抑圧を抑止する方法として，ダニ・ロドリックの提案，「（各国の経済成長の原動力である）世界市場への参入は民主的価値観を体現する国家にだけ開くべき」とする考えは一考に値するであろう（ロドリック　2014: 280-282）。民主的価値はグローバルな規範であり，反論の余地はない。今日世界市場へのアクセスが国家の盛衰を握るため，そのような国際枠組みができれば，民主主義潰しにかなりの抑止効果をもつと思われる。現実的な困難さは百も承知であるが，いつの日か，実現することに希望を託したい。

※本研究は日本学術振興会科研費 21K18119 の助成を受けている。

[注]

1　2019 年からバンコクの中間層の子弟である大学生や高校生など若者の反政府運動が活発化し伝統的価値観に挑戦しており，都市と農村の対立から，国王を中心とする支配階層と民主主義の対立に変化しているが，本論ではこの問題には立ち入らない。

[参考文献]

浅見靖仁（2003）「タイにおけるソーシャル・セーフティネット」寺西重郎編著『アジアのソーシャ

ル・セーフティネット』勁草書房。

池本幸生（2000）「第3章　タイにおける地方間格差の多様性」大野幸一編著『経済発展と地域経済構造：地域経済学的アプローチ』アジア経済研究所。

井上誠一郎（2020）『日本の所得格差の動向と政策対応のあり方について』RIETI Policy Discussion Paper Series 20-P-016，経済産業研究所。

重富真一（2010）「なぜタイはコメ輸出規制をしなかったのか」『アジ研ワールド・トレンド』175号，アジア経済研究所。

サエズ，エマニュエル／ズックマン，ガブリエル（2020）『つくられた格差―不公平税制が生んだ所得の不平等』山田美明訳，光文社。

末廣昭（2020）「第七章　現代の経済・社会」飯島明子・小泉順子編著『タイ史』山川出版社。

末廣昭（1998）「第4章　労働力調査」末廣昭編『タイの統計制度と主要経済・政治データ』アジア経済研究所。

辻井博（1975）「タイ国ライス・プレミアム政策の実証的経済分析」『東南アジア研究』13巻3号。

ピケティ，トマ（2014）『21世紀の資本』山形浩生・守岡桜・森本正史訳，みすず書房。

ミラノヴィッチ，ブランコ（2017）『大不平等』立木勝訳，みすず書房。

矢野修一（2013）「2つのアメリカ帝国と「埋め込まれた自由主義」の盛衰」『高崎経済大学論集』第55巻第3号。

山本博史（2019）「第1章　民主主義と経済発展―世界経済の政治的トリレンマとタイ―」山本博史編著『アジアにおける民主主義と経済発展』文眞堂。

ライシュ，ロバート（2016）『Saving Capitalism　最後の資本主義』雨宮寛・今井章子訳，東洋経済新報社。

ロドリック，ダニ（2014）『グローバリゼーション・パラドックス　世界経済の未来を決める3つの道』柴山桂太・大川良文訳，白水社。

Ammar Siamwalla and Suthad Setboonsarng (1989) *Trade, Exchange Rate, and Agricultural Pricing Policies in Thailand*, The World Bank.

Credit Suisse (2019) *Global Wealth Databook*, https://www.credit-suisse.com/about-us/en/reports-research/global-wealth-report.html（2021年1月10日アクセス）

Ingram, J. C. (1971) *Economic Change in Thailand 1850-1970*, Stanford University Press.

National Statistical Office, http://web.nso.go.th（2021年2月20日アクセス）

NESDB（各年版）*Raigan Kan Wikhro Sathanakan Kwan Yachon Iae Khwam Luamlam nai Prathet Thai*（タイ国の貧困と経済格差の状況に関する分析報告書）。

Rangsan Thanaphonphan (1987) *Setthasat wa duai primiam khao*（ライスプレミアムに関する経済学），Thammasat University Press.

The World Bank (2019) *Middle-income countries taking greater share of global economy* https://datatopics.worldbank.org/world-development-indicators/stories/middle-income-countries-taking-greater-share-of-global-economy.html（2021年1月20日アクセス）

（山本博史）

第14章

中国の金融政策と人民元の国際化

はじめに

　本章では，まず，中国の金融政策の枠組みと具体的な手法，最近の金融政策の動向について概観する。金利が依然として規制されており，金利のみでは金融政策が完結しないため，貸出数量のコントロールが行われていることを指摘する。次に人民元の国際化の動きについて，中国の海外との取引における人民元比率を上昇させるという意味の人民元の国際化と，国際的な人民元建て取引の増加とを分けて，それぞれの進展状況を紹介する。最近のデジタル人民元導入の動きについても人民元の国際化と関連して取り上げる。最後に，現状の金融政策の枠組みと，人民元の国際化のために重要な資本取引の大幅な自由化の関係を取り上げ，人民元の国際化の見通しについて論ずることとする。

第1節　金融政策

1. 中国人民銀行

　中国の金融政策は，中央銀行である中国人民銀行（以下「人民銀行」）が実施している。中国では，国務院に財政部や外交部など中央官庁が属しているが，人民銀行もそのひとつとして国務院に属している。人民銀行の行長（総裁）は財政部長（大臣）などと同じく部長のひとりである。そして一定の重要事項の決定については国務院の了承を得て行うこととなっている（中国人民銀

行法第 5 条）。人民銀行は金融政策を制定，執行し，金融リスクを防止，解決して金融部門の安定を維持するとされており（同第 2 条），金融政策の目標は，貨幣価値の安定を保持すること，並びにこれをもって経済成長を促進することとされている（同第 3 条）。これらを受けて人民銀行は，金融政策の目標として国内物価の安定を最優先としながら，同時に国際収支の均衡，経済成長，金融部門の安定維持なども目標として，それらの間の協調を図っている[1]。

2.　金融政策の手段

　金融政策の手段として，第 1 に金利政策が挙げられる。人民銀行は，一般の銀行の預金・貸出金利について基準金利を公表している。この預金・貸出基準金利には従来それぞれ上限と下限が設定されていて，銀行はその範囲内で金利を設定する必要があった。この上限と下限は徐々に撤廃され，2015 年 10 月に預金金利の上限が撤廃されて形式的には預金・貸出金利の上限・下限はなくなり，自由となった。しかし，人民銀行は預金・貸出基準金利を廃止せず，銀行に対して基準金利から極端に乖離した金利を設定しないように要求した。このため銀行業界団体である市場金利設定自律機構が，2016 年 5 月に人民銀行の指導の下，貸出金利は基準金利の 0.9 倍を下限に，預金金利は基準金利の 1.3〜1.4 倍を上限にすると申し合わせた。

　一方，人民銀行は 2013 年 10 月に貸出金利の新たな標準として貸出基礎金利（Loan Prime Rate: LPR）1 年物を導入した。2015 年 10 月以降貸出基準金利が据え置かれる中，LPR は貸出基準金利 1 年物（4.35%）をわずかに下回る水準（4.31%）でほとんど動かなかった。他方，人民銀行は，銀行に対する短期の資金供給手段である 7 日物リバースレポ[2]に加えて，2014 年 9 月に銀行への資金供給の手段として 3 カ月以上の期間の中期貸出ファシリティ（Mid-term Loan Facility: MLF）を導入した。そして，2019 年 8 月に従来の貸出基礎金利を見直し，英文名称（LPR）は変えずに「貸出市場報告金利」に変更した。この見直しでは，1 年物 MLF の金利水準を基準として報告基準銀行（18 行）が資金調達コストなどの事情を加味して人民銀行に報告する金利によって LPR を決定することとされた。1 年物は 4.25% とされ，加えて 5 年物 LPR（4.85%）

も導入された。同時に貸出金利の下限についての銀行間の申し合わせは撤廃された。この結果，7 日物リバースレポ，1 年物 MLF，1 年物 LPR，5 年物 LPR という政策金利体系を人民銀行がコントロールするシステムが構築された。その後，数次にわたり LPR は引き下げられたが，銀行の利鞘確保のため，人民銀行は銀行に預金金利の引き下げも指導している。

　第 2 は，預金準備率操作である。預金準備率は，銀行の預金の一定比率を人民銀行に預金することを義務づける制度である。2011 年 12 月までは大型商業銀行で 21.5％という高率であったが，その後順次引き下げられ，2020 年にもコロナ禍への対応で引下げが行われた結果，2020 年 5 月末には全銀行の加重平均で 9.4％となった。かつて高率であったのは，人民銀行が人民元為替レートの急上昇を抑えるために人民元売り外貨買いの為替介入を行った結果，外貨準備が急増し，他方で銀行に対して人民銀行当座預金が潤沢に供給されたからである。これによって生じる超過準備を放置すると銀行間市場金利が大幅に低下し，必要以上の金融緩和効果が生じてしまう。これを防ぐため，預金準備率を引き上げて利用可能な当座預金を凍結した。その後，外貨準備が減少に転じたことと，超過準備の供給によって金融緩和効果を得るため，預金準備率は引き下げられて来た。

　第 3 は，公開市場操作である。これは人民銀行が銀行との間で国債などの有価証券を売買したり，有価証券を担保として貸出を行ったりして，人民銀行当座預金の量を変化させ，銀行間市場の金利をコントロールするものである。主な公開市場操作の種類としては，人民銀行が銀行から債券を買い入れ一定期間後に売り戻すリバースレポ 7 日物と 14 日物，人民銀行が銀行から債券を担保として受け取り，貸出を行う常設貸出ファシリティ（Stand-by Loan Facility: SLF），MLF などが挙げられる。最近では原則毎営業日に 7 日物リバースレポ，毎月 15 日前後に 1 年物 MLF が実施されている。

　第 4 に再貸出，再割引である。再貸出は人民銀行が銀行に対して行う貸出であり，再割引は銀行が保有する手形を人民銀行が買い入れる形で行われる。

　最後に，窓口指導である。銀行の貸出量と貸出先の産業や分野について人民銀行は指導を行っており，これを窓口指導と呼ぶ。人民銀行は定期的に銀行と窓口指導会議を開催し，人民銀行の意図を伝え，窓口指導を行っている。

3. 金融政策の枠組み

　人民銀行は1項で述べた金融政策の目標を達成するため，中間目標として広義通貨供給量（M2）と非金融部門の資金調達総額を表す「社会融資規模」の伸び率を重視している。そして，2項で述べた各種の金融政策手段を利用して金融政策を行っている。政策金利の調整については，7日物リバースレポ，1年物 MLF，1年物と5年物 LPR など複数の政策金利が存在する。これらを人民銀行がコントロールしている。さらに銀行の利鞘を確保するため，対応する預金金利についても人民銀行が事実上管理している。利鞘の確保に加え，名目 GDP 成長率に比して，金利水準が低位に抑えられていることもあって，資金に対する超過需要が存在し，信用割り当てとして人民銀行が貸出数量をコントロールする必要がある。また，銀行に対して政府が奨励する産業分野や，中小企業などに対する貸出の増加を要請することも窓口指導の内容に含まれる。窓口指導は，重要な金融政策手段の役割を担っている。

4. 金融政策の最近の動向

　人民銀行は，2017年初から金融リスクの防止を最重視し，従来の「穏健な金融政策」という表現を「穏健中性の金融政策」に変更して，引き締め気味の金融政策に転換した。MLF1年物は2017年1月以降3.0％から順次引き上げられて2018年4月に3.3％となった。銀行間市場金利である SHIBOR（上海銀行間取引金利）7日物も2016年末の2.5440％から2018年4月末には2.9720％まで上昇した。2018年春から始まった米中貿易摩擦による外需の停滞などによって GDP 成長率が低下し始めると，人民銀行は預金準備率を2018年4月，7月，10月に累計3.5％引下げ大型商業銀行の預金準備率は13.5％となった。SHIBOR7日物は2018年11月末には2.6070％に低下した。国務院常務委員会は2018年7月に「穏健中性の金融政策」を「穏健な金融政策」という表現に戻し，緩和気味の金融政策に転換したことを示した。そして2019年8月には前述の通り，LPR の見直しを行い，貸出金利の低下を促した。LPR1年物は2019年11月に4.15％まで低下し，この間 MLF1年物金利も3.25％に低下した

図 14－1　中国の各種金利の推移

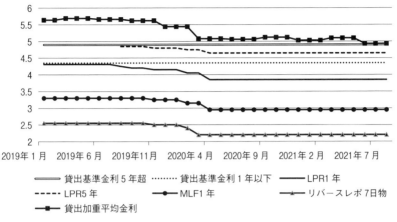

（出所）中国人民銀行の統計から作成。

（図 14－1）。

　2020 年に入ると，新型コロナ感染症の影響下，人民銀行はコロナ対応の重点産業や影響の大きい中小企業などへの資金繰り支援を行うとともに，マクロ経済への影響を緩和するため，金融緩和政策を強化した。まず，資金繰り支援としては，1 月 31 日に医療物資の生産などコロナ対策産業向けに 3000 億元の再貸出を行い，これらの企業は財政からの金利補填を含めて平均 1.28％という低金利で銀行から資金を借り入れることができた。その後，2 月 26 日に 5000億元を生産体制回復のため，4 月 25 日に 1 兆元を中小零細企業などコロナの影響を大きく受ける企業向けに再貸出で供給した。これらの企業は依然として通常より低い優遇金利の 4％超で銀行から借り入れを行うことができた。

　一方，主にマクロ経済の減速に対応するためには，MLF1 年物金利を 2020年 2 月に 3.15％，4 月に 2.95％に引下げ，LPR1 年物も 2 月に 4.05％，4 月に3.85％に引き下げた。また，預金準備率は，2020 年 1 月 6 日に 0.5％の引下げを行っていたが，3 月 16 日に農業生産，貧困層の消費，教育，中小零細企業などに対する貸出の基準を満たした銀行について 0.5〜1％引下げ，加えてこれらの条件に符合した株式制銀行に対してさらに 1％の引下げを行った。続いて，農村商業銀行など中小銀行について 4 月 15 日と 5 月 15 日にそれぞれ

0.5％ずつ合計 1％引き下げた。5 月 15 日の段階で大型商業銀行の預金準備率は 11％となり，全金融機関平均の準備率は 9.4％となった。窓口指導を反映するマネーサプライの伸び率は 2020 年 2 月の 8.8％から 3 月 10.1％，4 月 11.1％と大幅に伸びを高めた。

　実質 GDP の前年比伸び率は，2020 年 1～3 月期には−6.8％と大きく落ち込んだが，4～6 月期＋3.2％，7～9 月期 4.9％と急速に回復し，2020 年通年では前年比 2.2％とプラス成長を維持した。

　このような経済の回復を受けて，マクロ経済対策としての金融政策は 2020 年 5 月以降正常状態への回帰を目指し，2021 年上半期にはコロナ禍前の金融緩和レベルに復したとされている（中国人民銀行 2021）。MLF や LPR などの政策金利は 2020 年 4 月以降 2021 年 8 月時点まで変化していない。SHIBOR7 日物は 2020 年 5 月上旬には 1.4810％まで低下したが，その後，6 月には 2％台に戻り，2021 年 3 月以降，政策金利である 7 日物リバースレポの 2.2％前後のレベルで推移している。マネーサプライの前年比伸び率も 2020 年 7 月には 10％台に低下し，2021 年 4 月以降 8％台と 2019 年のレベルに復している。

　一方，資金繰り支援としては，中小・零細企業などコロナ禍の影響を大きく受けた分野について，2020 年 7 月 1 日にこれら企業向け再貸出金利を引き下げるなどしたため，貸出加重平均金利は 2021 年 6 月まで低下を続けている。

第 2 節　人民元の国際化[3]

1. 人民元の国際化の開始

　人民銀行と関連部局は，2009 年 7 月 2 日から国境をまたぐ対外決済（以下「クロスボーダー決済」）に人民元を使用することを認めた。それまでは，中国国内に所在する銀行が，海外の銀行に対して人民元建ての決済口座を提供することは禁じられており，人民元は海外との取引決済や海外で受け渡しを伴う取引に利用することが基本的に不可能な通貨だった。クロスボーダー決済開始時に，中国国内の銀行が代理銀行として海外の参加銀行のために代理口座と呼ば

れる人民元決済のための口座を提供することが認められた。中国政府が人民元の国際化に慎重だったのは，① 人民元の国際化には資本取引規制の緩和が必要となるが，海外との資金移動活発化によって金融政策の有効性が阻害される惧れがあること，② 海外で自由に人民元の為替売買取引が行われ，為替レートが海外市場で形成されると，為替レート管理が困難になることなどによる。

　これに対して，この時期に人民元によるクロスボーダー決済を認めた理由として，中国人民銀行の公表文では，「世界金融危機の影響を受け，米ドル，ユーロなどの主要な国際決済通貨の為替レートが大幅に変動し，我が国と近隣国家や地域の企業が第三国通貨を使用して貿易決済を行う場合大きな為替リスクに直面した」ことを挙げている。ここでいう「第三国通貨」は明らかに米ドルを指しており，貿易取引の決済通貨の米ドルへの過度の依存からの脱却が主な理由とされている。2008 年に発生したリーマンショック後の世界金融市場で米ドルの流動性が枯渇し，国際間の決済に支障が生じかねなかったことや，米ドルとユーロ，円など主要通貨間の為替レートが激しく変動し，米ドルに過度に依存するリスクの大きさが強く意識された。また，中国国内で米ドルと人民元の為替売買取引を行った場合，中国で行われる人民元の受け渡し終了後にニューヨークで米ドルの受け渡しが行われるまでの間，時差リスクが存在することも認識されたとみられる。さらに，アメリカ政府がアメリカ国内の銀行に命じれば，中国の米ドル決済を止める金融制裁が可能である。米ドル決済が不可能になると，中国の対外取引は著しく制限される。このような国家安全保障上の観点も，米ドルへの過度の依存からの脱却を図った理由と考えられる。

　当初，2009 年 7 月に人民元のクロスボーダー決済が認められた際には，対象取引は貨物貿易に限られ，また，人民元クロスボーダー決済が認められるのは中国国内の上海市と広東省の 4 都市（深圳市，広州市，東莞市，珠海市）の合計 5 都市と，海外の対象地域である香港，マカオ，ASEAN の間に限られるなど，人民元の国際化は非常に限定された形でスタートした。2010 年 6 月に対象取引が経常取引全体に拡大され，海外の対象地域制限は撤廃された。

2. 人民元の国際化の進展

　その後，人民元のクロスボーダー決済にかかる規制や資本取引規制は順次緩和，整備され，人民元の国際化のプロセスは進展を示してきた。2020 年 5 月には，適格海外機関投資家制度（QFII）と人民元建て適格海外機関投資家制度（RQFII）の個別機関の投資限度枠が撤廃された。QFII とは，適格と認められた海外の機関投資家が外貨で中国国内に送金し，国内で人民元に交換したうえで人民元建ての債券や株式などの証券に投資することが認められる制度である。RQFII は，QFII の海外からの送金が人民元建てで行われる制度である。QFII，RQFII には個別機関ごとの投資限度枠が設定されており RQFII には，これに加えて，認められる海外の国が定められ，国ごとの投資枠の制限が加えられていたが，2020 年 5 月にこれらの制限がすべて撤廃された。

　このような規制緩和の結果，2009 年 7 月以前は事実上ゼロであった人民元建てのクロスボーダー決済は，11 年後の 2020 年には 28.39 兆元となり，中国の対外受払全体に占めるシェアは 46.2％と既往ピークに達した。中国が他国との間で行う取引について，ドルへの過度の依存からの脱却を図るという観点から見ると，人民元の国際化は着実に成果を上げている。

3. デジタル人民元[4]

　人民銀行が，現金に替わる電子的支払い手段であるデジタル人民元の研究を開始したのは 2014 年である。2016 年 1 月に人民銀行が開催したデジタル通貨フォーラムでは，研究開始の理由として，デジタル通貨の発展が人民銀行の現金発行業務や金融政策に影響を与えていることが挙げられている[5]。ここでいうデジタル通貨は，主にその当時，中国で活発に取引されていたビットコインなどの暗号資産が考えられていたものと見られる。またデジタル人民元の利点として，金融包摂の観点に加えて，マネーロンダリングや脱税の防止になり，人民銀行の通貨供給コントロール力の向上が指摘されている。その後，2017年 9 月に暗号資産による資金調達である ICO が禁じられ，取引所取引も禁止されるなど中国国内の暗号資産の取引は厳しく制限されるようになった。

　同時に，当時急速に普及し始めたアリペイやウィーチャットペイなど電子的な支払い手段である第三者決済の存在も無視できない。これらの第三者決済はQRコードとスマホによって支払い決済を行うものであり，アリペイやウィーチャットペイなどの第三者決済機関が多くの銀行に預金口座を有し，利用者はこれら第三者決済機関の口座にぶら下がる形で口座を有する。利用者間の支払いは第三者決済機関のシステム内で処理され，第三者決済機関の預金口座の資金の出し入れは，利用者からの当初の入金や，他の預金口座への出金などの場合に限られることになる。このため，規制監督当局からは資金の動きが見えづらくなり，預金口座間の振替手数料が減少して銀行経営にも影響を与える。

　また，第三者決済機関は利用者へのサービスを拡充する過程で，少額融資や資産運用，信用評価などの機能を拡充し，銀行類似のサービスを提供するようになった。そこで，少額融資制度については2014年に第三者決済機関が民営銀行を設立して業務を移管し，資産運用業務については2018年に1人当たり運用上限が10万元に引下げられた。また，人民銀行の監督下で決済情報システムである「網聯」が設立され2018年6月以降，すべての第三者決済機関は網聯に決済情報を集中することとされた。さらに2018年3月には人民銀行の監督下「バイハンクレジット（通称「信聯」）」が設立され第三者決済機関の信用評価情報はすべて「信聯」に集中することとなった。第三者決済機関が行っていた銀行類似業務について監督・規制を行い，銀行業務に関連して生ずる決済情報や信用情報について当局が集中管理できる体制となった。デジタル人民元の導入も，第三者決済機関に対して銀行同様に規制を強化していこうとする流れの中に位置づけることができるものであり，現金決済が第三者決済にシフトしていく中で決済情報を中央で集中管理しようとするものである。デジタル人民元はこうした国内的な観点から検討が開始された。

4.　デジタル人民元と人民元の国際化

　2019年6月，米フェイスブックがデジタル通貨「リブラ」構想を発表した。リブラは主要通貨のバスケットを裏付けとし，通貨構成は米ドル50％，ユーロ18％，日本円14％，英ポンド11％，シンガポールドル7％と公表された。

シンガポールドルの為替レートも主要通貨のバスケットに連動しているので，リブラの米ドルのウエイトは50％を超えることになる。フェイスブックは全世界に27億人の利用者を有しており，リブラは国際的払い決済手段として広く利用される可能性がある。

　このリブラ構想に対して2019年7月に人民銀行の王信研究局長は講演で，リブラはクロスボーダー送金の領域で利用が大きく拡大する可能性があり，事実上米ドルに連動しているため，リブラの普及は国際通貨システムにおける米ドル支配の強化であると述べている[6]。中国は海外との間の対外取引の受払通貨における人民元比率を上昇させるという意味での人民元の国際化を進めている。一帯一路沿線国家などでリブラが普及すると，こうした人民元の国際化の進展に対する脅威となる惧れがある。王信局長はリブラへの対応策として中央銀行デジタル通貨の発行を挙げており，デジタル人民元の実現が急がれることとなった。この後，デジタル人民元導入の目的は前述の国内的な観点に加え，リブラなど他のデジタル通貨への対抗という国際的な観点が加わった。なお，リブラについてはアメリカを含めた各国政府からも各国の規制監督に服することを求められるなど批判が強く，2020年4月にはドル，ユーロなどの単独通貨とそれぞれ連動するリブラの発行を優先させる計画が発表され，2020年12月には名称をディエムに変更すると公表された。

　2020年5月，人民銀行の易綱総裁は「深圳，蘇州，雄安，成都の4都市でデジタル人民元の試験運用を先行しており，将来的に2022年の冬季オリンピック会場においても試験運用を行う」と述べた。また，デジタル人民元の概要について，「二層方式で運営し，現金を代替するものであり，コントロールされた匿名性を持つ」と述べている[7]。「二層方式」というのは，現金と同じく中央銀行と一般の銀行の二層を通じて，企業や個人に発行される方式である。「コントロールされた匿名性」とは，マネーロンダリングや脱税の疑いがある場合には流通の過程を追跡できるということであり，デジタル人民元の流通については人民銀行による中央集中管理が行われ，匿名性を欠くことを意味している。2020年10月以降，深圳市，蘇州市，北京市などにおいて順次数万人にデジタル人民元を配布し，小売店などで実際に使用する実証実験が続けられている。

人民銀行によると，紙幣を強制的に回収してデジタル人民元に置き換えるということは行わず，紙幣に対する需要がある限り紙幣の発行は続け，デジタル人民元と紙幣は長期にわたって併存する。また，第三者決済についても，すでに金融インフラとして様々な局面で生活に浸透しており，デジタル人民元は第三者決済のアプリを利用して支払いに使用することも可能であるため，デジタル人民元と第三者決済は共存することができるとされている[8]。

第 3 節　人民元の国際化と金融政策

1.　人民元の国際化の現状

人民元の国際化は，中国が他国との間で行う取引について，米ドルへの過度の依存からの脱却を図るという観点から見ると，着実に成果を上げている。一方，全世界の為替売買取引に占める人民元の比率を見ると，2019 年 4 月において売買双方の通貨の合計 200％ の中で 4.3％ にすぎず，第 3 位の円の 16.8％，第 4 位の英ポンドの 12.8％ に対して，第 8 位にとどまっている（表 14-1）。

また，人民元は 2016 年 10 月に IMF の SDR の構成通貨となり，公的外貨準備適格通貨と認められた。SDR におけるウエイトは米ドル 41.73％，ユーロ 30.93％，人民元 10.92％，円 8.33％，英ポンド 8.09％ である。IMF によると 2021 年 3 月末の世界の公的外貨準備に占める比率は，米ドル 59.5％，ユーロ 20.6％，円 5.9％，英ポンド 4.7％ に対し，人民元は 2.5％ で第 5 位にとどまる。以上の数値は GDP 世界第 2 位で，輸出入額が世界最大の中国としてはかなり低いものであり，他の主要通貨のように国際的に広範に取引が行われるという意味での人民元の国際化は充分進展しているとは言えない。

ある通貨の外国為替売買取引高がその通貨発行国の貿易取引額（輸出入合計）の何倍にあたるかを見ると，円などの国際的に広範に取引される通貨については 200 倍弱以上の倍率となっている（表 14-2）。

経常取引全体が貿易取引額より多少大きいことを勘案しても，為替取引のほとんどが経常取引ではなく，資本取引を原因として行われていることが分か

表 14 - 1　通貨別為替取引高シェアの推移

	2010 年 4 月		2013 年 4 月		2016 年 4 月		2019 年 4 月	
	シェア	順位	シェア	順位	シェア	順位	シェア	順位
米ドル	84.9%	1	87.0%	1	87.6%	1	88.3	1
ユーロ	39.1	2	33.4	2	31.4	2	32.3	2
日本円	19.0	3	23.1	3	21.6	3	16.8	3
英ポンド	12.9	4	11.8	4	12.8	4	12.8	4
オーストラリアドル	7.6	5	8.6	5	6.9	5	6.8	5
カナダドル	5.3	7	4.6	7	5.1	6	5.0	6
スイスフラン	6.3	6	5.2	6	4.8	7	5.0	7
中国人民元	0.9	17	2.2	9	4.0	8	4.3	8
香港ドル	2.4	8	1.4	13	1.7	13	3.5	9
ニュージーランドドル	1.6	10	2.0	10	2.1	10	2.1	10
合計	200.0%		200.0%		200.0%		200.0%	
合計取引高（10 億ドル）	3,973		5,357		5,066		6,590	

（出所）BIS の統計から作成。

表 14 - 2　貿易額に対する為替売買取引高の倍率

	2007 年 4 月	2010 年 4 月	2013 年 4 月	2016 年 4 月	2019 年 4 月
米ドル	195 倍	240 倍	236 倍	225 倍	343 倍
日本円	104 倍	145 倍	161 倍	186 倍	188 倍
人民元	2 倍	4 倍	7 倍	11 倍	15 倍

（出所）BIS，UNCTAD の統計から作成。

る。これに対して，中国の倍率は 15 倍と依然として非常に低い。これは資本取引が厳格に規制されていることが原因と考えられる。中国の資本取引規制は前述の通り，徐々に緩和されているが，特に短期の資本取引については依然として厳しく規制されている。たとえば銀行の為替ポジション規制や為替フォワード取引の実需原則が存在する[9]。人民元が国際的により広範に取引される通貨となるためには，売買や貸借取引によって海外で自由に人民元を入手でき，資本取引の額が増大することが必要である。

2.　金融政策と資本取引自由化

　第 1 節 3. で述べた通り，中国の金融政策の枠組みは，金利が依然として規制されている中で，窓口指導による貸出数量コントロールによって行われている。金利が規制されているのは，銀行の利鞘を確保することが主要な理由である。従来から銀行は政府の方針に応じて融資業務を行っており，不良債権が生じやすい構造となっているため，不良債権償却原資として利鞘の確保が必要である。特に 2020 年以降，銀行はコロナ禍対応業種や中小零細企業などへの融資拡大を要請され，従来の貸出の元本・利息の支払い期限延長も行われている。今後，不良債権の増加が見込まれ，利鞘の確保がさらに重要となる。したがって，当面金利の自由化は困難であり，窓口指導による貸出数量のコントロールを続けざるを得ない。このような状況で短期も含めた資本取引を自由化すると，海外との資本流出入によって数量コントロールが効かなくなり，金融政策の有効性が著しく低下する。資本取引の大幅な自由化は当面困難とみられる。

　中国と海外の取引に占める人民元建て比率を引き上げるという意味での人民元の国際化については，現在まで着実に進展しており，デジタル人民元の導入によって，ディエムなど他のデジタル通貨による浸食を防ぎ，今後も着実に進めていくことが可能となろう。しかし，中国の資本取引自体を大幅に増加させ，人民元が主要通貨と同様，活発に利用されるという意味での国際化については，資本取引の大幅な自由化が実現しない限り，大きく進展することは見込めない。デジタル人民元については匿名性が欠けており，中国政府に取引情報が管理されることも海外での利用を抑制する要因であろう。デジタル人民元の導入によって，人民元の国際化が推進される効果は当面限定的とみられる。

[注]
1　戴相龍（元人民銀行行長）編『領導幹部金融知識読本』（2014）第 4 章金融政策（人民銀行金融政策局長張暁慧が執筆）の記述を参照。
2　人民銀行が銀行から債券を買い入れ，一定期間後に売り戻すことによって，この期間，銀行に資金を供給する取引。
3　人民元国際化開始の事情やその後の進展の詳細については，露口（2017），露口（2019）等を参

照。
4　デジタル人民元の詳細については露口（2021）を参照。
5　中国人民银行数字货币研讨会在京召开 2016 年 1 月 20 日
6　人民銀行研究局王信局長が 2019 年 7 月 8 日に行った講演。
7　中国人民银行行长易纲在“两会”期间就重点问题接受《金融时报》《中国金融》记者采访　2020 年 5 月 26 日
8　人民銀行デジタル通貨研究所の穆長春所長が 2020 年 10 月 25 日に行った講演。
9　日本では，1984 年 4 月に為替フォワード取引にかかる実需原則が廃止され，同年 6 月には銀行の為替ポジション規制である円転規制が撤廃された。これによって，短期資本取引は事実上自由になった。

[参考文献]
中国人民銀行（2021）「中国貨幣政策執行報告 2021 年第 2 四半期」。
露口洋介（2017）「人民元の国際化」梶田幸雄・江原則由・露口洋介・江利紅『中国対外経済戦略の
　　リアリティー』麗澤大学出版会。
露口洋介（2019）「為替管理と人民元の国際化」小原篤次・神宮健・伊藤博・門闖編著『中国の金融
　　経済を学ぶ』ミネルヴァ書房。
露口洋介（2021）「双循環，人民元の国際化と日中金融協力」国際貿易投資研究所編『グローバルガ
　　バナンスにおける中国の戦略とその影響力』。

（露口洋介）

第15章

アジアのエネルギー市場と気候変動

はじめに

　モノ，カネ，ヒト，情報が国境を越え移動する経済のグローバル化により，世界経済が一体化する動きが加速している。世界経済における主要国・地域が占めるシェアも変化が生じ，アジア経済の成長水準は先進国と新興国に二分したかのような収斂がみられる（平川 2016: 4-6）。これらを反映し，国際エネルギー市場では重心が移動している。

　1965年に世界の一次エネルギー[1]需要は先進国が7割を占めたが，2014年以降は新興国が6割を占めている（資源エネルギー庁 2020: 168）。世界経済を牽引するアジアは，エネルギー消費が急増し，同市場における新たな重心となっている。今後も消費の増加基調が見込まれよう。一方，エネルギー消費拡大に伴い，気候変動をもたらす温室効果ガス（以下 GHG）の排出量は世界全体で増加している[2]。国際エネルギー市場を巡る変化や気候変動への対応はエネルギーと環境に関わる課題を複雑かつ深刻なものにしている。

　市場の構造変化と気候変動への対応が迫られるなか，① 安全性（Safety），② 安定供給（Energy Security），③ 経済効率性（Economic Efficiency），および ④ 環境適合（Environment），という 3E＋S の同時実現が，エネルギー政策の共通項となっている。特に近年は，気候変動への対応が重視されている。

　アジアでは，比較的高水準の経済成長や人口増大，急速な都市化も加わりエネルギー消費が急増し，GHG 排出量の増加による気温上昇という気候変動リスクに直面している。自然災害の頻発や農業生産への悪影響，将来の経済活動の持続性にも懸念が生じている。

　本章では，変容する国際エネルギー市場において，アジアのエネルギー需給
と深刻化する気候変動について概観する。まず第1節では，同市場の構造変化
とアジアのエネルギー需給の変遷をまとめたうえで，アジア共通の課題を示
し，エネルギー協力の方向性を模索する。続く第2節では気候変動について，
その取り組みの経緯と課題を整理し，アジアにおける日本の協力の方向性を検
討する。

第1節　変化する国際エネルギー市場とアジア

1. 国際エネルギー市場の重心となったアジア

　第二次世界大戦後，国際エネルギー市場は世界経済の進展やアジア経済の成
長の変動に応じて変化している。需要面をみると，世界の一次エネルギー消費
量は経済成長や人口増を反映し増加を続けている。石油換算で1965年の37億
トンから年平均2.5%で増加し，2018年には139億トンに達した（資源エネル
ギー庁 2020: 168）。1970年代まで世界のエネルギー需要の中心は欧米先進国
であったが，2018年にはアジアの需要が占める世界シェアは43%に達し最大
となった。同年の世界原油需要の前年比増加量131万b/d（バレル/日）のう
ち，中国，インドなど新興国アジアが90万b/dと7割を占めた（IEA 2020）。
今やアジアは世界の需要の中心であり，エネルギー市場の重心は従来の欧米先
進国からアジアの新興国に転じている。

　2000年以降，アジアでは域内新興国が牽引して消費量が伸びた一方，域内
先進国では伸び率が鈍化した。経済成長と人口増加の鈍化，産業構造の変化，
省エネルギーの進展などが影響している。今後も日本，韓国のシェアが低下
し，中国，インド，ASEANが需要を伸ばし需給における存在感を増す見通し
である[3]。

　アジアの課題はエネルギー安定供給面の脆弱性である。エネルギー需要増に
域内のエネルギー生産が追いつかず，供給を域外へ依存する，輸入に頼る割合
が高まっている。中国，インド，ASEANなど経済発展が見込まれる各国では

図 15-1　世界のエネルギー消費量の推移（地域別，一次エネルギー）

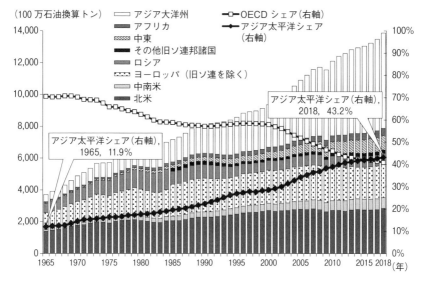

（注）1984 年までのロシアにその他旧ソ連邦諸国を含む。
（注）1985 年以降の欧州にバルト 3 国を含む。
（出所）エネルギー白書 2020，BP「Statistical Review of World Energy 2019」

　今後も輸入依存度の上昇，特に原油輸入における中東依存度の一層の上昇が予想されている[4]。しかし，中東は 2000 年以降もテロや紛争など地政学的なリスクを抱える（小林 2020: 17）。依存度が高水準のアジア各国では，中東でリスクが顕在化すると供給不安に直結する。アジアのエネルギー安全供給は中東情勢に影響を受け，その安定性が重要である。中東にとっては，アジアが買い手で，アジア向け輸出増が見込まれる。アジアと中東は相互依存を深めていく関係にある。
　供給面では，生産地域における変化がみられる。世界の原油生産量は，1973 年の 5800 万 b/d から 2018 年に 9500 万 b/d までに拡大した（BP 2020）。地域別に見ると，2000 年以降，欧州で減産が進む一方，アジアとアフリカ，中南米は横ばい，ロシア，中東，北米は堅調に増加した。2010 年以降，アメリカがシェールオイル[5]を開発し生産を急増させている。アメリカは 2014 年に世界最大の産油国となり，2019 年には 70 年振りに原油・石油製品の純輸出国と

なった[6]。従来中東から原油を輸入していたアメリカは，国内需要を満たす生産国となり同時に輸出国に変貌した。これを反映して国際政治上のアメリカの中東関与が縮小しており，中東におけるパワーバランスが崩れ，中東の地政学的リスクや不確実性が増大している。これはアジアの安定供給に懸念材料となっている（小林　2020: 18）。

2.　エネルギー貿易の変化とアジア

国際エネルギー市場における需給構造の変化はエネルギー貿易にも影響を与えている。まず，世界の主要地域間の原油貿易量は 2019 年に 4300 万 b/d であった。中東の輸出量は全体の 40%，アジアによる輸入量は全体の 56% を占める（日本エネルギー経済研究所　2020: 48）。中東から輸出される原油の 8 割はアジア向けで増加傾向にある。世界の原油貿易は，最大生産地の中東と最大消費地アジアとの間の取引が中心である。

次に天然ガスは消費の際の GHG 排出量が少なく，同排出量削減に重要な役割を果たすとされる。たとえば液化天然ガス（以下 LNG）発電は，石炭や石油に比べ発電電力量当たり同排出量が約半分である（資源エネルギー庁　2020: 38）。天然ガスは常温で気体であり，石油と比べ輸送・貯蔵の難度が高いが，近年 LNG の取引が進展している。天然ガス貿易量は，2015 年以降増加基調にあり 2018 年に 1.24 兆 m^3 に達した。天然ガス貿易は輸送形態によりパイプラインと LNG に大別でき，同年のパイプライン取引量は 0.81 兆 m^3（全体の 65%），LNG 取引量は 0.43 兆 m^3（同 35%）であった。LNG 貿易はアジアの輸入が中心であり，全体の 76% を占める（同上：183）。LNG 輸出はこれまで中東が中心であったが，2009 年以降，複数の大型プロジェクトが急開発されたオーストラリアが世界最大級の LNG 供給力を持つに至った。2019 年，オーストラリアの LNG 生産量は初めて世界第 1 位になった（庄司　2020: 8）。またシェールガス生産を拡大させたアメリカも LNG 生産を 2000 年代後半から急伸させて LNG 輸出国に変化した（石油天然ガス・金属鉱物資源機構　2020: 70）。これらの生産拡大を受け LNG 供給は多角化が進展している。アメリカ産 LNG の輸出先は，今後地下ガス貯蔵施設を持つヨーロッパとアジアが増加

していく可能性が大きい（日本エネルギー経済研究所 2020: 51）。

　アジアの LNG 導入が世界の消費量拡大を牽引している。従来の陸上式受入基地に比べ小規模投資・短工期で設置可能な浮体式 LNG 受入基地（以下 FSRU[7]）の登場が新規 LNG 需要国でのインフラ整備やその導入を後押ししている。アジアでは，2011 年にタイ，2012 年にインドネシア，2016〜2020 年にパキスタン，バングラデシュ，ミャンマーが相次ぎ導入，フィリピン，ベトナムが導入を計画している。2010 年以降中国は輸入量を急拡大させ，2017 年に世界第 2 位の LNG 需要国となった。アジアの消費量は域内新興国にて増加し続け，アジアが世界の LNG 需要を増大させていくと見込まれる（同上: 31）。

3.　アジアのエネルギーの共通課題と日本の役割

　まず原油における輸入依存度が高く，なかでも中東への依存度が高い水準にあるアジアでは，エネルギー安定供給面の脆弱性という共通の課題を抱える。たとえばアジア各国間の備蓄における相互協力のほか，消費国であるアジア各国と産油国である中東各国とが連携する共同備蓄を推進したい。日本は中東産油国アラブ首長国連邦とサウジアラビアの 2 カ国との間で「産油国共同備蓄」を実施している。この繋がりを活かし，アジア各国との共同備蓄体制に向けて，日本は両地域間の架け橋的な役割を果たすことができよう。

　また，アジアでは石炭に依存する構造が存在する。2019 年に世界石炭生産の 74％，消費の 77％をアジアが占める[8]。アジア域内で石炭が豊富に存在し価格競争力が高く，一定量を自給できる事情を反映している。中国，インド都市部などで大気汚染が深まっているが，直接の原因は石炭消費とされる。石炭消費増は，GHG 排出量の約 75％を占める CO_2 排出量を増大させるため，石炭依存構造の変容が求められる。

　石炭依存の緩和策としては LNG への転換による低炭素化を推進していくべきであろう。日本はアジア各国の LNG 需要の創出・拡大に積極的に関与し，流動性が高く厚みのあるアジア LNG 市場の形成を通じて石炭消費の縮小に貢献できよう。前述の FSRU の優位性を梃子にして，より一層の LNG 導入も図りたい。今後アメリカ，ロシア，アフリカにて LNG 生産が拡大する見通しで

ある[9]。これを踏まえ LNG 導入に際して，アメリカからの輸入のほか，供給源の一層の多角化にも努めたい[10]。

　このほか，図 15-2 に示すように，アジアは経済活動におけるエネルギー消費量が高水準にある。つまりエネルギー効率が相対的に低い。これを改善するため，日本は各国に対してエネルギー効率向上技術の移転を促進していきたい。省エネルギー制度，エネルギー総合管理，LNG 分野の人材開発などは貢献できる協力分野であろう。

　アジアにとって，LNG など供給源の多角化を図れば，域外からのエネルギールートであるシーレーンの安全保障[11]も課題となる。安全保障も含むエネルギー協力体制の構築も図りたい。たとえば，国際エネルギー機関を模したアジアのエネルギー機関の創設も検討に値しよう。

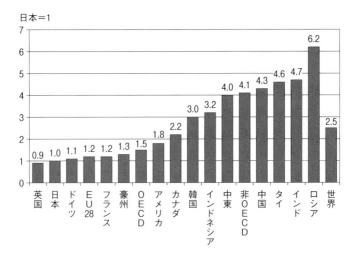

図 15-2　実質 GDP 当たりのエネルギー消費の主要国 / 地域比較（2017 年）

（注）一次エネルギー消費量（石油換算トン）/ 実質 GDP（米ドル，2010 年基準）を日本＝1 として換算。
（出所）IEA「World Energy Balances 2019 Edition」，World Bank「World Development Indicators 201」を基に作成，資源エネルギー庁 2020: 106

第 2 節　気候変動への世界の取り組みとアジア

1.　気候変動への取り組みの進展

　1992 年国連の下，大気中の GHG 濃度を安定化させることを究極目標とする「気候変動に関する国際連合枠組条約（United Nations Framework Convention on Climate Change）」が採択され，世界全体が地球温暖化に取り組むことに合意した。同条約にもとづき，1995 年から毎年，気候変動枠組条約締約国会議（以下 COP）が開催されている。

　1997 年の COP3 にて京都議定書が採択された。京都議定書では，大気中の GHG 濃度安定化のため，先進国は法的拘束のある排出削減目標が国ごとに設定されたほか，国際協調による削減促進の仕組み（共同事業で生じた削減量を当該国で分け合う）を導入した。2015 年の COP21 では，2020 年以降の新たな枠組み「パリ協定」が採択された。パリ協定は，世界の平均気温の上昇を産業革命前から 2℃ 高い水準より下回るように抑制し，1.5℃ までに抑える努力を継続することが設定された。この 1.5℃ 目標を達成するため，先進国も新興国も独自決定の貢献（すべての国による削減目標の 5 年毎提出／更新，各国の適応計画プロセスと行動の実施）により，2050 年に GHG 排出と吸収を均衡させる（カーボンニュートラル：気温上昇は CO_2 排出量によりほぼ決定。その排出量を一定に制限し，排出量と吸収量を均衡させ，実質排出ゼロとすれば，平均気温上昇 1.5℃ 超を抑止可能，2020 年 10 月時点 123 カ国と一地域が表明済）としている。このための投資資金を省エネルギー，再生可能エネルギー[12]，カーボンリサイクル[13] に集中する必要性も謳われている。カーボンニュートラルの達成には 2020 年から年平均 2.7％，1.5°C 目標を達成には同 7.6％，それぞれ CO_2 排出量を削減する必要がある（UNEP 2019）。気候変動は，地球規模の安全保障と将来の経済成長を制限する脅威との認識が深まり，取り組みへの機運が高まっている。

図 15-3　気候変動枠組条約の概要

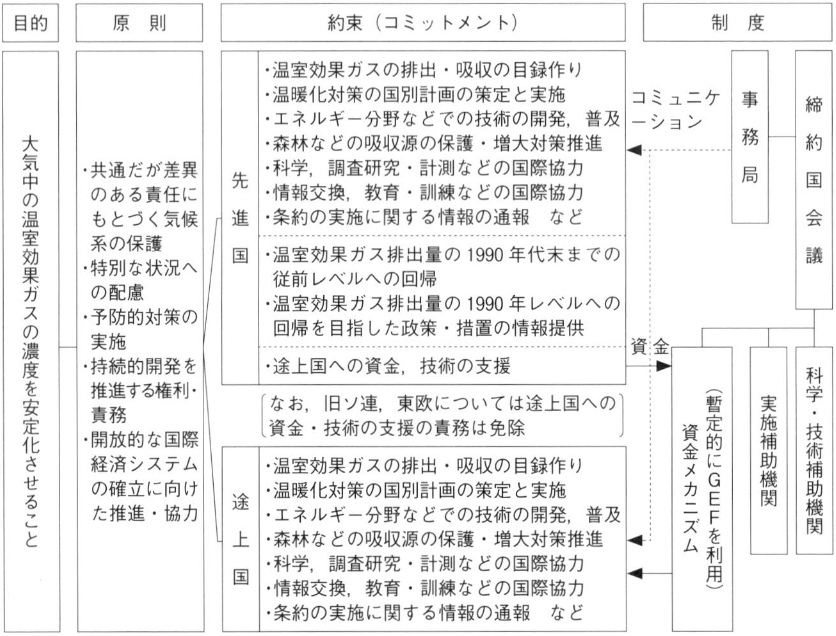

目的	原則	約束（コミットメント）		制度

大気中の温室効果ガスの濃度を安定化させること

・共通だが差異のある責任にもとづく気候系の保護
・特別な状況への配慮
・予防的対策の実施
・持続的開発を推進する権利・責務
・開放的な国際経済システムの確立に向けた推進・協力

先進国
・温室効果ガスの排出・吸収の目録作り
・温暖化対策の国別計画の策定と実施
・エネルギー分野などでの技術の開発，普及
・森林などの吸収源の保護・増大対策推進
・科学，調査研究・計測などの国際協力
・情報交換，教育・訓練などの国際協力
・条約の実施に関する情報の通報　など

・温室効果ガス排出量の 1990 年代末までの従前レベルへの回帰
・温室効果ガス排出量の 1990 年レベルへの回帰を目指した政策・措置の情報提供

・途上国への資金，技術の支援

なお，旧ソ連，東欧については途上国への資金・技術の支援の責務は免除

途上国
・温室効果ガスの排出・吸収の目録作り
・温暖化対策の国別計画の策定と実施
・エネルギー分野などでの技術の開発，普及
・森林などの吸収源の保護・増大対策推進
・科学，調査研究・計測などの国際協力
・情報交換，教育・訓練などの国際協力
・条約の実施に関する情報の通報　など

コミュニケーション

資金

事務局　締約国会議

（暫定的にGEFを利用）資金メカニズム　実施補助機関　科学・技術補助機関

（出所）環境省 HP http://www.env.go.jp/earth/cop3/kaigi/kikou.html

2. 気候変動リスクとアジア

　機運が高まった理由のひとつには，科学的な根拠が示されたことが大きい。気候変動に関する政府間パネル[14]（Intergovernmental Panel on Climate Change 以下 IPCC）は，世界の GHG 排出量は今後増加し続け，21 世紀にはさらなる温暖化が進行すると警告している。IPCC（1.5℃特別報告書）によれば，世界の CO_2 累積排出量によりその平均気温上昇がほぼ決定され，2017 年時点で産業革命以前に比し約 1.0℃上昇した。このまま温暖化が進行すれば，2030〜52 年に平均気温上昇は 1.5℃に達する可能性が高い。

　IPCC は「代表濃度経路（RCP: Representative Concentration Pathways）シナリオ」にもとづき気候予測や影響評価を行っている。同シナリオは，多様な社会経済シナリオ策定のために開発された。これによると，2081〜2100 年

図 15 - 4　代表的濃度経路（RCP）シナリオの世界平均地上気温の変化

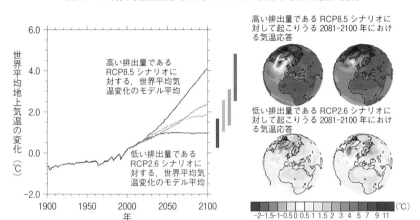

（出所）気象庁 HP　https://www.data.jma.go.jp/cpdinfo/gw_portal/future_climate_change_world.html

における年平均気温は，1986〜2005 年と比べ，排出量の最も低い想定で 0.3〜1.7℃の上昇，排出量が最も高い想定では，2.6〜4.8℃とより一段の上昇が予想されている。2100 年の地球温暖化による世界全体の損失額は，1961〜1990 年に比べ 1.5℃を超えた場合，54 兆ドルと試算されている（環境省 2019: 42）。

　2019 年に世界全体の CO_2 排出量 3 億 4200 万トンのうち，アジアは 51％を占める（BP 2020）。このため，世界の各地域のなかで最大級の影響が生じると予想される（マッキンゼー・グローバル・インスティテュート 2020）。上述排出量がもっとも高い想定（アジアの気温が 2050 年に 1880〜1910 年に比べ 2℃以上の上昇を想定する）の場合，今後 2050 年にかけてアジアは大規模な自然災害に頻繁に晒される。たとえば，致命的な熱波（熱射病で死に至る恐れがある状況が 3 日連続する現象）が，インド，バングラデシュ，パキスタンの一部の都市で初めて発生すると予測されている（同上: 2）。2℃を超える気温上昇が生じた場合，アジアでは浸水や浸食，山火事，多雨，超大型台風，干ばつなどが頻発し，その被害も激甚化する可能性が大きい。異常気象は，アジア経済を下支えしてきた公共インフラへの被害や島嶼国の水没危機などを起こす可能性も高める。さらに農業や漁業部門の生産性は低下することも見込まれる。

3. 日本の協力の方向性

　2050年にGHG排出量実質ゼロを目指すパリ協定は先進国，新興国を問わず，すべての国が自主的に参加する史上初の試みである。エネルギーを巡る環境が大きく変化しているアジアにて，これを実現するには，政府，企業，市民といったすべての関係機関・関係者が確固たる意志を持ち前例のない行動や貢献をしていく必要がある。冒頭述べた3E＋Sを掲げて，これら関係機関・関係者の間の合意や連携を形成することも欠かせない。

　同協定は中長期的な気候変動対応や緩和目標を定め，具体的な実施計画（目標達成への道筋）の策定を各国ごとに求めている。他方，2015年に合意された持続可能な開発目標（SDGs）の重要性も高まり，SDGsも含む計画策定が求められている。日本は，自然環境や経済構造などが異なるアジア各国が国情に応じた策定の際，事前の計画段階から協力する役割を担うことができよう[15]。

　1.5℃目標のために，世界の一次エネルギー供給量に占める再生可能エネルギーの割合を2016年の14％から2050年までに65％に上げる必要がある（IRENA 2020: 17）。具体的には，再生可能エネルギー発電（太陽光，風力，地熱など）の本格的な導入が最適である。ただ，それぞれの国情に応じ，主力発電源の石炭からLNG利用のガス発電への代替，再生可能エネルギー発電の導入との組み合わせによって，各国ごとにエネルギー構成の最適化を推進する必要もある。

　日本は効率的エネルギー利用・低炭素技術を活用し，世界のGHG排出量削減に貢献するとしている（経済産業省 2020a: 12）。これらの技術を活用しつつ，各国の気候変動への取り組みを先導する役割や機能を果たしていくことが日本の貢献であろう。省エネルギー技術の移転，水素エネルギー技術開発とその普及，カーボンリサイクルの技術的アプローチ，などを域内にて推進していくことも求められよう。日本が先頭を切って，炭素社会から低炭素化社会を進行させ，次に脱炭素化社会へとエネルギー転換していくモデルとなり，それをアジアで波及させていくことが期待される。

おわりに―エネルギー転換の時代へ―

　19 世紀は産業革命にて石炭の時代が始まり，20 世紀は石油の時代となった。石油は資本主義と産業発展に不可欠の要素となり，国際政治経済や国家戦略と緊密な関係を持ち，世界は炭化水素社会に変貌した（ヤーギン 1991: 12）。石油を最大限活用することで，欧米からアジアまでが経済発展を遂げ，市民の生活水準は向上した。その一方で，約半世紀前にローマ・クラブは，人口爆発，食糧生産，工業化，環境問題，資源枯渇という 5 つの問題に警鐘を鳴らした（メドウズ他 1972: 159）。高水準の経済成長を是が非にでも目指そうとすれば，「持続可能な成長（長期的な高成長継続）はあり得ず資源枯渇と環境破壊で破局する」と同時に「大量のかけがえのない資源を要しない，或いは環境の重大な悪化を生じない人類の活動は，無限に成長を続けるだろう」（同上）と指摘した。21 世紀は脱炭素化社会へのエネルギー転換の幕開けとなろう。

　経済のグローバル化は，すべての新興国経済を離陸させるまでには至っていない。また，グローバル化の中で置き去りにされた気候変動は深刻な状況にある。短期的な経済成長を優先するよりも，将来の経済活動を持続可能としていく，世界全体の便益に繋がる価値を重視したいものである。すでに欧米の一部の若年層にはこうした価値を重視する傾向が広がっている[16] ようだ。

　エネルギー転換への土台として，世界各国の市民が地球全体を考え，地球市民という共通のマインドを持ち，環境意識が高まることが必要である。これにより各国政府は気候変動への対応を優先的に実施していくことになる（ロドリック 2019: 270）。

　脱炭素化社会へのエネルギー転換には，新興国ほど経済・財政的な負担が重くなろう。このため，先進国からの支援や協力は欠かせない。先進国もその転換を迅速に実現するならば，あえてその経済をある程度調節すること（短期的な高水準の経済成長を最優先するよりも，高成長なくとも持続可能な経済を優先する経済運営）が試みられても良いだろう。将来世代へのツケとなる持続不可能な地球環境を残さず，安定性を備える持続可能な経済を模索したい。共存共栄という共通価値が根付くアジアでこそ，いち早く実現されることを期待し

たい。

■コラム■

感染症と気候変動という二つの危機

　2021年から2022年，世界が直面する危機は感染症と気候変動であろう。二つの危機には相違点と共通点がみられる。

　まず，相違点は，影響が及ぶまでの時間の長短である。感染症は，発生から世界的な大流行まで1〜2年程度ながら世界・アジア経済へ多大な影響を与えている。一方の気候変動は，産業革命以降の人間の経済活動の規模拡大により，GHG排出量の増加にてもたらされた。その排出量増に起因する気温上昇は，将来の経済活動の持続に懸念を生じさせている。2020年前半，豪米で長期間続いた大規模火災や中東・南アジアの植物を食い尽くすバッタの異常発生は気候変動の予兆であろう。また，感染症は経済のグローバル化のうち，国境を超えたヒトの移動を制限している。しかし，気候変動では少なくとも足下のグローバル化への影響はやや限られているかのようにみえる。

　次に共通点は主に下記4点であろう。① 感染症も気候変動も科学的な知見が蓄積されている。気候変動へ対応なき場合，気温上昇から如何なる現象が生じるのかある程度判明している。② どちらの危機も一部の国家のみが難を逃れることはできない。「パンデミック」は，ギリシャ語の「全ての」＋「人々」が語源であり，先進国のみでは克服できない。つまり「人類全体にとって終わらないと誰にとっても終わらない」。③ どちらも危機以前の状態に戻ることは許されない。感染症は人と人の接触についての考え方を変えた。気候変動への対応（脱炭素化社会への移行）は，従来の経済システムの不可逆的な変換をもたらそう。④ どちらもグローバルな危機であるが，その被害は均等ではない。感染症は医療衛生面が不十分である新興国への影響が甚大となろう。気候変動も，低所得層の人口が厚いアフリカや南アジアが最も深刻な被害を受けると想定される。

　どちらの危機も解決や緩和には経済・財政的な負担を要する。感染症の負担は膨らみ，早々に成長至上主義の修正という形にて資本主義の変容を招くかもしれない。世界経済は岐路に差し掛かっているとも考えられる。いずれにしろ，これらの解決に各国の相互協力は不可欠である。人類の知恵と従来にない協力による早期解決を切に願う。

[注]

1　石炭，石油，天然ガス，水力，原子力，風力，潮流，地熱，太陽エネルギーなど自然から直接採取されるエネルギーを一次エネルギーという。一次エネルギーを使用し作る電力などは二次エネルギー。

2　GHG は Greenhouse Gas の略。2018 年の世界 GHG 排出量は 553 億トン（経済産業省 2020a）。京都議定書は，GHG を CO_2，一酸化二窒素，メタン，HFC 類，PFC 類，SF6 とした。なお，2010-2019 年の同排出量のうち CO_2 は 75％であり，GHG の中心は CO_2 である（UNEP 2019）。

3　中国は 2009 年アメリカを抜き世界最大の一次エネルギー消費国になり，インドは同世界第 3 位となった。今後アジアのエネルギー消費の主導役は，産業サービス化が進む中国が後退，インド，ASEAN への移行が予想される（日本エネルギー経済研究所 2020: 20）。

4　アジアのエネルギー輸入依存度は 2016 年で 72％，中東依存度は 2017 年で日本 88％，インド 64％，中国 44％（松尾 2019: 11）。

5　シェールオイル・ガスとは泥岩である頁岩（シェール）の微細な隙間に閉じ込められた原油／天然ガスを抽出したもの。石油天然ガス・金属鉱物資源機構
http://www.jogmec.go.jp/oilgas/oilgas_10_000001.html

6　アメリカは 2014 年以降世界最大の石油産出国を維持している（BP 2020: 16）。

7　浮体式 LNG 受け入れ基地（Floating Storage and Regasification Unit）は新造／既存 LNG 船に再ガス化設備を搭載し停泊させ陸上 LNG 受け入れ基地と同様の機能を果たす（日本政策投資銀行 2017: 1）。

8　BP によれば，中国は 2019 年に世界石炭生産（同シェア 48％）と同消費のトップ（同シェア 52％）である。

9　アメリカはシェールガス由来，ロシアは北極圏，アフリカは海底ガス田により LNG 生産は拡大を見込む（経済産業省 2020a: 180）。

10　日本企業はアメリカ，オーストラリア，ロシア，アフリカで LNG 案件に多数参画（同上）。

11　シーレーンのうち，世界的に海上輸送ルートとして使われる要衝をチョークポイントと呼ぶ。なお，資源エネルギー庁は，同ポイントをホルムズ，マラッカ，バブ・エル・マンデブ各海峡とスエズ運河とし，リスクを算定している。

12　エネルギー供給構造高度化法で「太陽光，風力その他非化石エネルギー源のうち，エネルギー源として永続的に利用することができ（中略）政令で定めるもの」と定義。政令では太陽光／風力／水力／地熱／太陽熱／大気中の熱その他の自然界に存する熱・バイオマスとしている。資源エネルギー庁 HP
https://www.enecho.meti.go.jp/category/saving_and_new/saiene/renewable/outline/index.html

13　CO_2 を分離・回収し，再び資源として利用，CO_2 排出を抑制する技術。CO_2 を分離／回収し地中に貯留する CCS（Carbon dioxide Capture and Storage），分離／回収した CO_2 を利用する CCU（Carbon dioxide Capture, Utilization and Storage）も，CO_2 削減手法で研究されている。同上 HP
https://www.enecho.meti.go.jp/about/special/johoteikyo/ccus.html

14　人為を起源による気候変化，影響，適応及び緩和策に関し，科学的，技術的，社会経済学的な見地から包括的な評価を行う目的で 1988 年設立。

15　気候変動対策のため，科学的な事前評価として統合評価モデル（Integrated Assessment Model エネルギー，電源システム，経済，農業，土地利用，交通などを統合したモデル）を活用。国立環境研究所 HP
http://coop-math.ism.ac.jp/files/4/masui-lecture.pdf

16　スウェーデンのグレタ・トゥーンベリが 2017 年に始めた気候変動へのための抗議活動は拡大し，2019 年に 100 万人超の学生が参加。

［参考文献］
経済産業省（2020a）『気候変動対策の現状及び新型コロナウイルス感染症による影響を踏まえた今後の気候変動対策について』。

経済産業省（2020b）『新国際資源戦略』。

環境省（2019）『IPCC「1.5℃特別報告書」の概要』。

環境省（2021）『国内外の最近の動向及び中長期の気候変動対策について』。

小林周（2020）『中東情勢と日本のエネルギー安全保障』鹿島平和研究所。

資源エネルギー庁（2020）『エネルギー白書』。

庄司達也（2020）『豪州石油・天然ガス上・中流事業を牽引する地場企業の現状と展望』石油天然ガス・金属鉱物資源機構。

石油天然ガス・金属鉱物資源機構（2020）「天然ガス・LNGを巡る動向」『石油・天然ガスレビュー』。

日本エネルギー経済研究所（2020）『IEEJアウトルック2021』。

日本政策投資銀行（2017）「FSRU（浮体式LNG貯蔵・再ガス化設備）市場の現状と見通し」『今月のトピックスNO277』。

平川均（2016）「アジア経済の変貌と新たな課題」平川均他編著『新・アジア経済論』文眞堂。

松尾博文（2019）相互依存強まる中東とアジア　中東協力センター。

マッキンゼー・グローバル・インスティテュート（2020）『アジアにおける気候変動リスクと対応策』。

メドウズ，ドネラ他（1972）『成長の限界―ローマ・クラブ人類の危機レポート』ダイヤモンド社。

ロドリック，ダニ（2019）『貿易戦争の政治経済学：資本主義を再構築する』岩本正明訳，白水社。

ヤーギン，ダニエル（1991）『石油の世紀　支配者たちの興亡』日高義樹他訳，日本放送出版協会。

BP (2020) *Statistical Review of World Energy*.

IEA (2020) *World Energy Outlook 2020*.

IRENA (2020) *Global Renewables Outlook*.

Kaplan, Robert D (2014) "The Geopolitics of Energy," *Forbes*, April 4.

Malley, Robert (2019) "The Unwanted War: Why the Middle East Is More Combustible Than Ever," *Foreign Affairs*, vol.98, No.6.

UNEP (2019) *Emissions Gap Report*.

（藤森浩樹）

第 16 章

イタリアと一帯一路
—イタリアの希望と中国の野望—[1]

はじめに

　2013 年に中国が一帯一路構想（The Belt and Road Initiative: BRI）を打ち出して 8 年が経過した。BRI は，「シルクロード経済ベルト」（一帯）と「21 世紀海上シルクロード」（一路）からなる広域経済圏構想である。この間，BRI はユーラシア大陸，インド洋，地中海を越え，北極地域，太平洋，南米を取り込み，参加国も 2021 年 1 月現在 140 となり，世界を包む巨大プロジェクトへと発展した。BRI 参加国は主に発展途上国であったが，2019 年にイタリアが G7 で初めて参加した。陸上，海上両ルートの終点であり，中国の主要貿易相手である EU は BRI にとって重要であり，EU の主要国であるイタリアが BRI に参加した意味は大きい。

　本章の構成は以下のとおりである。第 1 節では，イタリアが BRI に参加した経緯と理由を明らかにする。第 2 節では，イタリア・中国間の貿易と投資を分析し，第 3 節では，イタリアが「一路」の拠点となり得るかどうかを考察する。第 4 節では，BRI の持続可能性について検討する。

第 1 節　イタリアの一帯一路への参加

1. イタリアの一帯一路への参加の歩み

　イタリアが中国との関係を強化する動きは 2014 年にみられた。レンツィ首

相は中国訪問の際,「より多くの中国企業の投資を誘致するために［我々は］努力する必要がある」と述べ,両国間でエネルギー,ICT,インフラなどの分野で 80 億ユーロに上る協定が合意された。2015 年,イタリアはアジアインフラ投資銀行（AIIB）に参加した。2017 年,北京で開催された「一帯一路」国際協力ハイレベルフォーラムに,ジェンティローニ首相が G7 の首相として初めて出席し,次のように述べた。「陸上でのコンテナ輸送能力は限られている。欧州［と中国］を迅速に連結するためには港が不可欠であり,イタリアほど［港を］持っている国はない。」イタリアは「海上シルクロード」の拠点となることを目指し,港湾整備のために中国投資を誘致することを期待している。

　イタリアが BRI に正式に参加したのは 2019 年である。イタリア訪問中の習近平国家主席とコンテ首相が「BRI の枠組みにおける協力に関する覚書」に署名し,さらに,インフラ,金融,エネルギー,通商など 29 の覚書に署名した。これらの経済効果は 70 億ユーロに上り,中国の対イタリア投資は最大 200 億ユーロで,戦略上重要なジェノバ港とトリエステ港に集中すると推測されている[2]。

2. なぜイタリアは一帯一路に参加したか

　途上国が BRI に参加した理由を参照枠として,イタリアが参加した理由を探ろう。BRI は過剰生産の販路の開拓,インフラ投資を軸にした広域経済圏の形成,政治的同盟国の拡大などを目的としている。BRI への参加は中国に従属する危険を伴うにもかかわらず,多くの国がこれに参加した。その理由は BRIの開発主義にある。

　IMF,世界銀行は 1980 年代の累積債務問題に構造調整プログラムで対応した。これは,緊縮政策および貿易自由化,民営化,規制緩和を実施することを条件（コンディショナリティ）として,融資を行うという政策である。しかし,市場原理の制度化により成長が促進されるとすることは安易な楽観論であり,構造調整は多くの低所得国で経済を悪化させ貧困を助長した。

　構造調整の限界が認識される一方で貧困研究が深化するのに伴い,1990 年代半ば以降,成長に代わり貧困削減が開発の目標となった。重債務国は債務返

済に追われ，貧困削減に必要な教育や医療などへ支出することが困難である。そこで 1996 年，重債務貧困国（HIPCs）の債務削減プログラムとして，HIPC イニシアティブが合意された。1999 年にこの枠組みが拡充されたことを機に，「貧困削減戦略文書」（PRSP）が債務削減のコンディショナリティとされた。PRSP は貧困削減に焦点を当てた経済・社会開発計画であり，その実施状況をみて債務削減を行うかどうかが最終的に決定される。この枠組みは，債務削減で節約された資金が貧困削減のために支出されることを確実にするためであるが，審査の対象をマクロ経済政策から貧困対策や社会開発政策にまで広げるものでもある。

　途上国と BRI の関係で重要なのは，開発の目標が成長から貧困削減に移ったのは，工業化による経済的自立という，第二次世界大戦後途上国が共有していた課題が達成され，目標が生活の質に移ったからではない，ということである。工業化を達成し得ていない多くの途上国が存在する。工業化を望む途上国にとっては，貧困削減を目標とする IMF，世界銀行の援助政策は要求に適合していない。これに対してインフラ投資を軸にした BRI は，途上国には開発すなわち工業化の要求にこたえるものと映った。従来の貧困削減を重視した規範主義的アプローチは途上国の工業化の要求と不整合を起こしており，BRI の開発主義がそれに代わるものとして途上国を惹きつけたのである[3]。

　イタリアに目を移すと，同国は貿易，投資において中国の主要相手国とは言えない。2009 年から 18 年までの中国の投資先ランキングでは EU で第 8 位（世界では第 76 位）で，EU 加盟国の域外輸出に占める中国の割合でも平均を下回る。そのイタリアが BRI に参加することになった要因は，成長志向とポピュリズム政権の誕生である。途上国が貧困削減を重視する国際開発金融機関に失望し，開発すなわち工業化の要求にこたえてくれることを期待して BRI に参加したとすれば，イタリアは安定を重視する EU に反発し，成長の機会となることを期待して BRI に参加した。

　2008 年金融危機以降イタリアは低成長に陥り，1 人当たり GDP は 2010 年の 3 万 5972 ドルから 19 年は 3 万 3090 ドルに低下している。特にインフラ投資は 2008 年を 100 として 18 年は 60 に減少している（*Financial Times*, 2019.3.22）。こうした中で 2018 年，ポピュリズム政党「五つ星運動」と極右政

党「同盟」の連立政権が誕生した。同政権は，2019年に財政赤字を対GDP比0.8％に削減するとの前政権の公約を反故にし，2.4％に拡大する積極財政で成長を目指した。これに対しEUは安定成長協定にもとづき制裁を課すと警告するが，イタリアが財政赤字を2.04％に引き下げたことから，2019年予算を承認した。とはいえ，財政規律をめぐりイタリアはドイツや欧州委員会と対立している。こうした状況で，BRIに参加することで得られる中国資金はイタリア経済の成長に貢献することが期待される。以上の経済的・政治的状況が，透明性の欠如や重要なインフラの中国による支配が懸念される中で，G7やEUの結束を乱してまでもイタリアがBRIに参加する舞台を整えたのである。

第2節　イタリア・中国間の貿易と投資

1. イタリア・中国間の貿易

　図16-1は伊中貿易の推移を示している。イタリアの対中国輸出は2009年から増加しているが，対中国輸入は高い水準で推移し，貿易赤字が持続している。注目すべきは，イタリアの対中国輸出の増加率が他のヨーロッパ諸国と比較して低く，ヨーロッパの対中国輸出額に占めるイタリアの割合が低下傾向にあることである。つまり，対中国輸出パフォーマンスが低下している。

　伊中貿易の構成を確認しよう。用途別では，2014年から18年にかけて，イタリアの対中国輸出に占める資本財の割合が44.6％から40.0％に低下しているのに対し，消費財の割合は33.0％から37.4％に上昇している。一方，対中国輸入に占める資本財の割合が33.9％から38.1％に上昇しているのに対し，消費財の割合は44.1％から39.3％に低下している[4]。品目別では，2019年における対中国輸出の上位5品目は，原子炉，ボイラー，機械類（29.8％），医療用品（8.3％），衣料（7.9％），化学品（7.2％），衣料を除く皮革製品（7.2％）で，対中国輸入の上位5品目は，電子・光学系コンピュータ製品，医療用電子医療機器，計測機器，腕時計（17.2％），機械類（11.9％），電機および家庭用以外の機器（11.5％），革や毛皮を含む衣料（8.0％），その他製品（7.2％）である[5]。

図 16-1　イタリアと中国の貿易

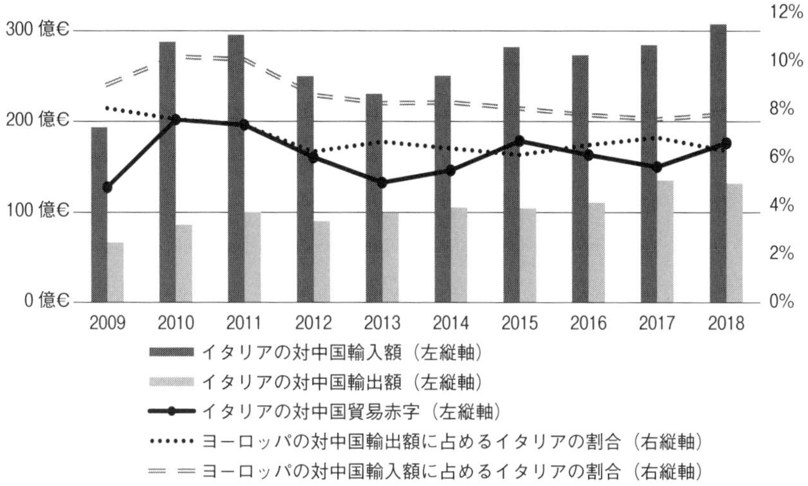

（出所）EUROSTAT から作成。

　対中国輸出が機械類に大きく依存しているのに対し，対中国輸入は多様化している。輸出に占める機械類を含む資本財の割合が低下している中では，輸出を多様化しなければ対中国貿易赤字は拡大する一方になる。
　以上より，イタリアが BRI に参加した理由として，中国との経済的連携を深め，対中国輸出を促進することが挙げられる。また，2019 年における中国を除く BRI 参加国へのイタリアの輸出額は 752 億ユーロで，イタリアの EU 域外輸出額の 35.9 % を占める（中国を含めるとそれぞれ 882 億ユーロ，42.1%）[6]。BRI 参加国には高い成長が見込まれる国もあり，BRI に参加しこうした国々と連携を深めることは，イタリアに新たな輸出機会を提供する。

2.　EU における中国投資

　Bloomberg（2018）によると，2008 年 1 月から 18 年 3 月まで，中国はヨーロッパに少なくとも 3180 億ドルの直接投資を行っている。同期間における中国の対欧州直接投資はドル建てで，対米直接投資よりも 45 %大きい。投資パ

ターンでは，中国の対 EU 直接投資はブラウンフィールド投資に集中し，グ
リーンフィールド投資は金額的に小さい[7]。2000 年から 19 年までの中国の対
EU 直接投資の国別残高では，第 1 位はイギリス（503 億ユーロ）で，ドイツ
（227 億ユーロ），イタリア（159 億ユーロ），フランス（144 億ユーロ），フィ
ンランド（120 億ユーロ）と続く[8]。また，中国の対 EU 直接投資フローは
2016 年から全体的に低下しており（表 16-1），その理由として，中国が対外
投資を規制していることや，EU が中国からの投資の監視を強化していること
が挙げられる（Cavalieri 2018: 138-145）。

　Cavalieri（2018）によると，中国の対外投資は，「中国製造 2025」の目的を
達成するための投資と BRI に関わる投資に分けられる。2015 年に発表された
「中国製造 2025」は，中国が 2025 年までに世界の製造強国入りし，35 年まで
にその中位に位置し，49 年までにその先頭に立つことを目標にした産業政策
である。この目標を達成するためには，高度な技術やノウハウが必要である。
「中国製造 2025」にもとづく投資の対象は EU を含めた先進国の製造業であり，
その目的は海外企業の買収により，先進的な技術やノウハウを獲得することで
ある。

　他方，BRI に関わる投資には，① グリーンフィールド投資が多い，② エネ
ルギー，物流などの特定部門に集中している，③ 途上国に集中している，と
いう特徴がある。

表 16-1　中国の対 EU 直接投資フロー

（単位：億ドル）

	2013 年	2014 年	2015 年	2016 年	2017 年	2018 年	2019 年
ドイツ	125.2	113.8	60.8	84.3	70.2	40.7	37.7
フランス	22.3	19.3	8.3	5.9	8.5	7.7	1.6
イギリス	13.9	7.4	-12.3	15.3	-3.3	20.0	-21.7
イタリア	5.4	-2.8	5.4	3.6	6.9	18.7	0.3

（出所）OECD, *FDI flows* から作成。

3.　イタリアにおける中国投資

　表 16 - 2 は中国によるイタリア投資の主要事例である。中国が本格的に投資
し始めたのは，2008 年に長沙中聯重工科技術発展（中聯重科）がゴールドマ
ンサックスなどとともに 2.71 億ユーロで世界第 3 位のコンクリート機械設備
メーカー CIFA を買収したときである。最も重要な事例は，2015 年に中国化
工集団が 71 億ユーロで世界第 5 位のタイヤメーカー Pirelli を買収したことで
ある。

　中国の投資が増えた理由は，イタリアが製造強国のひとつであるからであ
る。2018 年のイタリアの製造業付加価値額（名目）は 3139 億ドルで世界第 7
位，EU ではドイツに次ぎ第 2 位である[9]。イタリア企業は製造業に関する高
度な技術やノウハウを有しており，そのため中国の投資対象となった。

　Fondazione Italia Cina （イタリア・中国財団）の調査は，次のことを明ら

表 16 - 2　中国の対イタリア投資の主要事例

年	中国企業	買収対象の イタリア企業	イタリア企業の業種	金額 （ユーロ）
2005	Zhejiang Qianjiang Motorcycle Co., Ltd	Benelli	自動二輪車メーカー	不明
2008	長沙中聯重工科技発展	CIFA	コンクリート機械設備メーカー	2.71 億
2012	山東重工（濰柴集団）	Ferreti	高級ヨット製造企業	3.7 億
2013	中国石油天然ガス集団	Eni East Africa	エネルギー	42.0 億
2014	国家電網	CDP RETI	エネルギー	21.1 億
2014	上海電気集団	Ansaldo Energia	重電企業	4.0 億
2015	中国化工集団	Pirelli	タイヤメーカー	71.0 億
2016	蘇寧雲商集団	Inter Milan	サッカークラブ	2.7 億
2016	AGIC インベスト	Gimatic	先端技術やロボット	1.0 億
2017	宝鋼集団	Emarc spa	自動車部品	不明
2017	Guangdong Xingye Investment Lcl	Cmi	家電製品用ヒンジ	不明
2018	中連重科	Ladurner Ambiente	廃棄物処理	6700 万
2018	中国ガラスハイテク共同	Olivotto	ガラス製造	2400 万

（出所）JETRO および EdiBeez のデータから作成。

かにしている。① 2017 年末で，イタリアにおける中国企業グループは，中国に登記された 216 社と香港に登記された 84 社の合計 300 社ある。② これらのグループに属するイタリア企業は 641 社，従業員数は 3 万 2000 人，合計売上高は 180 億ユーロに上る。③ 641 社の 24％が製造業で，従業員の 57％が製造業に従事している（Fasulo, 2018）。このように中国の対イタリア投資では製造業が大きな比重を占めており，その背後には製造業の技術やノウハウを吸収するという目的がある。

　ここで 2 つの問題を指摘したい。第 1 に，中国は製造強国を目指し，先進国製造業の技術やノウハウを吸収する目的で投資を行ってきたが，目的の達成に近づくとイタリアへの投資が低下し，製造業品に大きく依存するイタリアの対中国輸出も低下する可能性がある。第 2 に，イタリアの対内直接投資に占める中国の割合は 2018 年の 5％を除き 1〜2％台と低く，19 年はわずか 0.14％である[10]。中国の対イタリア投資は近年増加傾向にあるとはいえ，その割合の低さを考えると，投資を増加させる余地はあり，その受入れを促進する必要がある。

　こうした中で BRI に参加することは，中国との連携を深め対中国輸出を促進するとともに，港湾や高速道路などのインフラ整備に必要な中国投資を呼び込むことにつながり，イタリアにとって一石二鳥の機会となる。

第 3 節　南欧エリア海上ルートとイタリア

　ヨーロッパにおける BRI のルートは，① ロシアを通ってヨーロッパに到着する鉄道を利用した陸上ルート，およびロッテルダム港を中心とした海上ルートからなる北欧エリアと，② 中東とバルカン半島を通る鉄道を利用した陸上ルート，およびイタリアとギリシャを中心とした地中海の海上ルートからなる南欧エリアから構成される。イタリアの関心が高いのは南欧エリアの海上ルートである。イタリアが海上ルートから利益を得ることができるかどうかは，次のことにかかっている。ひとつは，輸送量やコストの面での他の輸送手段との比較である。もうひとつは，国内およびヨーロッパ域内で輸送ネットワークと

結合されているかどうかである。

　前者について鉄道と海上輸送を比較しよう。中国・ヨーロッパ間の輸送では鉄道の重要性が増している。2011 年，重慶・デュイスブルク間で「中欧班列」（コンテナ貨物列車）が運行を開始し，BRI の進展とともに操業を拡大してきた。中国・ヨーロッパ間の運行数は 2011 年 17 本，15 年 815 本，19 年 8225 本，貨物量は 11 年 1400TEU，15 年 6 万 9000TEU，19 年 72 万 5000TEU と増加した。輸送所要時間は海上輸送の 35 日に対し，鉄道輸送では 14 日である。最大輸送量は 41 両編成の貨物列車で 80TEU，貨物船一隻で 2 万 1000TEU である。2018 年における中国のヨーロッパ向け輸送量は，鉄道輸送 31 万 9000TEU，海上輸送 900 万 TEU（対 EU28 カ国向け）であった。将来は鉄道輸送の増加が予想されるが，現状では中国・ヨーロッパ間の主要輸送手段は海上輸送である[11]。

　海上輸送航路としては，スエズ運河航路と北極海航路がある。北極海航路はスエズ運河航路に比べると輸送時間が 3 割短縮され燃料費も節約されるが，砕氷船使用などの費用や航行上のリスクを考慮すると割高となる。以上より，中国・ヨーロッパ間ルートとしてスエズ運河航路が注目される。その重要性は，2008 年にギリシャ・ピレウス港の利権を取得し，16 年に運営会社の株式を 51％取得した中国遠洋海運集団（COSCO）が，19 年に施設拡充のために 6 億ユーロを投資したことにも表れている。しかし，ピレウス港にはヨーロッパの輸送ネットワークに統合されていないという問題がある。貨物を EU に輸送する物流システムに統合されなければ，ピレウス港の重要性は低下する。

　BRI における重要なプレイヤーとなるためには，輸送量やコストのほかに，①中国・ヨーロッパ間の主な輸送ルートである海上ルート（一路）に重なっている，②港湾，鉄道，高速道路が相互に接続された交通インフラを国内に有する，③国内の交通インフラがヨーロッパの物流ネットワークに統合されている，という条件を満たさなければならない。イタリアはどうであろうか。①については，イタリア半島にはスエズ運河から最も北部に位置する港湾も，それに近い南部の港湾もある。つまり，「一路」の到着点として地理的に有利な港湾が多く存在する。②については，イタリアには鉄道に連結した多くの港湾がある（北部のトリエステ港，ヴェネツィア港，ジェノバ港，南部のジョ

イア・タウロ港，メッシーナ港など）。③については，イタリアの交通インフラはヨーロッパの輸送ネットワークに統合されており，コンテナを大型貨物船から貨物列車やトラックに移動し，欧州各地に容易に輸送できる（図16-2）。

　イタリアはBRIの重要なプレイヤーとなる条件を備えているが，トリエステ港を除き，大型貨物船の入港に十分な水深があり，それに対応できる埠頭を有する港湾が少ないという問題を抱えている。イタリアは港湾施設を整備するために，BRIに参加して中国投資の受け入れを促進しようとしている。それにとどまらず，イタリアが目指すべきBRIは，単に中国資金を受け入れ，施設を整備する消極的なBRIではなく，輸出促進と投資交流の深化によって停滞している国内経済を活性化する積極的なBRIでなければならない。イタリアがこの機会をどのように活かすかが課題である。

　ところが，新型コロナウイルスの感染拡大がイタリアの希望に影を落としている。新型コロナからの復興を目指す予算配分をめぐる対立で2021年，コンテ首相が辞任し，ECB前総裁のドラギが首相に就いた。欧州統合強化を訴えるドラギ率いる新政権は親中国から欧米の協調を重視する大西洋主義へと方針

図16-2　ヨーロッパにおける主要輸送ネットワーク

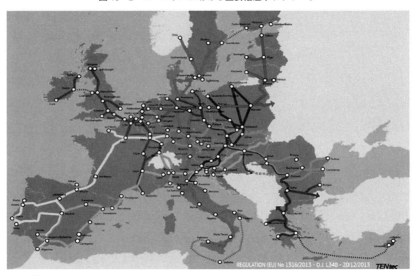

（出所）Trans-European Transport Network（TEN-T）.

を転換した。2020 年 2 月，深圳投資公司によるイタリア半導体メーカー LPE の買収が成立したが，21 年 3 月，ドラギ首相は，半導体不足を理由に，外国による買収を阻止する「ゴールデンパワー法」にもとづき，この買収を拒否した。さらに，BRI に関する合意そのものを見直すことも示唆している。また，世界経済の将来が不透明であるため，中国のトリエステ港への投資は進んでおらず，その間にドイツの港湾運営会社が進出しており，港湾関係者はトリエステに投資したい国は中国以外にいくらでもある，と醒めた見方をしている。一方，トリエステの事業者や市民は中国との関係強化をビジネスチャンスと捉えている[12]。

第 4 節　一帯一路は持続可能か

1.　中国離れの動き

　中国は，リーマンショックによる海外市場の収縮を政府と中央銀行のはたらきによって補い，2008 年以降も成長を持続してきた。政府は大規模な景気刺激策を実施し，中央銀行は金融緩和を行い，公共投資を丸投げされた地方政府の資金調達を支援した。金融緩和は資産価格の上昇を招き，企業の投資の呼び水となり，リーマンショック後も総資本形成は高い水準を維持している[13]。その結果が鉄鋼などの過剰生産である。これらの過剰生産に対する需要をインフラ投資により掘り起こすことが BRI の基本的目的である。

　マーシャル・プランの 7 倍とされる 1 兆ドルの資金力に裏付けられた BRI は，開発や成長を望む諸国の要求に合致し，多くの国々を惹きつけた。しかし，その基盤は盤石ではない。政府の管理下にある中国開発銀行と中国輸出入銀行が 2008 年から 19 年に行った海外開発融資は 4620 億ドルで，同期間の世界銀行の融資 4670 億ドルに匹敵する。ところが，両銀行の融資額は 2016 年の 750 億ドル（133 件）をピークに，19 年には 39 億ドル（5 件）に減少している（ボストン大学のデータ，*FT*，2020.12.12）。その一因として，投資の未実施，デューデリジェンス（投資の採算やリスクの精査）の欠如による過剰債務の発

生，安全保障上の懸念から，中国との関係を見直す国が相次いでいることが挙げられる。

BRI を歓迎した中東欧諸国では，ポーランドやチェコが中国との関係を見直している。2021 年にはリトアニアが経済的メリットを得られないことを理由に，「中国・中東欧諸国首脳会議[14]」からの離脱を表明した。イタリアについては，2020 年の「一帯一路」外相級会議に出席せず，同年の国連総会では，ウイグル問題に関する決議で中国を非難する側に回っている。

EU では，2017 年に欧州外交評議会が，「EU が中国に対して統一した行動をとっていないことが，中国が EU との関係で選別を行い，自国の利益に焦点を当て，EU の規範を無視することにつながっている」と警告を発した。これを受け，EU は対中国共通政策を実行している。

2018 年，EU は BRI に対抗し，透明性や財政的持続可能性を重視した上で輸送だけでなくデジタルやエネルギーなどに投資することを通じてアジアとの連結を強化する新アジア戦略を採択した。2019 年，「10 項目の行動計画」を発表し，気候変動などへの対応で中国と連携する一方，通商や次世代技術では中国を競争相手と位置づけた。2016 年に生じた，中国によるロボット製造業 KUKA と半導体メーカー AIXTRON（ともにドイツ企業）の買収劇に脅威を感じた EU は，19 年，対内直接投資審査制度を導入した。これは，対内直接投資審査基準を加盟国間で共通化し，安全保障，公共秩序の観点から対内直接投資を EU レベルで審査する制度である（ただし，その認可権は加盟国が有する）。

2020 年 12 月，EU・中国包括的投資協定（CAI）が大筋合意に達した。CAI は EU にとって中国市場におけるアクセスの改善や公正な競争条件の確保に資するものであるが，その批准が難航している。2021 年 3 月，EU 米加英は，新疆ウイグル自治区の少数民族に対し人権侵害を行っているとして，中国当局者らへの制裁を発表した。これに反発し，中国は欧州議会議員や EU 外交官などに制裁を科し，欧州議会は 5 月，中国への抗議として CAI の審議を先送りした。

2. 持続可能な一帯一路

中国は貿易収支不均衡を抱えている。EU との関係では，中国の輸出は 3547 億ドル，輸入は 2497 億ドル，中東欧「16」（注 14）との関係では，中国の輸出は 594 億ドル，輸入は 240 億ドルである（2018 年）。貿易不均衡は，輸入を通じて沿線国の発展を促すのではなく，諸国の産業に打撃を与える可能性がある。

戦後の南北交渉を振り返ると，1950〜60 年代，外資導入や援助に依存する経済発展戦略は債務問題などを引き起こすことから，「援助よりも貿易を」が途上国の要求となり，1964 年，国連貿易開発会議（UNCTAD）が開催された。これを受け，途上国への特別待遇措置として，GATT 第 4 部「貿易及び開発」（1966 年発効），一般特恵関税制度（71 年）が設けられた。しかし，これらには様々な例外が設けられ，先進国の市場開放は十分でなかった。ウルグアイ・ラウンド（1986〜94 年）では途上国は相互主義にもとづいて交渉を行ったが，先進国は途上国が求める農業と繊維の市場開放に消極的であった。

ドーハ開発アジェンダ（DDA）（2001 年〜）では，Aid for Trade（貿易のための援助）が議論された。多くの後発発展途上国では港湾や税関などの貿易インフラが不十分であるため，財を国際市場に送り出すことができない。こうした国々にとって問題は市場が開かれていないことではなく，供給サイドの不備にある。これらの国々が貿易の利益を得るためには，インフラ投資などにより輸送を含めた供給サイドの強化に向けた Aid for Trade が不可欠である。以上のことは，開発のためにはインフラ投資と市場開放の両輪が必要であることを示している。

2020 年，中国は「国内循環を主体とし，国内，国際の 2 つの循環が相互に促進する」という「双循環」を打ち出した[15]。BRI との関連で重要なのは，国内消費を主柱とし対外需要への依存を減らすと謳われていることである。国内消費を高めることができれば輸入増加を通じて沿線国の開発を促進することができる。しかし，中国の国内消費は低調である。

民間最終消費支出 /GDP は，家計可処分所得 /GDP と民間最終消費支出 /家計可処分所得（消費性向）の積として表される。中国における，民間最終消

費支出 /GDP は，1995 年から 2016 年にかけて，46％から 39％へ低下している（この値は 2016 年の日本の 56％，アメリカの 73％に比べかなり低い）。その要因は，① 家計可処分所得 /GDP が 65％から 61％へ低下してしていることと，② 消費性向が 70％から 64％へ低下していることである（中国の消費性向の低さは，日米の 90％台と比較すると顕著である）。① は GDP の分配が家計から企業，政府に傾斜していること，② は消費性向の低い高所得層へ所得が集中していること，つまり所得格差の拡大を反映している。こうした要因により民間最終消費支出 /GDP が低いことの裏面が，中国では総資本形成 /GDP が日米に比べ高いことである（2016 年では中国 43％，日本 23％，アメリカ 21％）[16]。国内消費を高めるには，GDP のうち家計に分配される割合を増やし，所得格差を是正するための改革が行われなければならない。こうした改革は権力関係の変化を伴うため容易ではないが，中国社会だけでなく BRI にとっても必要である[17]。

　採算性にもとづきプロジェクトを選別し，環境や人権を重視し，相手国の規範を尊重した上でインフラ投資を行うとともに，国内改革を進め，消費を増やし輸入を増やし，相手国の開発と成長を促進する。こうした相手国の利益となる BRI であってこそ受け入れられ，持続可能であり，中華民族の復興という野望を実現するための世紀のプロジェクトとしての BRI にふさわしい。

[注]
1　はじめに，第 1 節 1，第 2 節，第 3 節をバラルディ，第 1 節 2，第 4 節を鳴瀬が執筆し，鳴瀬が全体を統一した。
2　*Il sole24 Ore*, 2019/3/22（https://www.ilsole24ore.com/art/italia-cina-contenuti-memorandum-e-trenta-accordi-almeno-sette-miliardi-euro--ABPvc3gB).
3　BRI の性格を開発主義と捉える視角は，榎本（2017）に鮮明である。
4　World Integrated Trade Solution のデータによる。
5　infoMercatiEsteri および Osservatorio Economicono のデータによる。
6　EUROSTAT のデータによる。ここではイタリアの EU 域外輸出額に占める BRI 参加国の割合を表しているため，BRI 参加国に EU 加盟国を含めていない。
7　ブラウンフィールド投資は，外国に投資する場合，既存の施設に資金を投入する，あるいは現地企業を買収する投資であり，グリーンフィールド投資は，現地で新規事業を開始する投資である。
8　MERICS, Chinese FDI in Europe 2019.
9　UN, *National Accounts-Analysis of Main Aggregates* のデータによる。
10　Banca d'Italia のデータによる。
11　Kyoung-Suk Choi（2021），"The Current Status and Challenges of China Railway Express（CRE）

as a Key Sustainability Policy Component of the Belt and Road Initiative", *Sustainability*, 13, 5017, p. 10（原資料は中鉄集装箱运输有限责任公司），Mamone（2019）p.159（原資料は EUROSTAT）による。TEU は Twenty-foot Equivalent Unit（20 フィートコンテナ換算）の略語で，20 フィートコンテナに換算した荷物量を表す。

12　*FT*，2021.6.6，『毎日新聞』デジタル版，2021.8.20 などによる。

13　総資本形成は総固定資本形成（民間および政府）と在庫変動からなる。

14　この会議は 2012 年に設立された協力枠組みで，中東欧 16 カ国と中国から構成されるため「16 ＋ 1」と呼ばれたが，19 年からギリシャが中東欧側として参加し，「17 ＋ 1」となった。中東欧 16 カ国のうち EU 加盟国はエストニア，ラトビア，リトアニア，ポーランド，チェコ，スロバキア，ハンガリー，スロベニア，クロアチア，ルーマニア，ブルガリア，非加盟国はセルビア，ボスニア・ヘルツェゴビナ，モンテネグロ，北マケドニア，アルバニアである。

15　双循環は「輸出主導から内需主導へ」という従来の政策の焼き直しではない。米中貿易戦争の経験から出されたものである。そのため，国内消費を成長軸とすることと並んで，「国際サプライチェーンにおいて外国の中国への依存を高め，外国の当事者がサプライチェーンを切断することに対して阻止し反撃する能力を高めること」を強調している（*FT*, 2020.12.16）。

16　UN, *National Accounts-Analysis of Main Aggregates*, OECD, *Household disposable income*, *Household saving* のデータによる。

17　*Financial Times* は次のように指摘している。「中国の消費を他の途上国並みに引き上げるには，企業，富裕層，政府の犠牲で，一般家計が GDP の 10〜15％ポイントを取り戻さなければならない」（2020.8.25）。

［参考文献］

石川滋（2002）「貧困削減か成長促進か─国際的な援助政策の見直しと途上国」『日本学士院紀要』第 56 巻第 2 号。

一ノ渡忠之（2019）「『一帯一路』構想と欧州─中国への警戒感と今後の行方─」平川均ほか編著『一帯一路の政治経済学─中国は新たなフロンティアを創出するか─』文眞堂。

榎本俊一（2017）「中国の一帯一路構想は『相互繁栄』をもたらす新世界秩序か？」RIETI *Policy Discussion Paper Series*, 17-P-021, 独立行政法人産業経済研究所。

田中素香（2018）「『一帯一路』戦略による中国の東ヨーロッパ進出─「16 ＋ 1」をどう見るか─」『ITI 調査研究シリーズ』No.67, 国際貿易投資研究所。

三浦有史（2021）「拡張する中国の対外融資─債務危機で揺らぐ国際社会における地位─」『環太平洋ビジネス情報　RIM』Vol. 21, No. 80, 日本総合研究所調査部。

Bloomberg (2018) How China is Buying its Way into Europe.

Cavalieri, Renzo (2018) "La Belt and Road Initiative e gli investimenti cinesi", *E' tutta seta ciò che luccica?: L'Italia e Xi: bilancio e prospettive della Via della Seta*. Fondazione Italia Cina.（「一帯一路構想と中国の投資」『中国世界：輝くものすべてがシルクか？─イタリアと習近平：シルクロードの評価と展望─』）

D'Agostino, Zeno (2019) "Trieste, nodo della Via della Seta nel mare Adraitico orientale" in Bressan, Matteo e Domitilla Savignoni, *Le nuove Vie della Seta e il ruolo dell'Italia*. Pacini Editore.（「トリエステ市，東アドリア海におけるシルクロードの拠点」『新しいシルクロードとイタリアの役割』）

Fasulo, Filippo e Alberto Roosi (A cura di) (2018) *IX RAPPORT ANNUALE CeSIF-EDIZIONE 2018, Cina Scenari e Prospettive per le Imprese*, Fondazione Italia Cina, Italy,（『CeFIS 第 9 回年次報告書　中国のシナリオとビジネスの展望』）。

Hanemann, Thilo, Mikko Houtari, Agatha Kratz and Rebecca Arcesati (2019) "Chinese FDI in Europe: 2019 Update", MERICS and Rhodium Group.

Hanemann, Thilo and Mikko Houtari (2020) "EU-China FDI: Working towards more reciprocity in investment relations", MERICS and Rhodium Group.

Mamone, Marco (2018) "Il treno sulla via di Marco Polo" *E' tutta seta ciò che luccica?: L'Italia e Xi: bilancio e prospettive della Via della Seta*, Fondazione Italia Cina（「マルコポーロの道を走る列車」『中国世界：輝くものすべてがシルクか？―イタリアと習近平：シルクロードの評価と展望―』）.

Sequi, Ettore (2019) "La Belt and Road Initiative e le opportunità per l'italia", in *Matteo Bressan e Domitilla Savignoni, Le nuove Vie della Seta e il ruolo dell'Italia*: Pacini Editore（「一帯一路構想とイタリアの機会」『新しいシルクロードとイタリアの役割』）.

（エマヌエレ・バラルディ，鳴瀬成洋）

索　　引

執筆者紹介（執筆順）＊は編者

平川　均　　国士舘大学客員教授，名古屋大学名誉教授　　　　第1章（第1節〜第4節）
小林尚朗　　明治大学商学部教授＊　　　　　　　　　　　　　第1章（第5節）
石川幸一　　亜細亜大学アジア研究所特別研究員　　　　　　　第2章
真家陽一　　名古屋外国語大学外国語学部教授　　　　　　　　第3章
朱　永浩　　福島大学経済経営学類教授　　　　　　　　　　　第4章
中村みゆき　創価大学経営学部教授　　　　　　　　　　　　　第5章
椎野幸平　　拓殖大学国際学部准教授　　　　　　　　　　　　第6章
春日尚雄　　都留文科大学教養学部地域社会学科教授＊　　　　第7章
町田一兵　　明治大学商学部教授　　　　　　　　　　　　　　第8章
森元晶文　　中央学院大学商学部准教授　　　　　　　　　　　第9章
深澤光樹　　関西大学商学部准教授　　　　　　　　　　　　　第10章
大津健登　　九州国際大学現代ビジネス学部准教授　　　　　　第11章
矢野修一　　高崎経済大学経済学部教授＊　　　　　　　　　　第12章
山本博史　　神奈川大学経済学部教授＊　　　　　　　　　　　第13章
露口洋介　　帝京大学経済学部教授　　　　　　　　　　　　　第14章
藤森浩樹　　明治大学大学院商学研究科兼任講師　　　　　　　第15章
　　　　　　　　　　　　　　　　　　　　　　　　　　　　　アジア経済発展の見取り図
エマヌエレ・バラルディ（Emanuele Baraldi）
　　　　　　神奈川大学大学院経済学研究科博士前期課程修了　第16章
　　　　　　　　　　　　　　　　　　　（はじめに，第1節1，第2節，第3節）
鳴瀬成洋　　神奈川大学経済学部教授　　　　　　　　　　　　第16章
　　　　　　　　　　　　　　　　　　　　　　　　（第1節2，第4節）

アジア経済論

2022 年 3 月 25 日　第 1 版第 1 刷発行	検印省略
2023 年 2 月 28 日　第 1 版第 2 刷発行	

編著者　　小　林　尚　朗
　　　　　山　本　博　史
　　　　　矢　野　修　一
　　　　　春　日　尚　雄

発行者　　前　野　　　隆

発行所　　株式会社　文　眞　堂
　　　　　東京都新宿区早稲田鶴巻町 533
　　　　　電　話 03（3202）8480
　　　　　FAX 03（3203）2638
　　　　　http://www.bunshin-do.co.jp/
　　　　　〒162-0041 振替00120-2-96437

製作・モリモト印刷
©2022
定価はカバー裏に表示してあります
ISBN978-4-8309-5174-9 C3033